简约劳动

小学劳动教育的新样态实践

彭　正◎著

安徽师范大学出版社
ANHUI NORMAL UNIVERSITY PRESS
·芜湖·

图书在版编目（CIP）数据

简约劳动：小学劳动教育的新样态实践/彭正著．

芜湖：安徽师范大学出版社，2024.8. -- ISBN 978-7-5676-6824-9

Ⅰ.G623.92

中国国家版本馆CIP数据核字第2024U9K074号

简约劳动——小学劳动教育的新样态实践

JIANYUE LAODONG XIAOXUE LAODONG JIAOYU DE XIN YANGTAI SHIJIAN

彭　正◎著

责任编辑：童　睿　王博睿　　责任校对：潘　安

装帧设计：张德宝　姚　远　　责任印制：桑国磊

出版发行：安徽师范大学出版社

　　　　　芜湖市北京中路2号安徽师范大学赭山校区

网　　　址：http://www.ahnupress.com/

发 行 部：0553-3883578　5910327　5910310（传真）

印　　　刷：安徽联众印刷有限公司

版　　　次：2024年8月第1版

印　　　次：2024年8月第1次印刷

规　　　格：700 mm × 1000 mm　1/16

印　　　张：19

字　　　数：248千字

书　　　号：978-7-5676-6824-9

定　　　价：78.00元

前　言

在当今社会，随着科技的飞速发展和生活方式的巨大变革，劳动教育的地位和作用逐渐被人们所忽视。然而，劳动作为人类基本的生命活动，是每个人生活中不可或缺的一部分。特别是在小学阶段，劳动教育对于学生的成长和发展具有重要的意义。它不仅能够培养学生的动手能力和实践能力，还能够促进学生的身心健康和全面发展。因此，如何有效地实施小学劳动教育，成为教育工作者亟待解决的问题。

简约劳动作为一种新的劳动教育理念，为解决这一问题提供了有益的思路。它强调在劳动教育中要注重简单、节约的原则，让学生在亲身参与中体验劳动的艰辛和成就感，从而养成正确的劳动观念。简约劳动注重实践性和操作性，能够与学生的日常生活紧密结合，让他们在轻松愉快的氛围中学习和成长。

本书在介绍小学简约劳动教育内容、课程资源、课程评价等基础上，特别选取了一些简约劳动教育的实施案例，为教育工作者提供有益的参考和借鉴。通过这些案例，我们可以看到简约劳动在不同环境下的应用和实践，以及它对学生所产生的积极影响。这些案例具有代表性和可操作性，可以为读者提供具体的操作方法和启示。

在编写本书的过程中，我深入了解了多所小学的劳动教育实践，与一线教师和教育专家进行了广泛的交流和探讨。通过收集和整理大量的实践素材，我对简约劳动的理念和实践方法进行了深入的分析和研究。我希望本书的出版能够引起更多人对小学劳动教育的关注和重视，共同推动我国小学教育的发展。

当然，简约劳动的实施仍然面临一些问题和挑战。例如，如何根据学生的年龄和特点制订合适的劳动项目、如何有效地评价学生的劳动成果等。这些问题需要我们在实践中不断探索并找到解决方法。我相信，随着简约劳动理念的深入人心和简约劳动实践的广泛开展，我们一定能够克服这些困难，让小学劳动教育焕发出新的生机和活力。

此外，希望本书的出版能够促进教育工作者之间的交流与合作。我深知，小学劳动教育的改革和发展需要我们共同努力、共同进步。因此，诚挚地邀请广大教育工作者积极参与简约劳动的实践，共同为小学劳动教育的繁荣发展贡献自己的力量。

最后，要感谢所有为本书编写提供支持和帮助的人。他们是合肥市教育科学研究院刘振棕老师，合肥市南门小学王昌余老师，合肥市杨林小学韩伟校长，合肥市桂花园学校和园校区周恒校长，合肥市一六八玫瑰园学校孙进老师，合肥市芙蓉小学姚兰兰老师，合肥市经开实验学校万茹老师，合肥市锦绣小学赵捷、蒋小娟、唐月月、蔡玉霞、叶娟娟等老师，感谢他们的辛勤付出和无私奉献，正是他们的努力让本书得以顺利出版。希望本书能够成为小学劳动教育领域的一份宝贵财富，为更多的人提供启示和帮助。

让我们共同期待简约劳动为小学劳动教育注入新的活力，让每一个孩子在劳动中成长、在实践中进步！

目　录

第一章　劳动教育概述

随着社会的发展和科技的进步，人们的生活方式日益便捷，但也给青少年带来了一些负面影响。一部分青少年的劳动意识逐渐淡化，劳动技能和习惯得不到培养，这不仅影响了他们的综合素质和社会适应能力，也对其未来的职业发展造成了潜在的威胁。针对这一问题，小学劳动教育的实施显得尤为重要。小学阶段是学生成长的关键时期，这一阶段的教育对于学生未来的发展具有决定性的影响。劳动教育可以培养学生的劳动意识、劳动技能和劳动习惯，提高学生的综合素质和社会适应能力，为其未来的职业发展打下坚实的基础。

劳动教育是学校教育的重要组成部分，是实现全面育人的重要途径。劳动教育可以培养学生的实践操作能力、创新精神和团队合作能力，同时可以帮助学生树立正确的价值观和职业观，增强社会责任感和公民意识。

当前小学劳动教育的实施还存在一些缺陷：一方面，学校对劳动教育的重视程度不够，缺乏系统的课程设置和教学资源；另一方面，家长对劳动教育的认识存在误区，认为孩子只需要学习文化知识，不需要掌握劳动技能；此外，社会对劳动教育的关注度也不够高，缺乏对小学劳动教育的支持和引导。

第一节 劳动教育

劳动是人类社会的基本活动，是人们创造物质财富和精神财富的重要途径。劳动的概念包括狭义的劳动和广义的劳动。狭义的劳动是指人类体力劳动和脑力劳动的结合，是人们创造物质财富和精神财富的过程。广义的劳动则涵盖了人类一切具有创造性的活动，包括生产、工作、学习、研究、创新等各个方面。

劳动的价值是多方面的，它不仅创造了物质财富，还推动了人类社会的进步和发展。首先，劳动创造了人类生存的物质基础，满足了人们的基本生活需求；其次，劳动促进了人类社会的进步和发展，推动了科技创新和文化传承；最后，劳动还具有促进个人成长和实现自我价值的重要作用。通过劳动，人们可以锻炼自己的技能，提高自己的素质，实现自我价值的最大化。

一、劳动教育的定义

劳动教育是指通过劳动这一教育形式，发挥劳动的育人功能，让学生热爱劳动、热爱劳动人民、珍惜劳动成果的教育活动。劳动教育是中国特色社会主义教育的重要组成部分，对全面贯彻党的教育方针、落实立德树人根本任务、培养德智体美劳全面发展的社会主义建设者和接班人具有重要的意义。劳动教育的目标是培养学生的劳动观念、劳动技能、劳动习惯、劳动品质、劳动精神，帮助他们树立正确的世界观、人生观和价值观。

劳动教育的主要内容包括四点：一是培养学生的劳动意识，让他们认识到劳动的意义和价值，从而热爱劳动、尊重劳动人民；二是向学生传授基本的劳动技能和知识，让学生具备从事各种劳动的能力；三是培养学生的团队合作精神和创新精神，提高他们的综合素质；四是引导学生树立正确的职业观念和就业意识，为他们未来的职业生涯做好准备。

二、劳动教育与小学生发展的关系

小学生正处于身心发展的关键时期，是形成正确世界观、人生观和价值观的重要阶段。在这个时期，开展劳动教育对于学生的全面发展具有重要意义。

（1）劳动教育有助于培养学生的动手能力和实践能力。通过参与各种劳动实践，学生可以亲身体验到劳动的过程和成果，提高自己的实践能力和动手能力。这对于小学生的认知发展和技能培养具有积极的作用。

（2）劳动教育有助于培养学生的团队合作精神和创新精神。在集体劳动中，学生需要相互协作、共同完成任务，这有助于培养他们的团队合作精神。同时，在解决问题的过程中，学生需要发挥自己的创造力和想象力，寻找解决方案，这有助于培养他们的创新精神。

（3）劳动教育有助于培养学生的自信心和自尊心。通过自己的努力和付出，学生可以获得成功的体验和成就感，从而增强自信心和自尊心。这对于小学生的心理发展和情感培养具有积极的作用。

（4）劳动教育有助于学生树立正确的价值观和人生观。通过参与劳动活动，学生可以了解到劳动的意义和价值，认识到自己的价值和作用，从而树立正确的价值观和人生观。这对于小学生的人格发展和未来发展具有积极的促进作用。

第二节　小学劳动教育

一、小学劳动教育的价值

小学劳动教育对学生的个体发展具有多方面的价值。

（一）个体价值：促进学生全面发展

小学劳动教育对小学生的全面发展具有积极的作用。

（1）劳动教育可以提高学生的动手能力和创新意识。在劳动实践中，学生需要亲自动手操作，尝试解决问题，这有助于培养他们的实践能力和创新意识。

（2）劳动教育可以促进学生身心健康发展。适当的劳动活动可以增强学生的体质和体能，磨炼学生的意志，提高学生的动手能力和解决问题的能力。同时，还可以提高学生的自信心和自尊心，有助于缓解学习压力和克服心理问题。

（3）劳动教育可以帮助学生树立正确的价值观和职业观。通过参与劳动实践，学生可以了解各种职业的特点和要求，从而帮助他们树立正确的职业理想和发展方向。

（二）社会价值：推动社会进步和发展

通过小学劳动教育，学生可以掌握基本的劳动技能和方法，提高自己的创造力。这些技能和方法将会被应用到未来的工作和生活中，推动社会的进步和发展。同时，小学劳动教育还可以培养学生的团队合作精神和沟通能力，为他们未来的社会生活打下坚实的基础。

（三）教育价值：完善学校教育体系

小学劳动教育作为学校教育的重要组成部分，具有重要的教育价值。劳动教育可以培养学生的实践能力和创新精神，弥补传统教育的不足。同时，劳动教育还可以促进学生的智力发展和情感陶冶，完善学校教育体系。此外，劳动教育还可以帮助学生树立正确的人生观和价值观，提高学生的社会责任感和同情心。

（四）德育价值：培养学生优秀品质

小学劳动教育具有德育价值。通过参与劳动，学生可以培养自己的优秀品质，如勤劳、自律、责任感等。这些品质对于学生的未来发展和人格形成具有重要意义。同时，劳动教育还可以帮助学生理解劳动的价值和意义，培养他们尊重劳动、尊重他人的意识。

（五）美育价值：提高学生的审美能力

小学劳动教育可以提高学生的审美能力。在参与劳动的过程中，学生可以通过观察和实践发现美、感受美、创造美。这种审美能力的提高不仅有助于学生艺术和文化素养的发展，还可以帮助学生更好地理解和欣赏生活中的各种美好事物。

二、小学劳动教育的意义

小学劳动教育是培养学生劳动观念、劳动能力、劳动习惯、劳动品质、劳动精神的重要途径，对于学生的全面发展和未来发展具有重要的意义。

（1）培养学生的劳动观念和劳动精神。小学生正处于身心发展的关键时期，他们对于世界的认知和探索主要通过实践来完成。通过小学劳动教育，学生可以亲身参与劳动，了解和认识劳动的意义和价值，培养劳动意识和劳动精神。同时，劳动也可以让学生学会尊重劳动成果和劳动者，培养学生的奉献精神和感恩之心。

（2）提高学生的动手能力和创新能力。小学劳动教育是一种实践性很强的教育活动。通过实践操作和实践体验，学生可以掌握基本的劳动技能和方法，提高动手能力和解决问题的能力。同时，学生还需要在实践中不断思考和创新，寻找解决问题的新方法和新思路，培养学生的创新意识和创造力。

（3）培养学生的团队合作精神和沟通能力。小学劳动教育中的很多活动需要学生之间相互合作才能完成。通过合作劳动，学生可以学会与他人合作、交流和分享，培养学生的团队合作精神和沟通能力。同时，学生还需要在合作中学会尊重他人、理解他人、帮助他人，培养学生的社会责任感和同情心。

（4）提高学生的自我管理和自我约束能力。在劳动教育中，学生需要遵守一定的规则和纪律，规范自己的行为和言语，提高自我管理和自我约束能力。同时，劳动教育还可以培养学生的责任感和独立性，为他们未来的生活和学习打下坚实的基础。

由此可见，小学劳动教育具有非常重要的意义和价值。通过培养学生的劳动观念和技能，增强学生的社会责任感和团队协作精神等，促进他们的全面发展。因此，我们应该重视小学劳动教育的实施和发展，为学生的全面发展和未来生活奠定坚实的基础。

三、小学劳动教育的目标

小学劳动教育的目标应该与学生的年龄、心理和认知特点相适应，具体包括以下几个方面：

（一）培养学生的劳动意识和劳动情感

劳动是一种社会行为，是人们为了满足自身需求而进行的有目的的活动。通过劳动教育，学生可以更好地了解劳动的意义和价值，形成正确的劳动观念和意识。开展各种形式的劳动活动，可以让学生了解和认识劳动的意义和价值，尊重劳动成果和劳动者，培养学生的劳动热情和奉献精神。

（二）提高学生的劳动技能和能力

劳动技能是人们在进行劳动活动中所需要掌握的基本技能。通过小学劳动教育，学生可以学习和掌握基本的劳动技能，如手工制作、清洁卫生、种植养殖等。这些技能不仅可以帮助学生更好地适应未来的生活和职业需求，还可以提高他们的社会适应能力和竞争力。

（三）培养学生的自我管理和生活能力

通过参与劳动活动，让学生学会自我管理和自我约束，提高生活自理能力和自我保护意识，培养学生的责任感和独立性。

（四）培养学生的团队合作精神和创新精神

团队合作精神是现代社会中人们必须具备的一种素质。通过集体劳动和合作探究，学生可以在实践中学会与他人合作、协商、互助，培养团队合作精神和集体荣誉感，提高学生的综合素质和社会适应能力。此外，通过小学劳动教育，学生可以充分发挥自己的想象力和创造力进行发明创造、改进工艺等活动，为培养创新意识和创新能力，为未来的发展打下坚实的基础。

四、小学劳动教育的核心理念

小学劳动教育是培养学生劳动意识、劳动技能和劳动精神的重要途径，对于学生的全面发展和未来成长具有重要的意义和价值。在实施小学劳动教育的过程中，核心理念是指导教育实践的重要基础。

（一）尊重劳动和劳动者

劳动是人类社会进步和发展的基石，是实现个人价值和社会价值的重要途径。劳动者是社会生产和服务的主要力量，他们为社会的繁荣和发展作出了巨大的贡献。在小学劳动教育中，要引导学生认识到劳动的意义和价值，尊重劳动和劳动者，培养学生的奉献精神和感恩心态。

（二）实践性和探究性

劳动是一种实践性很强的活动，学生只有通过亲身参与和实践操作，才能真正掌握劳动技能和方法。同时，学生还需要在实践中不断思考和创新，寻找解决问题的新方法和新思路，培养创新意识和创造力。因此，小学劳动教育要注重实践性和探究性，让学生在实践中探究、学习和成长。

（三）团队合作和沟通能力

在劳动中，学生需要与他人合作、交流和分享，共同完成任务。团队合作可以培养学生的团队合作精神和沟通能力，帮助他们学会尊重他人、理解他人、帮助他人。同时，沟通能力也可以帮助学生更好地表达自己的想法和意见，培养他们的社会责任感和同情心。

（四）自我管理和自我约束

在劳动中，学生需要遵守一定的规则和纪律，规范自己的行为和语言。自我管理和自我约束可以帮助学生提高责任感和独立性。同时，自我管理和自我约束也可以帮助学生适应不同的环境和情境，提高他们的社会适应能力。

（五）个性化和差异化教育

每个学生都有自己的兴趣、特长和需求，因此需要针对不同的学生进行个性化和差异化教育。在劳动教育中，学校可以根据学生的兴趣和特长设计不同的劳动项目和任务，让他们根据自己的能力和兴趣进行选择和学习。同时，可以根据学生的需求和问题提供个性化的指导和帮助，让他们在适合自己的环境中得到更好的发展。

（六）创新意识和创造力培养

创新是推动社会进步和发展的重要因素，而小学生正处于身心发展的关键时期，因此更要注重培养他们的创新意识和创造力。在劳动教育中，要提供开放的环境和条件，让学生能够自由探索和实践，激发他们的创造力和想象力。同时，还要提供具有挑战性的任务和问题，让学生需要进行思考和创新才能解决，培养他们的创新意识和创造力。

综上所述，小学劳动教育的核心理念包括尊重劳动和劳动者、实践性和探究性、团队合作和沟通能力、自我管理和自我约束、个性化和差异化教育以及创新意识和创造力培养。这些理念是指导小学劳动教育实践的重要基础，也是培养具有全面发展和未来竞争力的人才的重要保障。

五、小学劳动教育的现状分析

（一）小学劳动教育的政策背景

在当今社会，劳动教育已经成为学校教育的重要组成部分。2018年9月10日，习近平总书记在全国教育大会上的讲话中强调了劳动教育的重要性，提出了"德智体美劳"五育并举的发展方向，其中劳动教育是一个重要组成部分。这一讲话为小学劳动教育的实施和发展提供了重要的指导和推动力。

为了深入贯彻落实习近平总书记的重要讲话精神，中共中央、国务院发布了《关于深化教育教学改革全面提高义务教育质量的意见》，其中明确提出要"强化实践动手能力"，强调了劳动教育的重要地位和作用。此外，该意见还提出了要"增强学生的创新精神和实践能力"，这也与劳动教育的宗旨相一致。

为了全面加强新时代大中小学劳动教育，中共中央、国务院印发《关于全面加强新时代大中小学劳动教育的意见》。该意见对新时代大中小学劳动教育的目标、内容、方式、评价等方面进行了全面规划和指导，明确提出要"以提高学生素质为导向"，注重培养学生的劳动观念、劳动技能和劳动精神，提高学生的社会适应能力和综合素质。

为了更好地指导大中小学劳动教育的实施，教育部还发布了《大中小学劳动教育指导纲要（试行）》。该纲要对大中小学劳动教育的目标、内容、方法、评价等方面进行了具体的指导和要求。其中，明确提出要培养学生的劳动观念、劳动能力、劳动习惯和品质、劳动精神，让他们学会尊重劳动、珍惜劳动成果，提高自我管理和生活能力。

此外，教育部还发布了《义务教育劳动课程标准（2022年版）》，对中小学劳动教育的课程设置、教学内容、教学方法等方面进行了规范和要求，明确提出要设置多样化的劳动课程，以项目的形式推进，内容包括日常生活劳动、生产劳动和服务性劳动等10个任务群，让学生通过亲身体验感受劳动的意义和价值。

综上所述，近年来我国出台了一系列政策文件以加强中小学劳动教育的实施和发展。这些政策文件不仅为小学劳动教育的目标、内容、方式、评价等方面提供了具体的指导和要求，还为小学劳动教育的实施和发展提供了有力的政策保障和支持。在这个政策背景下，各地教育部门和学校纷纷出台了一系列实施措施和方案，加速小学劳动教育的开展和实施。例如，一些学校开始设置劳动课程，开展校园种植、养殖等活动，让学生亲身体验劳动的乐趣和意义。此外，一些地区的学校还组织开展了"劳动周"等活动，鼓励学生参与各种形式的劳动，培养他们的劳动意识和技能。

（二）小学劳动教育的实施现状

虽然政府和学校在加强小学劳动教育方面取得了一些进展，但总体来说，小学劳动教育的实施现状仍然存在一些问题。

（1）一些学校对劳动教育的重视程度不够。由于应试教育的影响，一些学校仍然存在追求升学率和成绩排名的现象，导致劳动教育在学校教育中的地位被边缘化。一些学校缺乏专门的劳动教育课程和教学资源，学生缺乏接受劳动教育的机会和平台。

（2）一些学校的劳动教育缺乏系统性和科学性。一些学校只是简单地安排学生参加一些体力劳动，缺乏对劳动教育的整体规划和设计。学校在实施层面上缺少指导，难以选择合适的劳动项目，不知如何在劳动课程中开展种植、养殖等长周期的项目。一线教师得不到资源上的支持和帮助，无法在劳动课堂上开展好劳动项目。这些都导致学生无法通过劳动获得全面的发展，甚至会对劳动产生抵触情绪。

（3）一些学校的劳动教育缺乏与家庭、社会的有效衔接。家庭和社会是培养学生劳动意识和技能的重要场所，但一些学校在这方面缺乏与家庭和社会的沟通和合作机制。这就导致学生的劳动教育和家庭教育、社会教育存在脱节现象，无法形成有效的合力。

（三）小学劳动教育存在的问题与挑战

当前小学劳动教育存在的问题和挑战主要包括以下几个方面：

（1）观念认识不足。在一些学校和家长眼中，只有考试成绩才是评价学生最重要的标准，却忽略了劳动教育在培养学生综合素质方面的重要作用。这种观念导致学生对劳动产生轻视和抵触情绪，也影响了他们对未来职业的选择和规划。

（2）教学资源不足。由于历史和现实的原因，一些学校缺乏开展劳动教育所需的教学资源，如场地、设备、师资等。这使得学校的劳动教育无法得到有效的实施和发展。

（3）教育体系不完善。目前，小学劳动教育的课程设置、教材编写和教育方法等方面还存在一些问题。一些学校的劳动课程缺乏系统性和科学性，教材内容单一陈旧，教学方法单调乏味，无法激起学生的兴趣，提高学生的参与度。

（4）社会支持不足。小学劳动教育的实施和发展需要社会各界的支持和参与。然而，目前社会上对小学劳动教育的关注度和支持度还不够高，缺乏相关的政策和资金支持。同时，一些家长对孩子的过度保护也使得学生缺乏参与劳动的机会和平台。

综上所述，小学劳动教育还存在很多问题和挑战，需要从政策、教育体系和社会支持等多个方面入手，加强小学劳动教育的实施和发展，提高学生的综合素质和能力水平。

第三节 小学劳动教育的实施

一、小学劳动教育的实施原则

（一）适应性原则

小学劳动教育的实施应该符合学生的年龄特点和身心发展规律。内容选择应与学生所处的社会、家庭、学校和班级环境相适宜。同时，教学方法和手段也应该符合学生的认知特点和兴趣爱好，让学生积极参与劳动活动。

（二）实践性原则

小学劳动教育应以实践为主线，让学生在亲身体验中学习劳动知识和技能。因此，在教学过程中应注重实践操作和实践环节的设计，让学生在实际操作中掌握劳动技能和方法。

（三）趣味性原则

小学劳动教育应有趣味性，通过引入趣味性的活动和游戏，吸引学生参与劳动活动。同时，在教学过程中还可以通过竞赛、评比等方式激发学生的兴趣和积极性。

（四）教育性原则

小学劳动教育的目的是培养学生的劳动意识和劳动习惯，提高学生的综合素质和社会适应能力。因此，在教学过程中应注重劳动教育的渗透和融合，让学生在劳动中获得更多的启示和教育。

二、小学劳动教育的实施方法

（一）创设情境，激发兴趣

在教学过程中，教师应根据学生的年龄特点和兴趣爱好，创设适宜的情境和氛围，激发学生的兴趣和热情。例如，可以引入生活中的实际问题，让学生了解劳动的意义和价值；可以组织实地参观或实践操作，让学生亲身体验劳动的过程和成果等。

（二）任务驱动，实践操作

在教学过程中，教师可以根据教学内容和目标设计出具体的任务和活动让学生完成。例如，可以组织学生完成手工制作、种植、清洁等具体的劳动任务，可以让学生参与家庭中的日常劳动，可以组织学生进行社会公益活动等。通过完成任务和活动，可以让学生在实践中掌握劳动技能和方法，提高其综合素质和社会适应能力。同时，还可以通过组织评比和展示等方式激发学生的积极性和自信心，增强其自我认知和发展意识。

（三）小组合作，互动交流

在教学过程中，教师可以组织学生进行小组合作学习和互动交流，提高学生的团队合作精神和集体荣誉感。例如，可以组织学生分组进行劳动竞赛或创意设计等活动，让学生在合作中互相学习、互相帮助，提高其团队协作能力和人际交往能力；可以组织学生进行集体讨论或分享会等，让学生在交流中分享经验和成果，增强其自我认知和发展意识。

（四）家校合作，共同推进

小学劳动教育的实施需要家庭和学校的共同配合和支持。教师可以与家长密切合作，共同推进小学劳动教育的实施。例如，学校可以向家长宣传劳动教育的重要性和意义，争取家长的支持和理解；可以邀请家长参与学校的劳动教育活动，让家长了解孩子的成长和发展情况，共同关注孩子的成长和发展；可以与家长一起组织亲子活动和社会公益活动，增进亲子关系的同时培养学生的社会责任感和公民意识。

三、小学劳动教育的实施途径

（一）开设专门的劳动课程

学校可以开设专门的劳动课程作为必修或选修课程。在课程中，教师可以结合学生的实际情况和兴趣爱好设计各种实践性的活动和任务，让学生亲身体验劳动的过程和成果，提高对劳动的认识和理解能力。同时，教师还可以在课堂中引入各种职业领域的人物和案例，让学生了解不同职业的特点和要求，为未来的职业规划提供参考。

（二）结合其他课程渗透劳动教育

除了专门的劳动课程外，学校还可以在其他课程中渗透劳动教育的内容。例如，在语文课程中可以引导学生阅读关于劳动的课文或故事，培养学生的劳动意识和价值观；在数学课程中可以引导学生学习各种测量、计算等与建筑、制造有关的知识，培养学生的逻辑思维和问题解决能力；在科学课程中可以引导学生进行各种实验和观察，培养学生的探究精神和科学素养等。

（三）组织校内外实践活动

学校可以组织各种校内外实践活动让学生亲身体验劳动的过程。例如，可以组织学生到农场、工厂等进行参观和实践，让学生了解各种劳动技能和流程；可以组织学生进行环保活动和志愿者活动，让学生了解社会问题和增强社会责任感；可以组织学生参加各种创意比赛和科技竞赛，培养学生的创新意识和能力。

（四）家校合作共同推进

学校可以与家长合作，共同推进小学劳动教育的实施。家长可以在家庭中引导孩子进行简单的家务劳动和自我管理，培养孩子的自理能力和劳动习惯；可以与孩子一起参加各种亲子活动和社会公益活动，培养孩子的团队合作精神和社会责任感等。同时，家长还可以与学校教师进行沟通，共同关注孩子的成长和发展情况，及时发现和解决问题。

第二章　小学简约劳动教育

在这个快节奏、高效率的时代，简约劳动教育理念应运而生，它倡导以简洁、有效的方式来进行劳动教育，让孩子们在轻松愉快的氛围中收获成长。

第一节　简约劳动

一、简约劳动的含义

简约劳动是指选择简单、节约的劳动项目在劳动课程中实施，这种劳动项目强调在有限的时间和资源内，实现最大的劳动教育效果和价值，以实现劳动教育的综合育人功能。简约劳动，与"复杂劳动"相对应，一线的中小学教师不需要专门的训练，根据项目资源在简单地学习后，就能在课堂上指导学生实施。简约劳动并不是简单的体力劳动，还包括思维、设计、创新等多个方面内容。

简约劳动的内涵体现在对"简单"和"节约"的深刻理解上。简单，不仅仅是指操作步骤的减少，更是指在面对复杂任务时，能够迅速找到其核心和关键，进而快速完成任务。节约，则是指在保证劳动效果的前提下，最大限度地减少资源的消耗和浪费，实现效率和效益的最大化。

简约劳动的内涵还体现在对劳动价值的尊重和珍视上。它要求人们充分认识到每一份劳动背后存在的价值和意义，不能因繁琐和困难轻易放弃，而是要努力寻找最简单、最有效的方法来完成任务。

简约劳动的外延则体现在其广泛的应用领域和实际影响上。它不仅适用于生产劳动，同样适用于日常生活、学习、工作等各个领域。在学习上，简约劳动的理念可以帮助学生更有效地掌握知识，避免陷入题海战术；在工作上，它可以帮助职场人士提高工作效率，减少不必要的加班和压力；在日常生活中，它可以帮助人们更好地管理时间和资源，享受更高质量的生活。

此外，简约劳动的外延还体现在其对社会和环境的积极影响上。在一个资源日益紧缺、环境问题日益突出的时代，简约劳动的理念对于推动可持续发展、建设节约型社会具有重要意义。它鼓励人们从自身做起，从小事做起，通过减少浪费、节约资源来保护环境、造福社会。

二、简约劳动的特点

简约劳动最显著的特点就是简单和节约。它要求人们在完成任务时，尽可能采用最简单、最直接的方法，避免复杂化和繁琐化。同时，它强调资源的节约和有效利用，避免浪费和过度消耗。简约劳动强调抓住事物的本质和核心。在面对复杂问题时，它要求人们能够迅速识别问题的关键所在，不被表面的复杂和多样所迷惑。通过抓住本质，人们可以更加高效地解决问题，达到事半功倍的效果。简约劳动鼓励创新思维和方法的运用。它不拘泥于传统的模式和规则，而是鼓励人们根据实际情况灵活调整劳动方式和方法。通过创新思维和方法的运用，人们可以更加高效地完成任务，实现更好的效果。简约劳动的目标是实现高效益。在保证质量和效果的前提下，它追求以最少的资源和时间投入获得最大的产出和效益。这不仅可以提高个人的工作效率和生活质量，还可以推动整个社会的经济发展和进步。简约劳动的理念具有可持续性。这种可持续性不仅体现在资源的有效利用上，更体现在人们对劳动价值的持续追求和提升上。通过学习和实践简约劳动的理念和方法，人们可以提高自己的劳动技能和素质水平，为社会的持续发展和进步作出贡献。

简约劳动强调在设计和实施过程中，尽可能地采用简单、实用的方法和技术，避免复杂化和过度消费；简约劳动强调使用低能耗的设备和工具，减少高能耗的活动，从而降低能源消耗，减少能源浪费；简约劳动强调对资源的充分利用和循环利用，避免浪费和过度消耗资源，提高资源利用效率；简约劳动强调环保和可持续发展，通过节约资源和降低能耗，减少对环境的破坏和污染，从而促进可持续发展。

三、简约劳动在小学劳动教育中的应用

随着教育理念的不断更新和完善，小学劳动教育逐渐被赋予更加重要的地位和角色。其中，简约劳动作为一种新型劳动方式，也逐渐被引入小学劳动教育中。

（一）课堂教学

在课堂教学中，教师可以通过引入简约劳动的理念和方法，帮助学生更好地理解和掌握知识点。例如，在手工制作课程中，教师可以引导学生采用最简单、最有效的方法完成作品，避免复杂化和繁琐化。这样不仅可以提高学生的制作效率，还可以培养学生的创新意识和实践能力。

（二）实践活动

在小学劳动教育中，教师可以组织学生参与以简约劳动为主题的实践活动，如"校园清洁""环保手工制作""校园绿化"等。实践活动可以让学生亲身体验简约劳动的过程和价值，学生可以更加深入地了解简约劳动的理念和方法，并将其运用到实际生活中。这不仅可以提高学生的实践能力，还可以培养学生的环保意识和团队合作精神，帮助学生树立正确的价值观和职业观，增强他们的社会责任感和使命感。

（三）校园文化建设

在校园文化建设中，简约劳动的理念和方法也可以得到很好的应用。例如，在校园环境整治中，可以引导学生采用最简单、最有效的方法进行清洁和整理；在校园活动策划中，可以注重活动的节约性，避免浪费和繁琐；可以通过校园广播、黑板报、宣传栏等方式宣传简约劳动的理念和特点。这些宣传可以让学生更加深入地了解简约劳动的重要性和价值，激发他们参与简约劳动的积极性和主动性。

（四）家校合作

在小学劳动教育中，可以通过家校合作的方式推广简约劳动的理念和实践。家长可以在家庭教育中引导孩子参与简单实用的家务劳动，让孩子在实践中培养劳动意识和技能。同时，家长还可以与学校合作，共同制订适合孩子的劳动教育计划和方案，促进孩子全面发展。

第二节　小学简约劳动教育的课程背景

2020年3月，中共中央、国务院发布了《关于全面加强新时代大中小学劳动教育的意见》；2021 年 7 月，教育部印发了《大中小学劳动教育指导纲要（试行）》；2022 年 4 月，教育部颁发了《义务教育劳动课程标准（2022 年版）》，三份文件的出台层层落实，对劳动教育的全面推进具有深远意义。义务教育阶段课程标准强调要五育并举，坚持德育为先，提升智育水平，强化体育锻炼，增强美育熏陶，落实劳动教育，构建具有中国特色、世界水准的义务教育课程体系，要聚焦中国学生发展核心素养，培养学生适应未来发展的正确价值观、必备品格和关键能力。在新的课程方案中，将劳动作为 15 门国家课程之一，并制定颁发《劳动课标》，这为劳动教育的推进落实指明了方向，提供了路径。但是，当下中小学的劳动教育还缺少具体的实践成果，目标不明确、内容不准确、实施不具体、评价不清晰等问题十分突出。这就需要一群有志于共同发展和提升劳动教育的人员一起努力，大家一起静下心来研究劳动教育、发展劳动教育、实施劳动教育，让劳动教育在学校教育中发挥出其基础作用，让劳动教育之花绚丽多彩。

随着社会的发展和科技的进步，人们的生产方式和生活方式发生了巨大的变化。然而，劳动作为人类的基本需求之一，对小学生的成长和发展仍然具有重要的作用。简约劳动作为一种新型的劳动方式，强调简单、节约、高效，符合现代社会的发展趋势。本课程设计旨在将简约劳动的理念和方法引入小学劳动教育中，通过实践和探索，培养学生的劳动意识、实践能力和创新精神。

然而，在小学劳动教育的实施过程中，存在一些使劳动项目不易开展或变得较为复杂的问题。首先，小学生的年龄较小，他们往往缺乏劳动技能和经验，对于一些复杂的劳动项目难以理解和完成。其次，许多传统的劳动项目往往需要耗费大量的时间和精力，对于小学生来说难以坚持和参与。最后，一些劳动项目还需要特定的场地、工具和材料，对于学校的资源和条件有一定的要求，难以满足每个学生的需求。

为了解决这些问题，我们引入了简约劳动的理念和方法，旨在通过简单、有趣的方式培养学生的劳动意识和实践能力。简约劳动不仅仅是一种技能，更是一种生活态度。它强调在满足基本需求的前提下，尽可能减少资源和时间的浪费，追求高效、环保和可持续性的发展。这种理念符合现代社会的发展趋势，也符合小学生的认知特点。

第三节　小学简约劳动教育的课程总目标

《义务教育劳动课程标准（2022年版）》提出了劳动教育要培养学生劳动观念、劳动能力、劳动习惯和品质、劳动精神四个方面的核心素养。这一要求体现了国家对劳动教育的高度重视和期望，也为我们开展小学劳动教育提供了明确的方向。本课程设计旨在通过简约劳动的实践，培养学生这四个方面的核心素养，帮助学生树立正确的劳动观念，提高其劳动能力，帮其养成良好的劳动习惯和品质，并激发其劳动精神。

一、培养学生的劳动观念

劳动观念是指在劳动实践中逐渐形成的，对劳动、劳动者、劳动成果等方面的认知和总体看法，以及在此基础上形成的基本态度和情况，懂得尊重，了解苦乐，理解幸福，形成积极的劳动价值观。简约劳动的实践可以帮助学生了解劳动的本质和价值，认识到劳动是创造财富和推动社会进步的重要手段。通过参与简约劳动的实践活动，学生可以深刻体会到自己的努力和付出所带来的成果，从而增强对劳动的认同感和尊重感。其具体包括：帮助学生了解简约劳动的含义和特点，认识到简约劳动是一种新型的、符合现代社会发展趋势的劳动方式；引导学生理解劳动的本质和价值，认识到劳动是创造财富和推动社会进步的重要手段；激发学生的劳动热情，培养其对劳动的积极态度和兴趣。

二、提高学生的劳动能力

劳动能力是指顺利完成与个体年龄及生理特点相适宜的劳动任务所需的胜任力，是个体的劳动知识、技能、行为方式等在劳动实践中的综合表现，具体表现为劳动工具的正确使用能力，以及完成劳动任务所需要的设计能力、操作能力和团队合作能力。简约劳动的实践可以帮助学生掌握基本的劳动技能和方法，提高其动手能力和解决问题的能力。通过参与简约劳动的实践活动，学生可以学会如何与他人合作、如何分工协作、如何解决问题等，从而提高其团队协作能力和创新能力。具体包括：帮助学生掌握简约劳动的基本技能和方法，包括手工制作、环保手工制作等；提高学生的动手能力和解决问题的能力，培养其创新意识和创造力；引导学生学会与他人合作、分工协作，培养其团队协作能力。

三、养成良好的劳动习惯和品质

劳动习惯和品质是指通过经常性劳动实践形成的稳定行为倾向和品格特征，具体表现为安全规范、有始有终的习惯和自觉自愿、认真负责、诚实守信、吃苦耐劳、团结合作、珍惜成果的品质。简约劳动的实践可以帮助学生养成良好的劳动习惯和品质，如认真负责、勤奋努力、持之以恒等。通过参与简约劳动的实践活动，学生可以学会如何对自己的工作负责、如何保持工作场所的整洁、如何与他人友好相处等，从而培养其良好的职业道德和社会责任感。其具体包括：帮助学生养成认真负责、勤奋努力、持之以恒的劳动习惯；引导学生学会对自己的工作负责、保持工作场所的整洁；培养学生的职业道德和社会责任感，使其能够在未来的工作和生活中遵守职业规范和社会公德。

四、激发学生的劳动精神

劳动精神是指在劳动观念、劳动能力、劳动习惯和品质的培养过程中形成和发展的，在劳动实践中秉持的关于劳动的信念信仰和人格特质。可提炼为"两话两传四精神"："两话"为习近平总书记的两句话，即要牢记并深刻领会"劳动是一切幸福的源泉""幸福是奋斗出来的"内涵和意义；"两传"是中华民族的两个优良传统，即要继承好勤俭节约和敬业奉献两个传统；"四精神"为开拓创新和砥砺奋进的时代精神、爱岗敬业和甘于奉献的劳模精神、百折不挠和艰苦奋斗的革命精神、精益求精和追求卓越的工匠精神。简约劳动的实践可以培养学生的创新精神和创造力，鼓励其积极探索新的方法和途径，提高其解决问题的能力和水平。通过参与简约劳动的实践活动，学生可以学会如何面对挑战和困难、如何保持积极的心态和稳定的情绪、如何发挥自己的潜力和优势等，从而培养积极进取、勇于创新的劳动精神。具体包括：激发学生的创新精神和创造力，鼓励其积极探索新的方法和途径；培养学生的积极进取精神，使其能够在未来的学习和工作中不断追求卓越；引导学生学会如何面对挑战和困难、保持积极的心态和情绪、发挥自己的潜力和优势。

通过简约劳动的实践来培养学生的劳动观念、劳动能力、劳动习惯和品质、劳动精神四个方面的核心素养。四个劳动核心素养组成了劳动教育的课程总目标，四者之间互相联系、相互融合，进而组成一个整体。这些核心素养是学生在未来的学习和工作中所必需的素质和能力基础，也是他们成为社会主义建设者和接班人的重要保障。

第四节　小学简约劳动教育的目标

小学阶段是学生接受教育的关键时期，也是形成劳动观念和习惯的重要时期。因此，在小学教育中，劳动教育应该贯穿整个学段，而简约劳动是劳动教育中的一种重要形式。

一、第一学段（1~2年级）

第一学段是小学生开始接受教育的阶段，此时他们对生活的认识还不够深刻，需要通过简约劳动来培养他们的劳动意识和习惯。

（一）了解简约劳动的意义和作用

懂得人人都要劳动、劳动成果来之不易的道理；初步感知劳动的艰辛与乐趣，学会尊重他人的劳动付出；明白劳动是人类生产生活的基础，劳动是每个人的义务和责任，劳动能够培养人的创造力和能力；喜欢劳动，具有主动劳动、积极参加劳动的愿望。

（二）了解简约劳动的基本概念

参与班级集体劳动，主动维护教室内外环境卫生，初步形成以自己的劳动服务他人的意识；在劳动过程中遵守纪律，不怕脏、不怕累，具有初步的劳动安全意识，初步养成有始有终、认真劳动的习惯；认识到简约劳动是一种简单、朴素的劳动方式，能够锻炼身体，培养劳动习惯和劳动精神。

（三）掌握简约劳动的基本方法

能够自己进行一些简单的家务劳动，完成个人物品的整理与清洗，居室、教室的卫生保洁、整理与收纳，以及垃圾分类等劳动任务，参与简单的家庭烹饪，形成"自己的事情自己做"的意识，具有初步生活自理能力。

（四）养成劳动意识和习惯

关心、照顾身边常见的动植物，初步形成关爱生命、热爱自然的意识。参与简单的手工制作活动，初步学会规范使用相应工具，对工艺制作具有一定的好奇心。通过简约劳动的实践，逐渐形成勤劳、自立、节约、创造的劳动意识和习惯。

二、第二学段（3～4年级）

第二学段是小学生进入学习阶段的重要时期，此时他们开始学习各种知识，也需要通过简约劳动来培养他们的劳动意识和习惯。

（一）理解简约劳动的重要性

懂得"一分耕耘，一分收获"的道理。体会劳动光荣，劳动无高低贵贱之分的道理，认识到美好生活离不开各行各业的劳动者；尊重劳动，尊重普通劳动者，初步形成热爱劳动的态度。

（二）了解简约劳动的多样性

初步体验简单的种植、养殖、手工制作等生产劳动，能规范地使用常用的劳动工具，了解常用材料的作用与特征，对劳动过程中遇到的问题具有好奇心和探究欲望。

（三）掌握简约劳动的技能

养成良好的个人清洁卫生习惯；认识常用家用器具，掌握家用小器具的使用方法，具有家用电器使用安全意识和初步的器具保养意识；主动分担家务，协助参与家庭环境卫生清洁，能制作简单的日常饮食，初步学会简单的家务劳动技能，形成生活自理能力。

（四）形成多元化的劳动观念

主动参加校园卫生保洁和环境美化等劳动，积极参加社区环保、公共卫生维护等力所能及的公益劳动，进一步体验新技术支持下的现代服务业劳动，形成关爱他人、积极参与社区建设的劳动意识和能力，增强公共服务意识，初步形成社会责任感；根据劳动目标确定劳动任务，制订劳动计划，并根据劳动过程的进展情况适时优化调整，初步形成劳动效率意识和劳动质量意识，初步形成爱岗敬业、乐于奉献的精神；在集体劳动中团结协作，提升与他人合作劳动的能力。在劳动过程中自觉遵守劳动纪律，形成诚实劳动、合法劳动的意识；在劳动中主动克服困难，初步形成不怕辛苦、积极探索、追求创新的精神；通过简约劳动的实践，逐渐形成尊重劳动、珍视劳动、重视劳动的多元化劳动观念。

三、第三学段（5～6年级）

第三学段是小学生开始进入社会的关键时期，此时他们需要通过简约劳动来更深入地理解劳动的意义和价值，并培养他们的社会责任感。

（一）认识劳动对社会的贡献

懂得劳动创造财富、劳动来不得半点虚假、"业精于勤荒于嬉"等道理；认识到劳动者是国家的主人，"三百六十行，行行出状元"，体会普通劳动者的光荣与伟大；初步树立劳动最光荣、劳动最崇高、劳动最伟大、劳动最美丽的观念；明白劳动是社会进步的基础，劳动者是社会发展的中坚力量，劳动对社会的发展和进步具有重要作用。

（二）理解多样化的劳动形式

进一步体验种植、养殖、手工制作等生产劳动，能根据劳动任务选择合适的材料和工具、技术与方法，安全、规范、有效地开展劳动，初步养成持之以恒的劳动品质；知道劳动有不同的形式和方式，不同的劳动方式对社会的发展和进步有不同的贡献，劳动者也需要不断学习和进步，提高自己的技能和能力。

（三）培养创新意识和创新能力

根据劳动目标确定劳动任务，制订劳动计划，并根据劳动过程的进展情况适时优化调整，初步形成劳动效率意识和劳动质量意识，初步形成爱岗敬业、乐于奉献的精神；在集体劳动中团结协作，提升与他人合作劳动的能力。在劳动过程中自觉遵守劳动纪律，形成诚实劳动、合法劳动的意识；在劳动中主动克服困难，初步形成不怕辛苦、积极探索、追求创新的精神；通过简约劳动的实践，培养自己的创新意识和创新能力，发挥自己的想象力和创造力，为社会的发展和进步作出贡献。

（四）培养社会责任感

掌握家庭生活中常用的清洁与卫生、整理与收纳基本技能，了解家庭常用器具的功能特点，规范、安全地操作与使用，初步掌握基本的家庭饮食烹饪技法，制作简单的家常餐，具有食品安全意识，增强生活自理能力和家务劳动能力，初步具有家庭责任感；主动参加校园卫生保洁和环境美化等劳动，积极参加社区环保、公共卫生维护等力所能及的公益劳动，体验新技术支持下的现代服务业劳动，形成关爱他人、积极参与社区建设的劳动意识和能力，增强公共服务意识，初步形成社会责任感；通过简约劳动的实践，认识到自己的社会责任和义务，尊重他人的劳动和付出，关心社会公共事务，积极参与社会公益活动，为社会的和谐稳定作出贡献。

第三章　小学简约劳动教育的课程内容与实施

《义务教育劳动课程标准（2022年版）》明确指出，劳动课程以培养学生的核心素养为导向，紧紧围绕"日常生活劳动、生产劳动和服务性劳动"进行项目开发，以任务群为基本单元，构建课程内容结构，如图3-1所示。本章将聚焦于小学简约劳动教育的课程内容与实施，为读者提供一套系统、实用的教育方案。

第一节　小学简约劳动教育的任务群课程内容

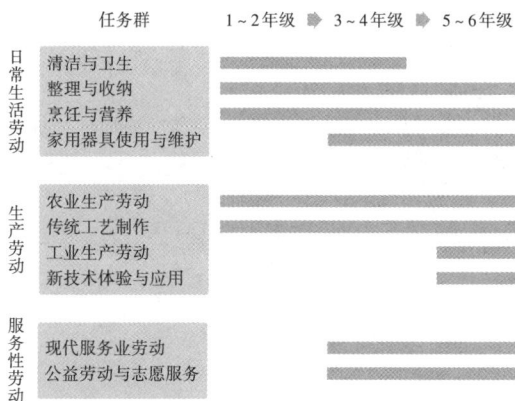

图3-1　劳动课程内容结构示意图

一、日常生活劳动

日常生活劳动立足于学生个人生活事务处理，涉及衣、食、住、行、用等方面，注重培养学生的生活能力和良好卫生习惯，树立自理、自立、自强意识，是培养学生基础生活技能的重要环节。这一部分的4个任务群让学生学习并实践了清洁与卫生、整理与收纳、烹饪与营养以及家用器具使用与维护等基本生活技能。

（一）清洁与卫生

在这一任务群中，学生将学习正确的洗手、洗脸、刷牙和洗澡等个人卫生习惯，并了解如何清洁和消毒卫生间，以及如何对家中地面、家具、电器等家居物品进行清洁和保养。同时，学生还将了解垃圾分类和垃圾处理的基本知识。

（二）整理与收纳

这一任务群将教授学生如何将物品进行分类和整理，如何合理利用空间进行家庭收纳，以及如何使用和维护收纳工具，如储物箱和挂钩等。此外，学生还将了解和掌握家庭储存物品的方法，如食品保存方法、衣物洗涤和保存方法等。

（三）烹饪与营养

在这一任务群中，学生将学习烹饪基本技能，如切菜、煮饭、炒菜等，并学习如何制作简单的家庭餐食，如煮面条、制作三明治等。同时，学生将了解营养学基础知识，学习如何合理搭配饮食，保证营养均衡，并了解食品安全和卫生知识，如食品保存方法、食品卫生注意事项等。

（四）家用器具使用与维护

在这一任务群中，学生将学习使用家庭常见电器设备，如洗衣机、冰箱、空调等，并了解如何对家用电器进行简单的维护，如清洁和维护洗衣机、冰箱除霜等。此外，学生还将了解和掌握家庭安全用电的基本知识，并学习如何使用和保养厨房用具，如刀具、锅具等。

二、生产劳动

生产劳动可以让学生在工农业生产过程中直接经历物质财富的创造过程，体验从简单劳动到复杂劳动、创造性劳动的发展过程，淬炼生产劳动技能，体会物质财富的来之不易，认识劳动与自然界的基本关系，是培养学生实践能力和创新精神的重要环节。这一部分的 4 个任务群让学生学习并实践了农业生产劳动、工业生产劳动、传统工艺制作以及新技术体验与应用等生产技能。

（一）农业生产劳动

在这一任务群中，学生将了解农作物生长的过程和特点，并学习如何进行农作物的种植和养护。通过实践，学生将了解农业生产的基本知识和技能，并培养对农业生产的兴趣和热爱。

（二）传统工艺制作

在这一任务群中，学生将了解和学习一些传统工艺制作的方法和技术，如编织、剪纸、泥塑等。通过实践，学生将培养自己的动手能力和创新思维，并了解传统文化的魅力。

（三）工业生产劳动

在这一任务群中，学生将了解一些简单的工业生产过程和技术，如机械加工、电子制造等。通过实践,学生将学习如何操作工业生产设备,并了解工业产品的制造过程和工艺。

(四)新技术体验与应用

在这一任务群中,学生将了解一些现代新技术的基本原理和应用,如人工智能、无人机技术、新能源技术等。通过实践,学生将体验到新技术的魅力,并提升对新技术的学习和应用能力。

三、服务性劳动

服务性劳动让学生利用知识、技能等为他人和社会提供服务,在现代服务业劳动、公益劳动与志愿服务中认识社会,树立服务意识,体悟劳动中人与人、人与自然、人与社会的关系,强化社会责任感,是培养学生社会责任感和服务意识的重要环节。这一部分通过2个任务群让学生学习并实践现代服务业劳动和公益劳动与志愿服务等技能。

(一)现代服务业劳动

在这一任务群中,学生将了解和学习一些现代服务业的基本知识和技能,如旅游服务、金融服务、信息服务等。通过实践,学生将了解现代服务业的发展趋势和服务要求,并培养自己的服务意识和技能,如餐饮、旅游、电子商务等;通过实地考察或角色扮演,体验不同服务岗位的工作内容和职责;学习基本的客户服务技巧和沟通技巧,培养良好的职业素养。

(二)公益劳动与志愿服务

在这一任务群中,学生将了解公益活动的意义和价值,培养社会责任感和公民意识,参与各类志愿服务活动,如环保、助老、助学等,学习团队协作和组织管理技能,提升团队合作能力,反思和总结志愿服务经验等。

第二节 小学简约劳动教育的项目化课程内容

劳动项目是落实劳动课程内容及其教育价值，体现课程实践性特征，推动学生"做中学""学中做"的重要实施载体。项目需要依据三大类劳动教育内容及十个任务群在各学段的分布进行选择，总体体现"整体规划、纵向推进、因地制宜、各有侧重"的原则。项目应该依据学段任务群所体现的课程内容要求，本着简单、节约的原则，合理选择和确定所需实施的任务群，整体安排各个学段的项目，从而体现项目在不同学段的纵向衔接与递进关系。在实际实施中，我们将简约劳动的课程内容依据所需实施周期的长短，分为大项目、中项目和小项目三类，整体上进行，实现大中小项目一体化设计。

一、大项目（长周期）

大项目是指耗时较长、规模较大的劳动项目，一般为长周期。大项目劳动是简约劳动中一种重要的实施方式，需要学生长时间持续参与。通过完成大项目劳动，学生可以全面了解劳动过程，培养团队合作精神和持续劳动的能力。在大项目劳动中，学校可以根据实际情况，将大项目放到某一个年级实施，根据学段的不同，通过班主任老师和劳动老师的指导，利用课外时间进行体验和完成，例如种植、养殖等长周期项目。笔者结合实践初步构建了一至六年级大项目课程设计体系，如图3-2所示，供参考。

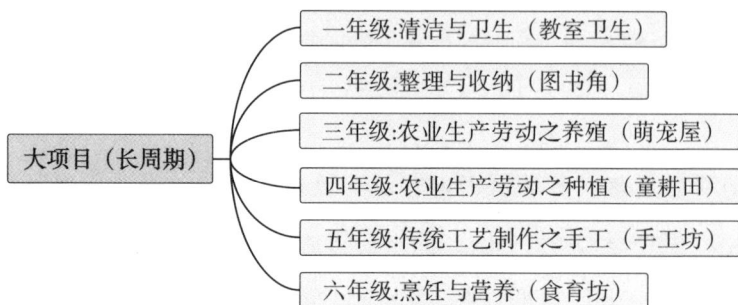

图3-2 简约劳动一至六年级大项目课程设计体系

种植是一种常见的大项目劳动形式，学生通过参与植物的种植、养护和收获过程，培养自身的劳动技能和团队合作精神。在种植项目中，学校可以根据不同的季节和实际情况选择适合的植物进行种植。在实施过程中，教师应注意指导学生掌握正确的种植方法和技术，同时引导学生关注植物的生长过程，培养他们的观察力和责任心。

养殖也是大项目劳动中的一种常见形式，学生通过参与动物的养殖、照顾和管理工作，培养自身的爱心和团队合作精神。在养殖项目中，学校可以根据实际情况选择适合的动物进行养殖。在实施过程中，教师应注意指导学生掌握正确的养殖方法和技术，同时引导学生关注动物的生活习性和生长规律，培养他们的观察力和责任心。

除了种植和养殖外，学校还可以根据实际情况选择其他适合的大项目劳动内容。例如，可以组织学生进行校园环境整治、制作大型手工艺品、搭建简易设施等。这些大项目劳动不仅可以培养学生的劳动技能和团队合作精神，还可以增强学生的环保意识和创造力。

在实施大项目劳动时，学校应注意以下几点：

（1）合理规划项目：学校应根据实际情况和学生特点，合理规划大项目劳动的内容和规模，确保项目的可行性和有效性。

（2）科学指导：教师应科学指导学生进行大项目劳动，注重培养学生的实践能力和创新思维，同时关注学生的安全和健康。

（3）长期跟踪管理：大项目劳动需要长时间的跟踪管理，学校应建立健全的管理机制，确保项目的顺利进行。同时，教师应定期检查学生的劳动进展情况，及时发现和解决问题。

（4）成果展示与评价：完成大项目劳动后，学校应组织学生进行成果展示和评价。通过展示学生的劳动成果，增强学生的自信心和成就感；通过评价学生的表现，鼓励学生不断进步和成长。

二、中项目（中周期）

中项目是指耗时适中、规模适中的劳动项目，一般为中周期。中项目劳动是简约劳动中的一种重要形式，适合学生在一定时间内完成。通过参与中项目劳动，学生可以在实践中掌握一项技能或知识，提高劳动技能和兴趣。笔者结合实践，列举出一至六年级中项目课程，如表3-1所示，供参考。

表3-1　简约劳动一至六年级中项目课程总览

月　份	一年级	二年级	三年级	四年级	五年级	六年级
九月	扫地擦桌	学会洗手	清洗校服	擦窗户	整理衣柜	整理家庭医药箱
十月	整理书包	整理书桌	叠衣服	整理书柜	清炒土豆丝	包饺子
十一月	择菜洗菜	系鞋带	水果拼盘	凉拌黄瓜	西红柿炒鸡蛋	煲香菇鸡汤
十二月	树叶画	削水果皮	电磁炉的使用与维护	西红柿蛋花汤	纽扣画	纸浆画
一月	折纸飞机	手工折纸	制作书签	钉牢纽扣	编织手链	组装拆卸孔明锁

月　份	一年级	二年级	三年级	四年级	五年级	六年级
二月	养绿萝	给植物浇水	设计家庭徽标	认识二十四节气	制作金属丝便签夹	宣传"光盘行动"
三月	洗袜子	清洗红领巾	当雷锋志愿者	刷运动鞋	整理行李箱	做虾仁蛋炒饭
四月	整理玩具	系红领巾	垃圾分类回收	整理鞋柜	做青菜豆腐	做可乐鸡翅
五月	剥毛豆角	整理抽屉	切土豆丝	制作炸酱面	使用和维护豆浆机	使用和维护电烤箱
六月	制作泥塑	制作水果茶	编织网兜	缝沙包	打称人结	设计毕业纪念品
七月	穿针打结	平针卷针	栽种多肉植物	维护遥控器	修补破损图书	—
八月	养小金鱼	养吊兰	做家庭服务员	种大蒜	制作鸟窝	—

　　手工制作是一种常见的中项目劳动形式，可以培养学生的动手能力和创造力。例如，可以让学生制作手工艺品、玩具、贺卡等。在制作过程中，教师可以指导学生掌握基本的制作技巧和方法，引导学生发挥自己的想象力和创造力，完成具有个性的作品。

　　烹饪与烘焙是中项目劳动中的另一种常见形式，可以让学生了解食物的制作过程，培养他们的生活技能和团队合作精神。在实施过程中，教师可以先让学生了解基本的烹饪和烘焙知识，然后指导学生制作一些简单的菜肴或糕点。通过实际操作，学生可以掌握烹饪和烘焙的基本技巧，提高自己的生活技能。

　　我们在培养学生日常家务劳动习惯时，要求学生在一月内完成一项家庭劳动任务，小学六年坚持下来就可以完成70项家庭劳动任务，如打扫房间、洗衣服、做饭等。学生需要学习如何使用清洁剂、洗衣液等家务用品，掌握基本的家务技能。通过中项目，学生可以学习家庭管理的技能和知识，提高生活自理能力，同时培养责任感和独立性。

三、小项目（短周期）

小项目是指耗时较短、规模较小的劳动项目，一般为短周期。小项目劳动是简约劳动中的一种重要形式，学生可以在短时间内完成，适合在日常劳动课程中实施。这些项目可以在短时间内完成，帮助学生体验劳动的乐趣和成就感，如清洁课桌、手工折纸、家庭卫生清洁等小项目劳动内容，如表3-2所示。

表3-2　简约劳动一至六年级小项目课程设计体系

年级	劳动类型	第一学期		第二学期	
		任务群	小项目名称	任务群	小项目名称
一年级	日常生活劳动	清洁与卫生	地清洁　桌擦净	清洁与卫生	小袜子　我会洗
		整理与收纳	小书包　勤整理	整理与收纳	小玩具　会分类
		烹饪与营养	择菜叶　我在行	烹饪与营养	剥毛豆　有方法
	生产劳动	传统工艺制作	树叶画　真美丽	传统工艺制作	小泥塑　真可爱
		传统工艺制作	学折纸　趣味多	传统工艺制作	学穿针　会打结
		农业生产劳动	小浇水　有学问	农业生产劳动	小绿萝　会扦插
二年级	日常生活劳动	清洁与卫生	七步法　会洗手	清洁与卫生	红领巾　会清洗
		整理与收纳	小书桌　勤整理	整理与收纳	红领巾　我会系
		整理与收纳	系鞋带　方法多	整理与收纳	小抽屉　勤整理
		烹饪与营养	水果皮　细心削	烹饪与营养	水果茶　学制作
	生产劳动	传统工艺制作	纸飞机　来比赛	传统工艺制作	多针法　常练习
		农业生产劳动	辨植物　制标牌	传统工艺制作	塑丝键　巧制作
		农业生产劳动	养吊兰　我尝试	农业生产劳动	小金鱼　学饲养

续 表

年级	劳动类型	第一学期		第二学期	
		任务群	小项目名称	任务群	小项目名称
三年级	日常生活劳动	清洁与卫生	短衬衣　洗干净	清洁与卫生	垃圾多　分类投
		整理与收纳	叠衣服　方法多	整理与收纳	图书角　勤整理
		烹饪与营养	小拼盘　水果美	烹饪与营养	小土豆　变化多
		家用器具使用与维护	电磁炉　会使用	家用器具使用与维护	鲜橙汁　我来榨
	生产劳动	传统工艺制作	美书签　学制作	传统工艺制作	小网兜　学编织
		农业生产劳动	鸡鸭鹅　学饲养	农业生产劳动	爱多肉　学栽种
	服务性劳动	现代服务业劳动	爱集体　绘班徽	现代服务业劳动	为小树　穿棉衣
		公益劳动与志愿服务	小雷锋　我来当	公益劳动与志愿服务	小卡片　传真情
四年级	日常生活劳动	清洁与卫生	擦窗户　爱清洁	清洁与卫生	运动鞋　刷干净
		整理与收纳	小书柜　勤整理	整理与收纳	小鞋柜　勤整理
		烹饪与营养	小黄瓜　我会拌	烹饪与营养	炸酱面　真美味
		烹饪与营养	西红柿　蛋花汤	家用器具使用与维护	遥控器　会维护
	生产劳动	传统工艺制作	小纽扣　钉牢固	传统工艺制作	小沙包　自己缝
		农业生产劳动	节气表　我知道	农业生产劳动	种大蒜　常观察
	服务性劳动	现代服务业劳动	指示牌　动手做	现代服务业劳动	打包员　初体验
		公益劳动与志愿服务	讲解员　来体验	公益劳动与志愿服务	运动会　我服务
五年级	日常生活劳动	整理与收纳	大衣柜　会整理	整理与收纳	行李箱　我整理
		烹饪与营养	土豆丝　我来炒	烹饪与营养	小青菜　炒豆腐
		烹饪与营养	西红柿　炒鸡蛋	家用器具使用与维护	豆浆机　会维护
	生产劳动	传统工艺制作	纽扣画　耐心制	传统工艺制作	称人结　学本领
		传统工艺制作	小手链　巧编织	农业生产劳动	小兔子　学饲养
		工业生产劳动	金属丝　便签夹	新技术体验与应用	抢答器　我制作

续 表

年级	劳动类型	第一学期		第二学期	
		任务群	小项目名称	任务群	小项目名称
五年级	服务性劳动	现代服务业劳动	农产品 我助销	现代服务业劳动	图书损 快修补
		公益劳动与志愿服务	节约水 共宣传	公益劳动与志愿服务	给小鸟 做个家
六年级	日常生活劳动	整理与收纳	医药箱 勤整理	烹饪与营养	剥虾仁 蛋炒饭
		烹饪与营养	包饺子 花样多	烹饪与营养	烧鸡翅 可乐助
		烹饪与营养	煲鸡汤 加香菇	家用器具使用与维护	电烤箱 会维护
	生产劳动	传统工艺制作	纸浆画 有创意	传统工艺制作	小板凳 会组装
		传统工艺制作	学剪纸 美生活	新技术体验与应用	电子钟 学制作
		工业生产劳动	孔明锁 会拆装	工业生产劳动	蜂蜡扣 五角星
	服务性劳动	现代服务业劳动	服务员 初体验	现代服务业劳动	纪念品 我设计
		公益劳动与志愿服务	光盘行 我宣传	公益劳动与志愿服务	校园徽 我设计

（1）清洁课桌：学生在一节劳动课内负责清洁自己的课桌和周围环境。他们需要学习如何正确使用清洁用品，掌握基本的清洁技巧。通过这个项目，学生可以培养自身的卫生习惯并学习公共空间的管理方法，同时提高自身的观察力和动手能力。

（2）手工折纸：学生在一节劳动课内学习折纸的基本技巧和方法，并完成一幅折纸作品。他们需要掌握基本的折纸方法和技巧，学习如何折叠出简单的形状和物品。这个项目可以锻炼学生的手眼协调能力，培养学生的耐心和专注力，同时提高学生的创造力和审美能力。

（3）家庭卫生清洁：家庭卫生清洁是日常生活中常见的劳动项目，也是适合小项目劳动的内容之一。教师可以引导学生参与家庭卫生清洁工作，如打扫房间、擦桌子、清洗餐具等。通过这些简单的家务劳动，学生可以学习到基本的卫生知识和清洁技能，培养自己的独立生活能力。

在实施小项目劳动时，学校应注意：简单易行，小项目劳动的内容应简单易行，适合学生在短时间内完成，同时项目的难度应适中，避免因过于简单而失去教育意义；安全性，教师在指导学生进行小项目劳动时，应关注学生的安全和健康，引导学生掌握正确的劳动技能和方法，避免因操作不当而发生意外；趣味性，小项目劳动的内容应具有一定的趣味性，能够吸引学生的参与，教师可以根据学生的兴趣和年龄特点选择合适的劳动项目，提高学生的学习积极性和主动性；教育意义，小项目劳动应具有教育意义，能够帮助学生了解劳动的意义和价值，通过参与小项目劳动，学生可以培养自己的劳动技能和习惯，提高自己的综合素质和社会责任感。

第三节　小学劳动教育课程实施策略

《义务教育劳动课程标准（2022年版）》从课程性质、课程理念、课程目标、课程内容、劳动素养要求、课程实施六个方面进行了详细的说明和规定，为义务教育阶段劳动课程的有效实施提供了指南和方向，明晰了方法和评价。当下，不少中小学已经开始尝试开设劳动教育课，课表中虽然体现了，但现实中如何实施还存在着很多困难，"教什么、怎么教、教得怎么样"的问题得不到解决，很多负责劳动课程的老师难以开展，很多学校教学管理部门难以指导。笔者学校自2021年9月起，在全校范围内开设劳动课程，在实践过程中总结出"1233"劳动课程实施策略，即以"教学做合一"为课程指导思想，以"两节课连堂"保障课程实施，以"三基地"建设做好场地保障，以"总分总三段"构建课堂模式，从课程的实施思想、课程的课时编排、课堂的实施结构等方面进行了研究与探索，对劳动课程的落实具有非常好的现实意义和实践价值。

一、指导思想："教学做合一"

课程标准指出，劳动是创造精神财富和物质财富的过程，是人类特有的社会实践活动，劳动教育是发挥劳动的育人功能，对学生进行热爱劳动、热爱劳动人民的教育活动，劳动课程是实施劳动教育的重要途径，在劳动教育中发挥着主导作用。而义务教育阶段劳动课程根据其教育服务的对象年龄特点，以丰富开放的劳动项目为载体，以有目的、有计划地组织学生参加日常生活劳动、生产劳动和服务性劳动为重点，以学生动手实践、出力流汗、接受锻炼、磨炼意志为手段，以培养学生正确的劳动价值观和良好的劳动品质为目标，具有其自身鲜明的特色。

义务教育劳动课程以培养"懂劳动、会劳动、爱劳动的时代新人"为育人导向，以项目为载体，以十大类劳动任务群为基本单元，以学生体验劳动过程为基本要求，以学生年龄特点为依据，在不同学段设置侧重点不同的任务，构建以实践为主的课程结构。本次的义务教育课程方案修订的基本原则中提出要"变革育人方式，突出实践"，强调要加强课程与生产劳动和社会实践的结合，充分发挥实践的独特育人功能；要突出学科思想方法和探究方式的学习，加强知行合一、学思结合，倡导"做中学""用中学""创中学"。

"教学做合一"是陶行知先生提出的生活教育理论的重要思想之一。他提出，在生活里，对事说是做，对己之长进说是学，对人之影响说是教。教的方法根据学的方法，学的方法根据做的方法，事怎样做便怎样学，怎样学便怎样教。教与学都以做为中心，在做上教的是先生，在做上学的是学生。"教学做合一"是生活法也是教育法，是劳动教育最为有效的一种实践策略。

在劳动课程实践策略中，可通过"教学做合一"，探索各个年级的应会主题和贯穿六年的必会主题，分解到各学年各学期之中，将学校教育和生活教育紧密结合起来，为更好的教育提供有力支持。课程标准指出，劳动项目是落实劳动课程内容及其教育价值，体现课程实践性特征，推动学生"做中学""学中做"的重要实施载体。

（一）做好劳动项目设计

要按照《义务教育劳动课程标准（2022年版）》要求，根据不同年级学生的身心发展特点和劳动能力发展的不同阶段，将系列主题内容课程化，从"日常生活劳动、生产劳动、服务性劳动"三个方面来确定劳动课程项目。以个人卫生清洁为例，可在一至二年级设置洗袜子、洗红领巾的劳动任务项目，将项目目标确定为"完成比较简单的个人物品整理与清洗，居室、教室等卫生保洁、整理与收纳，形成自己的事情自己做的意识，具有初步的个人生活自理能力"；在三至四年级设置刷运动鞋、清洗内衣的劳动任务项目，将项目目标确定为"主动分担家务，协助参与家庭环境卫生清洁，形成生活自理能力"。

（二）明确项目操作流程

项目操作流程是学生完成劳动任务、形成劳动感悟的重要基础和前提，在布置劳动项目时，教师要对项目操作的主要流程加以提炼。例如，在布置一至二年级完成洗袜子、洗红领巾的劳动任务时，要以"教学做合一"为理念，如果只是在劳动课堂上教了洗的方法，学生学了洗的方法，回家后却不能坚持去做，这样的劳动课程即使完成了，也没有达到应有的教育意义。教师和学生不仅在劳动课上教和学了，回家后学生还能够在家长的帮助指导下，积极去做，坚持去做，这样才能让学生树立正确的劳动价值观，体验劳动的艰辛与快乐，懂得人人都要劳动、劳动成果来之不易的道理。

二、课时设置："两课时"连上

义务教育课程方案指出，义务教育课程包含国家课程、地方课程和校本课程，在国家课程设置道德与法治、语文、数学等15类课程，其中就单独提出在一至九年级要设立劳动课程，明确劳动课程每周应不少于1课时，具体实施时，可根据学生年龄特点和任务群中的项目实践情况单排1课时或2～3课时连排。劳动课要让学生了解劳动的概念、类型、技能、精神等，掌握科学的劳动流程和规范，培养学生的劳动习惯和品质，形成正确的劳动价值观念。

我们在开设劳动教育必修课时，按照平均每周不低于1课时的要求，创造性地进行了改革尝试，实行单双周制，将一至二年级的劳动教育课和体育特色课程轮滑课、三至六年级的劳动教育课和信息技术课统筹进行安排，实行两周一次，每次两节连堂，充分保障了学生操作实践的时间。

（一）优先编排劳动课

学期初排课时，教务处优先编排各班劳动课表，如表3-3所示，将36个自然班的劳动课程均匀分布到周一至周五上午的第3～4节（每天3个班）和下午的第5～6节（每天4个班，周一下午4个班）；若有带双班或多班的教师，在编排课程时要特别注意分开编排。

表3-3　学校劳动课课表

时间		星期一	星期二	星期三	星期四	星期五
上午	第1-2节 08:20~10:15			占梦醒（双周连堂） 三（1）班		
	第3-4节 10:25~12:10	叶娟娟（单周连堂） 一（2）班	马廷梅（单周连堂） 二（4）班	韦章萍（单周连堂） 二（3）班	陆靖（单周连堂） 一（1）班	王芳（单周连堂） 二（6）班

续 表

时间			星期一	星期二	星期三	星期四	星期五
上午	第3—4节	10:25~12:10	程丽（单周连堂）	陈婉兰（单周连堂）	王娜娜（单周连堂）		代玉（双周连堂）
			一（4）班	四（5）班	五（4）班		三（2）班
			汪莉莉（双周连堂）	程丹丹（双周连堂）	周元（双周连堂）		廖茹园（单周连堂）
			三（4）班	五（1）班	六（6）班		五（2）班
			马会琴（单周连堂）				
			三（6）班				
			仇晓茜（双周连堂）				
			四（4）班				
下午	第5—6节	14:00~15:35	盛梦园（单周连堂）	蔡玉霞（单周连堂）	郑收（单周连堂）	张雪（单周连堂）	胡海波（单周连堂）
			一（3）班	一（5）班	一（6）班	二（5）班	二（1）班
			汪翠（单周连堂）	彭正（双周连堂）	花伦生（单周连堂）	王娜娜（双周连堂）	潘俐（双周连堂）
			二（2）班	五（6）班	四（3）班	五（3）班	三（3）班
			丁昔云（双周连堂）	周浩（单周连堂）	朱莉（双周连堂）	唐月月（单周连堂）	孔亚婷（单周连堂）
			四（6）班	六（2）班	六（1）班	六（4）班	三（5）班
			彭正（单周连堂）			李金兵（双周连堂）	田瑞玲（单周连堂）
			五（5）班			六（5）班	四（1）班
			丁梅（双周连堂）				
			六（3）班				

（二）合理分配单双周

我们根据学段教学内容的差异，将第一学段、第二学段和第三学段穿插整合，同一天同一个时段尽量安排不同学段的课程，并兼顾单双周分配。由于轮滑课属于校外引进的特色课程，教师双周授课，因此一至二年级的劳动课均安排在单周进行。为了避免冲突，三至四年级劳动课均安排在双周，五至六年级是"锦实农场"的劳动主力，分（1）（3）（5）班单周，（2）（4）（6）班双周开展活动。

（三）统筹安排长作业

除了在"锦食厨房"举办端午节包粽子、中秋节做月饼等即时性活动之外，学校"锦实农场"还给学生布置了一项长作业——种植一种常见的蔬菜或花卉，并做好观察记录。

三、场域安排："三基地"保障

课标指出，要充分利用学校内的各类场所场地来开展劳动教育，其中城市学校可利用校园一角建设"校园农场"，农村学校可利用学校附近的耕地建设劳动基地。在合肥市锦绣小学，学校为了更好地让学生习得劳动技能，经历劳动过程，体验劳动的乐趣，收获劳动成果，特意开辟建设了"锦实农场""锦食厨房"和"锦工教室"三个专用劳动基地，来做好劳动课程实施的基地保障。考虑到场地的限制和教学效果，"锦食厨房"和"锦工教室"可同时容纳1个自然班开展活动，"锦实农场"可同时容纳2个自然班开展活动。

（一）锦实农场

作为生产劳动的农业劳动基地，学校将传统农业劳动与现代科学技术相结合，让播种、松土、浇水、采摘等一系列劳动在校园内实施，学生们在劳动基地认识农作物、体验劳动、开阔视野、形成技能，初步体验种植、手工制作等简单的生产劳动。

（二）锦工教室

作为生产劳动的工业劳动基地，学校建设了包括木工、电工、陶艺、布艺等工业项目在内的劳动教育创新实践室，配合劳动教育课，增加学生操作钻研的实践场所，让学生尝试进行家用器具、家具、电器的简单修理，学习相关技术，进行初步的工业劳动体验。

（三）锦食厨房

学校将餐厅建设为学生生活劳动实践基地，带领孩子们在基地中制作简单的家常餐等，每学期学会1～2项生活技能，增强学生的生活自理能力和勤俭节约意识，同时要求学生在家中进行实践操作，既培养了孩子的劳动技能，又提升了学生的家庭责任感。学校还要求家长在家中建立自理成长基地，开展家庭自理劳动设计比赛，布置家庭自理劳动作业，鼓励孩子完成个人物品整理、清洗，进行简单的家庭清扫和垃圾分类等，让孩子树立自己的事情自己做的意识，提高生活自理能力。

四、课堂结构："总分总"三段

《义务教育劳动课程标准（2022年版）》指出，中小学要立足校本实际，设置劳动课程专兼职教师岗位，建立劳动课程教研组，共同开展好劳动课程教学工作。很多学校也开设了劳动课程，确定了劳动课程兼职教师，引进了劳动读本，但对于劳动课程的实施，特别是劳动课的课堂教学，还存在着很多问题，多数老师不知如何实施劳动课的课堂教学。有的学校在劳动课程实施中呈现出以单纯的技能训练为目的的特点，以纯粹的农业劳动作为全部的劳动课程内容，这难以体现出劳动课程的价值性、技术性和创造性的特点，难以实现以劳树德、以劳增智、以劳强体、以劳育美的目标。合肥市锦绣小学在校内设立了劳动教育学科组，由34位老师共同组成，校长亲自担任学科组组长，共同进行劳动课教研活动，定期开展劳动教育研讨课，探讨劳动课程教育方法，不断总结课程实施经验，发现劳动课程不足点，及时研磨改进，提升劳动课程质量，促进劳动课程高质量实施，实现劳动课程核心素养目标的培养。锦绣小学在确定"教学做合一"的劳动课教学指导思想后，将每周不少于1课时的劳动课改成两周一次、一次两节连堂的编排后，通过探索和实践，确立了"总分总"三段式劳动课教学方式，如图3-3所示。

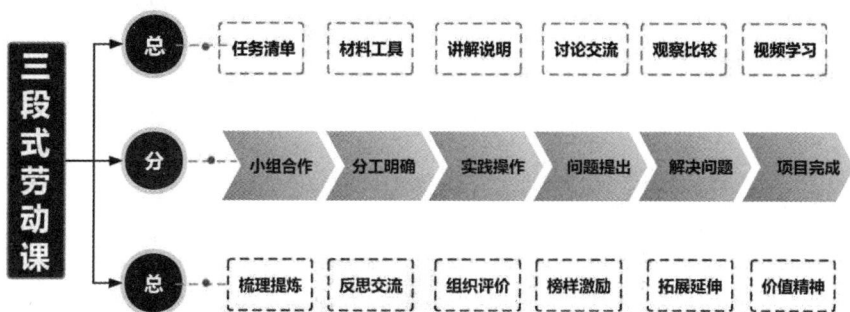

图3-3　"三段式"劳动课教学方式

（一）第一段"总"

这一环节，侧重于教和学，教师通过出示"任务清单"明确劳动项目任务，展示"材料工具"明晰劳动任务所需的材料用途和工具用法，运用"讲解说明"介绍劳动项目的操作流程，引导学生"讨论交流"解决理解上的重点难点，组织"观察比较"明晰劳动任务的操作要点，播放"视频学习"熟悉整个劳动项目的全部流程。"总"的环节一般在普通教室完成即可，也可根据劳动任务类型到劳动基地或劳动专用教室进行。

例如，在六年级下册《纸浆画》一课教学中，教师在进行"总"的教学时，共分为六个小环节：

（1）揭题后直接明确本节课的任务清单为"学会制作纸浆，掌握起稿、勾线、铺设纸浆等的基本步骤，能小组合作完成一幅精美的纸浆画

作品";

（2）引导学生认识"纸、白乳胶、水粉颜料、底板"等材料的性能和"尖头镊子、竹签（牙签）、记号笔"等工具的使用方法；

（3）通过讲解说明了解纸浆制作需要"浸泡纸张（需课前提前布置）、控干加胶、构思起稿、纸浆配色、铺设纸浆、整理完成"六个步骤，总结提炼纸浆画制作的基本方法时要做到精练简单，以纲目性的方式呈现，便于学生记忆和掌握；

（4）组织学生讨论交流纸浆制作过程中可能会遇到的困难，解决铺设纸浆时镊子和竹签要配合使用才可以粘得牢固等问题；

（5）组织学生观察已经完成的实验结果（课前布置完成），比较用卫生纸、报纸、作业纸、卡纸等不同的纸浸泡后散开的程度的特点，让学生体验纸浸泡后通过搅动变成絮状的过程，在搅动过程中收获纸浆制作的经验；

（6）播放展示纸浆、彩色纸浆、纸浆的铺设过程等制作的微视频（这里要特别说明一下，视频教学在劳动课中有着特别重要的示范作用，非常直观、明确，建议劳动课老师在总的环节中要多尝试多使用），给学生直观、明确、清晰的方法指导。

（二）第二段"分"

这一环节，侧重于"做"，通过"小组合作"开展项目实践，在实践之前一定要做到"分工明确"，培养学生的团队合作意识和能力，进而充分放手，让学生进行"实践操作"。根据项目的不同，操作的难易程度是不同的，淬炼操作后要组织学生就实践中遇到的困难进行"问题提出"，培养学生发现问题、提出问题的能力，在此基础上，开展生生互动、师生互动，师生共同提炼出"解决问题"的方法和策略，最后再完善、再提升，做到"项目完成"。"分"的环节要根据劳动任务的类型进行场地的选择，如生产劳动中的农业生产劳动，可到学校农场中进行，日常生活劳动中的烹饪系列劳动可到学校食堂中进行，服务性劳动可在校园中或小区中进行。在《纸浆画》一课的教学中实践环节被分成六个小环节，"分"是劳动课的核心环节，教师应注意巡视观察，发现学生在操作实践中的困难与问题，引导他们主动分析和归纳，帮助学生明白相关的原理和方法，总结劳动经验、掌握劳动技术、培养劳动习惯、形成劳动品质。这一段先要将班级学生分成若干小组，明确好小组各成员之间的分工和任务，然后放手让学生进行团队合作，完成劳动任务。在这节课中，要求学生小组合作共同完成纸浆画的制作，掌握纸浆画的制作步骤，能熟练使用工具，并能在实际的操作中及时解决出现的问题。学生在动手做的过程中不断提升劳动技能，在动手做的过程中形成合作意识，在动手做的过程中巩固教与学的内容，从而达到"教学做合一"的目的。

（三）第三段"总"

这一环节，侧重于"教学做合一"，这一段是师生总结、评议、迁移学习的过程。教师组织学生进行"梳理提炼"，对整个劳动任务的学习完成过程进行简要回顾，提升对劳动技能的掌握；对完成任务过程中取得的经验和存在的问题进行"反思交流"；通过自评、他评、师评三种方式，从劳动作品、劳动技能、劳动态度等方面进行不同维度的"组织评价"活动；对于劳动态度好、劳动作品佳、劳动技能棒的小组或学生进行表扬以起到"榜样激励"的作用；引导学生在如何将习得的技能应用于生活实际、如何在生活中发挥更大的作用等问题上进行思考，以"拓展延伸"到课堂之外；最终通过教师启发，引导学生发现并提出在劳动项目的完成过程中，培育和形成了什么样的"价值精神"，以实现课标中所提出的核心素养的目标。在《纸浆画》这一课的反思交流环节，教师可通过提出问题引导学生发现交流，如"教材中展示的彩色纸浆是红色，如果需要其他颜色，该怎么办？""铺设色块时有些浅色纸浆会被深色纸浆渗透，怎么办？"等，也可让学生自己提出在操作时遇到的问题，学生可能会给出"我们可以将不同色块从不同方向进行铺设，从而避免出现渗透的问题"的回答。这一阶段，教师要引导学生发现和提出实践操作中出现的问题，在交流互动中提高学生分析问题和解决问题的能力；要启发学生在实践操作中学会批判、反思操作的方法，于实践操作中学会掌握和改进技术方法，熟练操作要领；要引导学生在实践操作中进行方法的交流与分析，从理解内化方法到迁移运用方法，进而培养学生的创新能力和创新意识；在榜样激励环节，要引导学生对照标准自我评价与交流，与同学分享劳动的收获与反思，完成劳动评价；在学生掌握了纸浆画的基本知识和技法后，要拓展学生的创新能力；引导学生发现在创作纸浆画时，除了选择简单的主题，我们还可以选择世界级名画或者中国画为纸浆画的创作主题，也可以将纸浆画从平面的书画形式变成半立体的浮雕形式，用堆砌与按压相结合的方法制作，劳动主题可以延伸至纸浆画的装饰性，让学生通过自己的劳动创设美好的生活空间。

劳动课作为国家课程，其有效落地和实施有着十分重要的现实意义，笔者所在学校通过开设劳动教育专题课，开设"锦实农场""锦食厨房""锦工教室"专用劳动基地，设立劳动教研组，开展劳动课题研究，以"教学做合一"为课程指导思想，以"两节课连堂"保障课程实施，以"三基地"（锦实农场、锦食厨房、锦工教室）做好场地保障，以"总分总三段"构建课堂模式，在劳动课程的有效实施方面作了很好的尝试和探索，初步形成了"1233"劳动课程实施策略。

第四节　小学校级简约劳动活动的组织实施

简约劳动理念下的教学方法强调在劳动教育中融入生活化、实践化和综合化的元素，通过引导学生亲身参与劳动实践，培养他们的劳动意识、技能和精神，提升其综合素质和能力。学校校级简约劳动活动的组织实施，可以通过专题讲座、主题演讲、劳动竞赛和成果展示等活动，帮助学生更好地理解和学习简约劳动的内涵和意义，同时可以促进他们的全面发展。

一、专题讲座

专题讲座是一种重要的宣传和教育手段，可以帮助学生了解简约劳动的相关知识和技能。

（1）确定讲座主题：根据学生的实际情况和需求，确定讲座的主题和内容。主题可以包括简约劳动的基本概念、意义和价值，以及相关的实践案例等。

（2）安排讲座时间：根据学校的课程安排和学生的时间表，确定讲座的时间和地点。时间可以选择在课余时间或放学后，地点则可以选择在教室、礼堂或图书馆等场所。

（3）准备讲座资料：根据主题和内容，准备相关的讲座资料，如PPT、图片、视频等。这些资料可以帮助学生更好地理解和掌握知识。

（4）邀请讲座嘉宾：如果可能的话，邀请一些专业的劳动教育工作者或实践者来为学生举办讲座。他们的经验和见解可以为学生提供对简约劳动的深入了解和认识。

（5）组织学生进行讨论：在讲座结束后，可以组织学生进行讨论和交流，以便更好地掌握和理解简约劳动的相关知识和技能。

二、主题演讲

主题演讲可以帮助学生更好地表达自己的观点和想法，同时也可以提高他们的演讲和沟通能力。

（1）确定演讲主题：根据学生的实际情况和兴趣，确定演讲的主题和内容。主题可以包括简约劳动的实践经验、感受和收获等。

（2）学生自由组队：根据班级和学生的情况，让学生自由组队，每组人数可以根据实际情况进行调整。

（3）学生自主选题：在确定主题后，学生需要根据自己的兴趣和能力，自主选择演讲的题目和内容。教师可以在此过程中给予指导和建议。

（4）准备演讲资料：学生需要准备相关的演讲资料，如PPT、图片、视频等。这些资料可以帮助学生更好地表达自己的观点和想法。

（5）进行演讲练习：学生需要在课前进行演讲练习，以便更好地掌握演讲的内容和技巧。教师可以在此过程中给予指导和建议。

（6）进行演讲比赛：在正式演讲前，可以组织学生进行预赛或初赛，以便更好地筛选出优秀的选手参加正式的演讲比赛。

（7）评价与反馈：在演讲结束后，可以进行评价和反馈。评价可以采用多种形式和方法，如教师评价、学生互评、观众投票等；反馈需要具体、明确，以便学生了解自己的优点和不足之处。

三、劳动竞赛

劳动竞赛是一种以比赛形式进行的实践活动，它可以激发学生的劳动热情和创造力，同时也可以提高他们的团队合作能力。

（1）确定竞赛项目：根据学生的兴趣和特长，确定一项与简约劳动相关的竞赛项目。例如手工制作、种植小植物、打扫卫生等。

（2）学生报名：教师提前通知学生竞赛的项目和规则，并组织他们进行报名。报名可以采取个人或组队的形式，每队人数可以根据竞赛项目的具体情况而定。

（3）准备材料：根据竞赛项目，教师需要准备相关的材料和工具。例如，手工制作需要准备各种纸张、剪刀、胶水等；种植小植物需要准备种子、花盆、土壤等；打扫卫生需要准备扫把、拖布、水桶等。

（4）竞赛规则制订：教师根据竞赛项目的具体情况制订相应的规则和评分标准。规则应该明确、公正，以便学生了解并遵守。

（5）组织竞赛：在指定的时间和地点，学生依次进行竞赛。教师可以给予一定的时间限制，并监督整个竞赛过程以确保公平性。

（6）评选奖励：根据学生的表现和完成情况，教师进行评选并给予奖励，以激励学生积极参与并发挥自己的潜力。

（7）教师点评：教师对学生的表现进行点评，给予肯定和建议。点评应该具体、客观，以帮助学生提高自己的实践能力和竞争意识。

（8）评价与反馈：在竞赛结束后，可以进行评价和反馈。评价可以采用多种形式和方法，如评委打分、观众投票、媒体报道等；反馈需要具体、明确，以便学生了解自己的优点和不足之处。同时也可以对表现优秀的学生进行表彰和奖励以激发其他学生的参与热情和学习动力。

四、成果展示

学生完成劳动任务后，教师可以组织成果展示活动，让学生展示自己的作品和成果。这可以为学生提供展示自己的机会和平台，同时也可以促进学生之间的学习和交流。在成果展示过程中，教师需要注意引导学生欣赏他人的作品和成果，同时也要让他们对自己的作品和成果有客观的认识和评价。

（1）收集与整理作品：教师可以提前通知学生准备自己的作品，包括手工制品、小植物等。作品要求体现简约劳动的理念和方法，具有创意性和实用性。教师可以组织学生对作品进行收集和整理，确保每件作品都得到充分的展示机会。

（2）布置展示场地：教师可以选择一个宽敞明亮的场地作为展示区，如学校的礼堂或活动室。根据作品的种类和数量，合理布置展示场地，确保每件作品都能得到充分展示的空间。同时，可以设置一个互动体验区，让学生和家长能够亲身参与和体验简约劳动的乐趣和成果。

（3）邀请观众与嘉宾：学校邀请全校师生和家长参加成果展示活动。同时，还可以邀请相关领域的专家或嘉宾进行点评和指导，以提高活动的专业性和影响力。

（4）展示与互动环节：在展示环节，教师可以组织学生依次展示自己的作品，并介绍作品的创意和制作过程。观众可以现场观看、提问和互动交流。在互动体验区，观众可以亲身参与和体验简约劳动的乐趣和成果，如手工制作、种植小植物等。同时，可以设置问答环节和抽奖环节，增加活动的趣味性和互动性。

第五节　小学班级简约劳动活动的组织实施

通过制订班级公约、班级每日劳动常规、学期劳动任务单和组建劳动兴趣小组等方式，培养学生的劳动观念和劳动技能，促进他们的全面发展。

一、制订班级公约

班级公约是班级管理的重要制度之一，它不仅规定了班级成员的行为规范，还明确了劳动责任和义务。

（1）确定公约内容与目标：班级公约是一个班级管理的重要制度，旨在规范学生的行为举止和提高班级的凝聚力。公约内容应该包括班级成员的职责、权利、义务和奖惩措施等方面，并结合简约劳动的理念和实践要求来制订。班级公约的目标是培养学生良好的劳动习惯和技能，促进他们的全面发展。

（2）宣传教育与讨论公约草案：在制订班级公约之前，需要通过班会、晨会等形式宣传教育的意义和重要性。同时组织学生讨论公约草案，充分听取他们的意见和建议，尊重学生的主体地位。

（3）制订公约初稿与再次讨论：根据学生的意见和建议，制订班级公约的初稿。再次组织学生进行讨论，确保公约内容符合简约劳动的理念和实践要求，并具有可操作性和可执行性。

（4）公约表决与签署：在经过充分讨论和修改后，将班级公约提交给全班进行表决。表决通过后，可以组织学生在公约上签字盖章，以增强他们的责任感和荣誉感。

（5）监督执行与调整完善：在签署公约后，需要建立监督机制，确保公约得到有效执行。可以通过班干部、老师和家长等渠道进行监督。同时也要定期对公约的执行情况进行评估和反馈，及时发现问题并进行调整和完善。

（6）定期评估：定期对班级公约的执行情况进行评估和反馈，及时发现问题并进行调整和完善。可以通过定期召开班会等形式进行评估和反馈。

二、班级每日劳动常规

班级每日劳动常规是培养学生劳动习惯和技能的重要手段之一。

（1）确定劳动内容：根据学生的年龄和实际情况，确定每日的劳动内容。例如，低年级可以安排简单的清洁卫生工作，高年级可以安排一些更具挑战性的工作。

（2）安排劳动时间：将每日的劳动时间安排在固定的时间段内。例如，每天上午的第一节课前或午饭后等。这样可以保证学生有足够的时间完成劳动任务，也不会影响其他课程的正常学习。

（3）培训指导：对于初次参与劳动的学生，老师应该进行培训和指导，确保他们能够正确地完成劳动任务。例如，如何正确地使用清洁工具、如何摆放书桌等。

（4）督促检查：在安排好每日的劳动任务后，老师应该督促学生按时完成，并进行检查。对于没有按时完成任务的学生，应该及时进行批评和纠正。

（5）评价反馈：定期对每日劳动任务的完成情况进行总结和评价，及时发现学生在劳动中的问题和不足之处，并有针对性地进行指导和帮助。

三、学期劳动任务单

学期劳动任务单是一种引导学生逐步掌握各种劳动技能的方法。

（1）确定任务清单：根据学生的年龄和实际情况，制订一个逐步掌握各种劳动技能的清单。例如，低年级可以安排简单的清洁卫生工作，高年级可以安排一些更具挑战性的工作，如整理书桌、打扫教室等。

（2）分阶段实施：将清单中的劳动任务按照难易程度和时间安排进行分阶段实施。例如，第一阶段可以安排学生完成简单的清洁卫生工作，第二阶段可以安排学生完成整理书桌的工作，以此类推。

（3）指导帮助：对于每个阶段的劳动任务，老师都应该进行指导帮助，确保学生能够正确地完成劳动任务。例如，在第一阶段时，老师可以亲自示范如何进行简单的清洁卫生工作；在第二阶段时，老师可以引导学生如何整理书桌等。

（4）检查评价：在每个阶段的劳动任务完成后，老师应该进行检查和评价。对于任务完成较好的学生可以进行表扬和奖励；对于没有完成任务或完成质量不高的学生可以进行及时的指导和帮助。

（5）总结反思：在学期结束时，可以对整个学期的劳动任务完成情况进行总结和反思。根据学生的实际完成情况和不足之处进行指导和帮助；同时也要总结经验教训为今后的教学提供参考。

第四章 小学简约劳动教育的课程资源 与劳动基地建设

简约劳动作为一种教育理念和实践方式，需要相应的课程资源来支撑其实施。劳动课程资源是实施劳动课程的必要条件，学校应积极协同家庭、社会，积极整合和利用各种形式和类型的资源做好劳动课程资源开发。劳动课程资源应坚持以核心素养发展为导向，紧密结合地方经济文化和学生生活实际，满足劳动教育课程教学的实际需要。在开发过程中，应本着简单、节约的原则，不要给学校或家庭造成沉重的负担。本章将从课程的纸质资源、数字资源，项目实施的劳动场域，以及项目实施的安全保障等方面，详细介绍简约劳动的课程资源与劳动基地建设。

第一节 小学简约劳动教育课程的资源

一、纸质资源

纸质资源是小学劳动教育实施的基础。在简约劳动的课程中，纸质资源主要包括学生使用的"劳动实践活动手册"、教师使用的"劳动实践指导手册"等。《义务教育劳动课程标准（2022年版）》指出，省级教育行政部门明确劳动实践指导手册的编写要求，各地区、学校可根据实际需要规划和编写劳动实践活动手册和劳动实践指导手册。劳动实践活动手册的编写要强化价值引领，注重实践指导，突出学生的劳动规划、过程记录和劳动感悟反思，加强学生劳动安全意识和劳动规范意识的培养等。劳动实践活动手册是小学劳动教育的主要依据，是学生学习和掌握知识的重要载体。在简约劳动的课程中，劳动实践活动手册应该要以培养学生的劳动观念、劳动能力、劳动习惯和品质、劳动精神为目标，注重实践性和可操作性，体现项目操作简单易行和成本节约的原则。劳动实践指导手册是教师备课和教学的重要参考，可以帮助教师更好地理解和掌握教材内容，提高教学质量。在简约劳动的课程中，劳动实践指导手册应该包括主题解析、学情分析、教学目标、教学重难点、课时安排、劳动场域、安全保障、活动过程、板书设计等方面的指导和建议，以及相关的理论和实践研究成果。

二、数字资源

随着信息技术的不断发展，数字资源在小学劳动教育中的作用越来越重要。在简约劳动的课程中，数字资源主要包括电子教材、教学软件、项目教学示范视频、网络资源等。

电子教材是一种新型的教材形式，具有内容丰富、形式多样、交互性强等特点。在简约劳动的课程中，电子教材可以提供更加生动、形象的教学内容，激发学生的学习兴趣和积极性。同时也可以根据学生的个性化需求进行定制和调整，提高教学效果。

教学软件是一种基于计算机技术的辅助教学工具，可以提供更加直观、生动的教学方式。在简约劳动的课程中，教学软件可以用于演示和模拟各种劳动场景和操作过程，帮助学生更好地理解和掌握相关知识和技能。同时也可以提供互动和反馈机制，帮助学生及时发现并纠正自己的错误和不足。

项目教学示范视频是以视频形式呈现的劳动技能教学材料，具有直观、形象的特点。在简约劳动课程中，项目教学示范视频可以发挥以下作用：

（1）示范引导：项目教学示范视频可以展示正确的劳动技能操作流程。通过观看示范视频，学生可以直观地了解和掌握劳动技能，提高学习效果。

（2）难点解析：项目教学示范视频可以针对劳动过程中的难点和易错点进行解析和演示。这有助于学生更好地理解和掌握劳动技能的难点和技巧。

（3）自主学习：项目教学示范视频可以为学生提供自主学习的机会。学生在学习过程中可以根据自己的时间和进度进行观看和学习，提高学习的灵活性和自主性。

网络资源具有丰富的信息来源，可以提供更加广泛和多样的学习资源和交流机会。网络上有很多关于劳动课程的案例和实际操作经验，教师可以引导学生搜索和阅读这些案例。通过不同行业的劳动实践和经验分享，学生可以更好地理解和掌握劳动技能的应用。一些线上学习平台提供劳动技能培训和课程学习资源，学生可以在平台上进行在线学习和互动交流，这有助于提高学生的学习效果和参与度。网络上还有很多各行业的发展动态和资讯信息，教师可以引导学生关注这些资讯，通过了解行业发展趋势和最新技术应用，学生可以更好地了解劳动市场的需求和发展方向。

第二节　小学简约劳动教育课程的劳动场域

项目实施的劳动场域是简约劳动课程实施的重要环境和场所。在简约劳动的课程中，项目实施的劳动场域主要包括劳动场所、工具设备、材料及劳动文化氛围等。简约劳动作为一种重要的教育理念，其实施过程中的劳动场域起到了举足轻重的作用。这个场域不仅包括物理场所，还涉及使用的工具、材料，以及所营造的文化氛围，它们共同形成了一个综合、生动的劳动教育环境。

一、劳动场所

劳动场所是简约劳动教育的基石。劳动场所是项目实施的主要场所，是学生学习和实践劳动技能的重要环境，包括普通教室、专用教室、校内外农业实践基地、工厂等适合不同劳动项目开展的场所。学校应该提供宽敞、明亮、整洁的劳动场所，包括教室、实验室、手工制作室等，以满足不同年龄段学生的学习需求。这些场所应该具备基本的工作台、工具箱、材料架等设备，以方便学生进行各种劳动活动。在选择劳动场所时，应该根据学生的年龄、技能水平、兴趣爱好等因素进行考虑，以提供合适的场所。例如，低年级的学生可以选择在教室进行手工制作、绘画等活动，高年级的学生则可以选择在实验室或手工制作室进行更加复杂的劳动实践活动。此外，学校还可以建设相应的虚拟劳动场所，通过计算机技术构建虚拟环境，模拟真实的劳动场景和过程，虚拟劳动场所可以为学生提供更加灵活的学习方式，同时减少实际操作中的风险和成本。

二、工具设备

工具设备在简约劳动中扮演着不可或缺的角色。工具设备是项目实施的重要条件之一，应该根据项目内容和需求进行选择和配备，主要指完成项目必需的劳动工具与设备，可反复循环使用，属于非易耗品，需要专人进行日常管理和维护。从基本的手工工具到复杂的机械设备，每一种工具都有其特定的使用方法和安全操作规程。因此，在选择工具设备时，既要考虑其功能性和安全性，还要确保其易于操作和维护。例如，手工制作工具、机械设备、电子设备等。教师使用时要注重工具设备的安全性和可靠性，确保学生在使用过程中的安全和舒适。此外，学校应定期对这些设备进行检查和更新，确保其性能始终处于最佳状态，从而为学生提供高效、安全的劳动工具。

三、材料

材料是劳动过程的物质基础。无论是纸张、木材还是金属，每一种材料都有其独特的性质和用途。因此，在选择材料时要注重体现简单、节约的简约原则，可以选择具有代表性的材料和项目进行实践和学习，例如环保材料、传统工艺等。同时，学校还应提供种类丰富的材料，以满足不同劳动项目的需求，激发学生的创新思维和创造力。

四、劳动文化氛围

劳动文化氛围是简约劳动教育的精神支柱。劳动文化氛围主要指劳动场域中与相应项目相关的文化元素，包括张贴的劳动标语牌、模范人物事迹宣传挂图、劳动项目操作流程图、劳动任务统计表、劳动竞赛评价表等，这种氛围的形成需要全体师生的共同努力和参与。学校可以通过举办劳动技能比赛、展示优秀劳动成果、开展劳动主题讲座等方式，来营造一个崇尚劳动、尊重创新的校园文化氛围。此外，教师还可以通过课堂教学、实践活动等方式，引导学生树立正确的劳动观念和价值观，培养他们的团队合作精神和创新精神。

为了更好地实施简约劳动教育，学校在构建劳动场域时应注重以下几个方面：首先，要合理规划劳动场所的布局和空间利用，确保每个学生都能获得足够的操作空间和舒适的劳动环境；其次，要提供多样化、适应不同技能水平的工具设备和材料，以满足不同年龄学生的需求；最后，要积极营造一种鼓励尝试、倡导创新、注重实践的劳动文化氛围，让学生在实践中不断提升自己的劳动技能和综合素质。

总之，简约劳动的劳动场域是实施简约劳动教育的重要组成部分。通过构建全方位的劳动教育环境，学校可以为学生提供一个安全、舒适、富有挑战性的劳动实践平台，从而培养他们的劳动意识、创新精神和团队协作能力，这有助于学生在未来的生活和职业发展中更好地适应和应对各种挑战。

第三节　小学简约劳动教育课程的安全保障

安全保障是项目实施的重要前提，是简约劳动课程实施过程中至关重要的一环，它包括劳动环境安全和劳动过程安全两个方面。以下详细介绍这两个方面及其在简约劳动课程中的应用。

一、劳动环境安全

劳动环境安全是简约劳动课程实施的基本要求，它包括劳动场所的设施安全、卫生条件和应急措施等。

（1）设施安全：劳动场所应配备安全、实用的设施和设备，如电源插座、工具柜、材料架等。这些设施和设备应符合国家相关标准，并定期进行检查和维护，以确保其安全性和可靠性。

（2）卫生条件：劳动场所应保持整洁卫生，空气清新。学校应定期对劳动场所进行清洁和消毒，保持场所内外的整洁和卫生。同时，场所内应保持良好的通风和采光条件，以保障学生的健康和舒适度。

（3）应急措施：简约劳动课程实施过程中，学校应制订相应的应急预案，以应对可能出现的意外情况。应急预案应包括应急疏散路线、急救措施、消防安全等方面的内容，以确保学生的安全和健康。

二、劳动过程安全

（一）劳动过程安全是核心要求

劳动过程安全是简约劳动课程实施的核心要求，它包括劳动过程中的操作安全、防护措施和规范流程等。

（1）操作安全：学生在进行劳动操作时，应遵循安全操作规程和注意事项。学校应提供相应的安全操作指南和规范，并加强安全教育，帮助学生掌握正确的操作方法和技巧。同时，应注重培养学生的安全意识，提高他们的自我保护能力。

（2）防护措施：针对可能出现的危险和风险，学校应采取相应的防护措施。例如，提供安全帽、防护眼镜、手套等个人防护用品，以及使用安全警示标志和隔离措施等。这些防护措施可以降低意外发生的风险，保障学生的安全和健康。

（3）规范流程：简约劳动课程实施过程中，应遵循相应的规范流程。学校应制订详细的工作流程和操作标准，并确保学生能够按照规定进行操作。同时，应加强监督和管理，对学生的操作过程进行实时指导和纠正，确保他们的操作符合规范。

（二）保障劳动过程安全

为了更好地保障简约劳动课程实施过程中的安全，学校还应采取以下措施：

（1）加强安全培训：学校应定期组织学生进行安全培训，提高他们的安全意识和自我保护能力。培训内容可以包括消防安全、急救措施、危险识别等，以帮助学生掌握必要的安全知识和技能。

（2）定期检查和维护：学校应定期对劳动场所的设施和设备进行检查和维护，确保其安全性和可靠性。同时，学校还应对使用的工具、材料等进行检查和筛选，避免使用不安全或不符合标准的物品。

（3）加强应急管理：学校应建立健全的应急管理体系，对应急预案进行定期演练和修订。在发生意外情况时，学校还应迅速采取有效的应急措施，保障学生的安全和健康。

（4）强化教师指导：简约劳动课程的实施过程中，教师应充分发挥指导作用。他们应具备相应的专业知识和技能，并对学生进行实时指导和纠正。同时，教师应密切关注学生的操作过程，及时发现并解决潜在的安全隐患。

（5）培养学生的规范意识：学校应注重培养学生的规范意识，让他们认识到遵守规定的重要性。通过教育和引导，帮助学生养成良好的学习习惯，从而降低意外事故的发生概率。

（6）与家长合作：学校应与家长保持密切联系，共同关注学生的劳动安全问题。家长可以提供相关的意见和建议，协助学校加强对学生的安全教育和管理。通过家校合作，共同保障学生的劳动安全。

（7）完善监督机制：学校应建立健全的监督机制，对简约劳动课程的实施过程进行全面监督和管理。通过定期检查、评估和反馈，及时发现和纠正存在的问题，确保学生的劳动安全得到有效保障。

第四节 小学简约劳动教育的基地建设

一、基于简约劳动的小学劳动教育种植基地建设

随着教育理念的不断创新与发展，简约劳动作为一种全新的教育方式逐渐受到关注。小学劳动教育是培养学生劳动技能、实践能力和社会责任感的重要途径。而种植基地作为小学劳动教育的重要场所，能够让学生亲身参与植物的种植、养护和收获过程，体验劳动的艰辛与乐趣，培养他们的劳动观念和团队协作精神。因此，建设一个适合小学生使用的种植基地，对于推动小学劳动教育的实施具有重要意义。

简约劳动强调在有限的资源条件下，通过创新与优化实现高效工作。这与小学劳动教育的目标——培养学生的实践能力、创新思维和团队协作精神高度契合。种植基地作为一个劳动实践场所，为学生提供了真实的实践机会，使他们在简约劳动的理念下，学会如何合理利用资源、完成任务并取得成果。

（一）小学劳动教育种植基地建设意义

（1）培养学生的实践能力：通过亲手参与种植活动，学生可以深入了解植物生长的全过程，增强对生命的尊重意识，同时掌握实践技能。

（2）促进学生的创新思维：简约劳动鼓励学生发挥创意，种植基地为学生提供了尝试新方法的平台，如使用废旧物品制作灌溉工具等。

（3）增强学生的团队协作精神：种植基地的活动往往需要学生合作完成，如分组种植、共同维护等，从而培养学生的团队协作能力。

（4）拓宽学生的知识视野：种植活动涉及生物学、环境科学等多个学科领域，有助于拓宽学生的知识视野，增强他们的综合素质。

（二）小学劳动教育种植基地建设目标

（1）建立一个真实的实践场所：确保每个学生都能参与种植活动，亲身体验简约劳动的乐趣。

（2）推广简约劳动理念：通过种植活动，使学生深入理解简约劳动的核心价值观，并将其应用于日常生活中。

（3）培养学生的绿色意识：借助种植基地，教育学生关心环境、珍惜资源，培养他们的绿色生活习惯。

（4）促进学生的全面发展：通过种植活动，学生在实践能力、创新思维、团队协作和知识视野等方面得到全面提升。

（三）小学劳动教育种植基地建设要求

小学劳动教育种植基地是简约劳动理念下小学劳动教育的重要组成部分。要确保基地建设的有效性，充分发挥其在培养学生实践能力、创新思维和团队协作精神方面的作用，必须满足一定的要求。

1.安全性要求

种植基地首先要确保学生的安全。选址时应远离交通要道并杜绝其他潜在的安全隐患。同时，基地内部布局也要考虑安全因素，如工具存放的安全、电源插座的安全等。此外，学校要定期进行安全检查，及时排除安全隐患。

2.教育性要求

种植基地应具有明确的教育目标，能够为学生提供丰富的实践机会。

因此，在规划基地时，应充分考虑学生的年龄、兴趣和能力，设置不同难度的任务，确保每个学生都能参与并有所收获。此外，基地还应提供必要的教育资源，如相关图书、展示板等，帮助学生深化对种植知识的理解。

3.环保性要求

简约劳动强调资源的合理利用和对环境的保护。因此，种植基地在建设过程中应遵循绿色、环保的原则。例如，尽量使用可再生或循环利用的材料进行建设；合理规划水源和灌溉系统，节约水资源；提倡使用有机肥料和生物防治方法，减少化学污染等。

4.参与性要求

种植基地应鼓励学生、教师、家长和社区成员的积极参与。学校要提供平台，让学生参与基地的规划、建设和管理，培养他们的责任感和主人翁意识。同时，学校要与家长和社区建立良好的合作关系，共同支持基地的发展。

5.可持续性要求

种植基地建设应具有可持续性，能够长期稳定运行。这就要求学校在规划和管理时考虑到基地的未来发展。例如，制订合理的维护计划，确保设施和设备的及时更新；设立专门的管理机构或团队，负责基地的日常运营和维护；加强与相关机构的合作，争取更多的支持和资源等。

6.评价性要求

为确保种植基地建设的有效性，学校应建立相应的评价体系。评价内容应包括学生的实践成果、创新能力、团队协作精神等方面的表现。评价方法可以采取观察、记录、问卷调查等多种形式。评价结果应及时反馈给学生和家长，以便他们了解孩子的进步和不足，进一步调整教育策略。

7.文化性要求

种植基地不仅是劳动教育的场所，也是传承和弘扬校园文化的重要载体。因此，在基地建设过程中应注重融入校园文化元素，如设立文化墙、宣传栏等展示学校的历史和特色。此外，还可以通过开展相关活动如植树节、收获节等增强学生对学校的归属感和集体荣誉感。

总之，小学劳动教育种植基地建设应满足安全性、教育性、环保性、参与性、可持续性、评价性和文化性等多方面的要求。只有这样才能充分发挥其在简约劳动理念下小学劳动教育中的作用，为学生的全面发展提供有力的支持。

（四）小学劳动教育种植基地建设内容

1.选址与规划

根据学校的实际情况和学生的需求，对种植基地进行合理规划，包括种植区的划分、灌溉系统的设计、工具房的建设等。学校可以选择一个阳光充足、土壤肥沃、排水良好的场地作为种植基地，并根据学生的年龄和兴趣进行合理规划。可以充分利用校园绿地、空隙地带、阳台或楼顶平台等安全空间，建设校园"小苗圃""快乐农场""智慧农场""空中农场"等种植基地，在基地中可以设立植物种植区、观察区、休息区等。在种植基地建设时，要充分考虑到学校寒暑假的特殊性，引入自动灌溉设施，以便假期时对农作物进行自动浇灌，延长农作物的生命周期。要根据学校实际情况和学生的需求，规划不同种类的种植区域，如蔬菜区、果树区、花卉区等，确保每个区域都有明确的标识和名称，方便学生和教师进行管理。

2.工具与材料的准备

（1）工具：准备基本的种植工具，如铲子、锄头、铁锹等，方便学生进行土地翻耕、播种和植物养护。鼓励学生使用废旧物品制作简易工具，实现资源的再利用。

（2）材料：根据种植的植物种类，准备必要的材料，如种子、肥料、农药等，确保植物得到充足的营养和保护。

（3）基础设施完善：建设灌溉系统、排水系统、道路等基础设施，确保基地的日常运作。同时，设立工具房、肥料库等配套设施，如表4-1所示，方便学生进行劳动操作。

表4-1 配备要求（示例）

序号	名　称	规格要求	单位	数量	备　注
1	自动灌溉系统	——	套	适量	——
2	农作物苗、种子	——	棵、粒	适量	——
3	花盆	口径15.5～19.5 cm	个	适量	可移栽时使用
4	小铁锹	长32 cm，宽6.5 cm	把	适量	用于松土、挖坑、除草等
5	浇水壶	3.5 L左右	个	适量	——
6	营养土	通用型	袋	适量	——
7	劳保手套	7～12岁通用	副	适量	——
8	洗手液	——	瓶	适量	——
9	爬藤架	——	根	适量	适用于攀爬类作物生长
10	遮阳网	——	张	适量	——
11	植物插地牌	防腐木或PVC	个	适量	——
12	保温薄膜	——	张	适量	无污染
13	相机	——	台	适量	用于作物观察记录
14	刻度尺	——	把	适量	——
15	温度计、湿度计	——	个	适量	用于记录环境温度和湿度
16	显微镜	学生用显微镜	台	适量	用于观察生物

3.种植活动的组织与实施

（1）培训：在种植活动前，对学生进行必要的培训，让他们了解种植并掌握基本的知识和技能，如播种、浇水、施肥等。

（2）分组与合作：将学生分成不同的小组，明确各自的种植任务和责任，鼓励他们相互合作，共同完成种植任务。

（3）实践操作：让学生亲身参与种植活动，体验植物生长的过程，培养他们的实践能力。

（4）观察与记录：引导学生定期观察植物的生长情况，并做好记录，培养他们的观察力和记录能力。

4.成果展示与评价

（1）成果展示：在收获季节，组织学生进行成果展示，展示他们的劳动成果，增强他们的自信心和成就感。

（2）经验分享：组织学生进行经验分享，让他们讲述自己在种植过程中的收获和感受，培养他们的表达能力和交流能力。

（3）互相评价：鼓励学生之间互相评价彼此的种植成果和表现，培养他们的评价能力和批判性思维。

（4）教师评价：教师对学生的种植成果和表现进行评价，给予他们必要的反馈和建议，帮助他们进一步提高自己的实践能力。

（5）记录与总结：将学生的种植成果、经验分享和评价情况进行记录和总结，形成完整的劳动教育档案，为今后的劳动教育提供参考和借鉴。

5.日常管理与维护

（1）管理制度：制订种植基地的日常管理制度，明确每个人的职责和义务，确保基地的日常维护和管理有序进行。

（2）维护与保养：定期对灌溉系统、工具等进行检查和维护，确保其正常运转。同时，还要对植物进行必要的修剪、施肥和病虫害防治等工作，保证植物的健康生长。

（3）安全防范：加强安全教育和管理，确保学生在使用工具和进行种植活动时不会受到伤害。同时，要防止盗窃和破坏事件的发生，保护学校财产的安全。

（4）环境卫生：保持种植基地的环境卫生整洁，避免污染和蚊虫滋生。同时，还要做好垃圾分类和回收工作，提高资源利用效率。

（5）拓展延伸：在条件允许的情况下，可以结合当地的气候特点和地理条件尝试种植一些特色植物或开展相关的拓展活动，丰富学生的劳动体验内容。同时，也可以将种植成果用于校园绿化或公益捐赠等，积极发挥基地的教育意义和社会价值。

（6）植物品种选择：选择适合当地气候、土壤条件的植物品种，确保植物的生长和发育。同时，考虑植物的观赏性和教育性，选择具有药用价值或观赏价值的植物。

（7）标识与标牌：在基地内设立相应的标识和标牌，如植物名称标识、区域标识等，方便学生了解植物信息和进行劳动操作。

（8）家长与社区参与：鼓励家长和社区成员参与种植基地的活动，如志愿者讲解、亲子种植等。这有助于增强学校与社区的联系，同时引起家长对孩子劳动教育的重视和支持。

（五）小学劳动教育种植基地建设方法

1.充分调研与规划

在建设前进行充分的调研，了解当地的气候、土壤条件以及学生的需求，根据调研结果进行基地的规划，确保建设的科学性和实用性。

2.公开招标与采购

对于基地的基础设施和设备采购，可以采用公开招标的方式进行。选择具有信誉和实力的供应商，确保采购的质量合格和价格合理。

3.团队合作与分工

在建设过程中，学校应组织专业的教师团队和学生志愿者团队进行合作。教师团队负责整体规划和指导，学生志愿者团队负责具体的施工和设备安装。通过团队合作，确保建设的顺利进行。

4.专家指导与培训

在建设过程中，可以邀请农业专家或园艺师进行指导，为种植基地建设提供专业的建议和技术支持。同时，对学生和教师进行必要的培训，提高他们的劳动技能和安全意识。

小学劳动教育种植基地建设需要通过科学规划、公开招标、团队合作、专家指导等措施的实施，确保基地建设的有效性和实用性，为小学劳动教育的实施提供有力的支持。

（六）小学劳动教育种植基地案例分析

下面详细分析一个具体的案例——学校成功建设并运营劳动教育种植基地的实践经验。该种植基地每年丰收节时承包给学校的四年级学生，通过一系列精心设计的活动，培养学生的劳动技能、团队协作精神和社会责任感。

1.场地选择与准备

学校选择了一块阳光充足、土壤肥沃、排水良好的场地作为种植基地。在场地准备阶段，学校组织四年级学生对场地进行平整、松土等预处理工作，为后续的种植活动打下坚实基础。

2.签订承包协议

学校与四年级班主任老师签订承包协议，明确双方的责任与义务，如图4-1所示。班主任老师担任校内劳动指导师，负责组织学生开展种植活动，并进行日常管理和维护。同时，学校聘请部分热心且有种植经验的家长作为校外劳动指导师，协助班主任老师进行指导和监督。

图4-1 合肥师范学院附属实验小学童耕田承包协议

3.种植活动的组织与实施

在种植活动开始前，劳动指导师对学生进行必要的培训，让他们了解种植的基本知识和技能，如播种、浇水、施肥等。随后，学生被分到不同的小组，每组负责一块种植区域。他们亲手播下种子，定期浇水、施肥，并填写种植观察手册，记录植物的生长情况。在整个过程中，学生不仅体验了劳动的艰辛与乐趣，还培养了自身的观察力和记录能力。

4.日常管理与维护

为了确保种植基地的正常运转，学校制订了详细的管理制度。每个小组的学生轮流负责基地的日常维护工作，如除草、修剪等。同时，劳动指导师定期对基地进行巡查，及时发现问题并解决。此外，学校还加强了对学生的安全教育和管理，确保学生在劳动过程中的安全。

5.填写观察日志

学校组织教师编写种植基地观察日志，观察日志分为"二十四节气我知道""农耕知识我了解""种植技能我会学""劳动过程我记录""劳动收获我分享"五个部分。通过学习、记录、分享，学生们增强了对种植知识的了解，对农业种植有了深刻的体验与感受，知道了劳动的不易，劳动精神得以提高。

6. 采摘与义卖

到了丰收节这一天，学生们兴奋地来到种植基地，亲手采摘自己辛勤劳动的果实。这些新鲜的蔬菜和水果被精心包装后，将在学校组织的义卖活动中销售。义卖所得的资金将用于支持学校的公益活动。

7. 爱心捐献

除了义卖活动外，学校还鼓励学生将部分采摘的果实捐赠给当地的敬老院、福利院等机构，以实际行动践行社会责任和感恩教育。这一环节不仅让学生体验到分享劳动成果的喜悦，还培养了他们的社会责任感和感恩之心。

8. 评比与表彰

在丰收节活动的最后环节，学校组织评委对各个小组的种植成果进行评比。评比标准包括植物的生长情况、果实的品质、小组的团队协作等。表现优秀的小组将获得学校颁发的荣誉证书和奖品，以此激励他们在未来的劳动中继续努力。同时，学校还会对家长担任的优秀校外指导师进行表彰激励。

9. 反思与启示

（1）简约而不简单：该小学劳动教育种植基地的建设与运营充分体现了简约劳动的理念。通过精心设计和组织一系列活动，学生在参与劳动的过程中体验到劳动的艰辛与乐趣，培养自身的实践能力和团队协作精神。同时，学校充分利用现有资源，邀请家长作为校外劳动指导师参与指导和管理工作，实现了家校共育的良好效果。

（2）注重过程与结果并重：在整个种植活动中，学校不仅关注学生的劳动成果，还注重培养他们的观察力和记录能力。通过填写种植观察手册，学生可以详细记录植物的生长过程，加深对植物生长规律的认识和理解。同时，学校还组织了评比和表彰活动，让学生感受到自己的努力得到了认可和重视，从而激发他们的劳动热情。

（3）融合德育与智育：该案例将劳动教育与德育、智育紧密结合在一起。在劳动过程中，学生不仅学到了基本的种植知识和技能，还形成了尊重劳动、珍惜粮食的优良品德。同时，通过将采摘的果实进行义卖和捐赠，学生学会了感恩和回馈社会，培养了他们的社会责任感和公民意识。

（4）强化家校合作：学校积极与家长合作，共同推进劳动教育的实施。通过聘请家长作为校外劳动指导师，学校得以充分利用家长的资源和经验为学生提供全面和深入的指导。同时，这一举措也加强了家校之间的联系和沟通，促进了双方的理解与合作。

通过对该小学劳动教育种植基地建设案例的深入分析，我们可以看到简约劳动理念在实践中的成功应用。该案例不仅为学生提供了丰富的劳动体验和实践机会，还注重培养学生的观察力、记录能力、团队协作精神和社会责任感。同时，该案例也启示我们在实施小学劳动教育时应注重活动的简约和高效、融合德育与智育、强化家校合作等方面的工作，以全面提升学生的综合素质和实践能力。

二、基于简约劳动的小学劳动教育养殖基地建设

小学劳动教育是培养学生劳动技能、实践能力和社会责任感的重要途径。而养殖基地作为小学劳动教育的重要场所，能够让学生亲身参与动物的养殖、照料和管理过程，体验劳动的艰辛与乐趣，培养他们的劳动观念和团队协作精神。因此，建设一个适合小学生使用的养殖基地，对于推动

小学劳动教育的实施具有重要意义。

（一）小学劳动教育养殖基地建设意义

（1）培养学生的劳动技能和实践能力：通过参与养殖活动，学生可以亲手照料动物，学习养殖知识，培养他们的动手能力和实践技能。

（2）增强学生的责任感和团队协作精神：养殖活动需要学生定期照料动物，这有助于培养学生的责任感和耐心。同时，小组合作的形式也有助于学生学会协作和沟通。

（3）丰富学生的课余生活：养殖基地可以为学生提供丰富多彩的劳动体验，让他们在课余时间里感受劳动的乐趣和收获。

（4）促进学校与社区、家庭的联系：养殖基地的建设和运营可以加强学校与社区、家庭之间的联系，形成良好的教育合力。

（二）小学劳动教育养殖基地建设目标

（1）知识目标：让学生了解动物的生长过程、养殖技术和管理方法，掌握基本的养殖知识和技能。

（2）能力目标：通过参与养殖活动，培养学生的动手能力、观察能力和解决问题的能力，提高他们的实践能力和创新能力。

（3）情感目标：培养学生的劳动观念、环保意识和团队协作精神，增强他们的责任感和爱心。

（4）社会目标：通过养殖活动，让学生更好地了解社会、了解自然，培养他们的社会责任感和公民意识。

（三）小学劳动教育养殖基地建设要求

（1）安全性要求：确保养殖基地的设施和环境安全，防止学生在劳动过程中受伤。同时，要确保动物的健康和安全，防止疾病的传播。

（2）教育性要求：养殖基地的建设和运营要符合小学生的年龄特点和认知水平，注重教育的针对性和实效性。通过科学合理的活动设计，让学生在劳动中学习和成长。

（3）可持续性要求：在养殖基地的建设和运营过程中，要注重资源的节约和环境的保护，实现可持续发展。例如，可以采用循环农业的理念，将动物的粪便用于植物的肥料，实现资源的循环利用。

（4）多元化要求：根据学校所在地的气候、土壤等自然条件以及学生的兴趣和需求，可以养殖多种类型的动物，提供多元化的劳动体验。同时，也可以结合当地的特色和文化，开展相关的拓展活动。

（四）小学劳动教育养殖基地建设内容

1.场地选择与规划

学校可以选择一块水源充足、环境清洁的场地作为养殖基地，最好是在学校的边缘地区，不对日常学习生活产生影响。根据学校的实际情况和学生的需求，对场地进行合理规划布局，包括动物饲养区、饲料储存区、清洗消毒区等区域的设置，以及饲料加工区、清洗区等辅助设施的设置。

2.工具与材料的准备

学校可以根据动物的生长需求和学生的实际情况，选择适合的工具和材料。例如，可以准备饲料加工机、饮水器、饲养盆等必要的工具和饲料、兽药等必要的材料。同时，要考虑工具和材料的存放和管理问题，确保其安全性和有效性。

3.养殖活动的组织与实施

学校可以根据当地的气候条件和学生的实际需求，选择合适的动物品种进行饲养，制订详细的养殖计划和时间表，包括饲料配方、饲养密度、疫病防控等方面的内容，确保每个学生都能参与养殖活动。在养殖过程中，教师需要对学生进行必要的指导和帮助，确保他们能够正确地进行饲养、照料和管理等工作，要定期对动物进行健康检查和疫苗接种等工作。教师需要根据学生的年龄特点和认知水平，制订详细的劳动计划和指导方案。同时，教师还需要引导学生进行观察和记录，引导他们发现问题并解决问题，培养他们的观察力和记录能力。

4.成果展示与评价

定期组织学生进行成果展示活动，展示他们的劳动成果和收获。通过评价活动的效果和学生的表现，总结经验教训并及时调整实施方案以提高实践效果。教师对学生的养殖成果和表现进行评价，给予他们必要的反馈和建议，帮助他们提高自己的实践能力。同时，鼓励学生之间互相评价彼此的养殖成果和表现，培养他们的评价能力和批判性思维能力。

5.日常管理与维护

学校应制订相应的管理制度和规范，明确每个人的职责和义务，定期对养殖基地进行检查和维护，确保其正常运转。加强安全教育和管理，防止盗窃和破坏事件的发生，保护学校财产的安全。同时，要保持养殖基地的环境卫生整洁，避免污染和蚊虫滋生，还要做好垃圾分类和回收工作，提高资源利用效率。

6.拓展延伸活动

在条件允许的情况下，学校可以结合当地的气候特点和地理条件尝试养殖一些特色动物或开展相关的拓展活动，丰富学生的劳动体验内容。同时，也可以将养殖成果用于校园绿化或公益捐赠等，积极发挥基地的教育意义和社会价值。积极整合校内外资源为养殖基地建设提供必要的支持和保障。例如，可以邀请专业人士进行指导和讲座，提高活动的专业性和实效性。同时，也可以结合当地的文化特色和实际需求开展相关的拓展延伸活动，丰富学生的劳动体验内容，提高他们的综合素质和实践能力。

（五）小学劳动教育养殖基地建设方法

1. 充分调研与规划

在开始小学劳动教育养殖基地建设之前，需要进行充分的调研和规划。首先，要了解学校所在地区的环境、气候、土壤等条件，选择适合的养殖品种。其次，要了解当地的养殖业发展状况，包括市场需求、养殖技术、饲料供应等方面，为基地建设提供参考。最后，要根据学校实际情况和学生需求，制订详细的基地建设规划，包括建设目标、建设内容、建设时间等。

2. 公开招标与采购

在调研规划的基础上，需要进行招标采购工作。首先，要确定招标采购的范围和内容，包括场地平整、饲养设施建设、饲料采购等。其次，要制订详细的招标文件，明确招标要求和条件，确保公平公正。最后，要组织评标委员会对投标文件进行评审，选择优质的施工单位和供应商，确保基地建设的顺利进行。

3. 团队合作与分工

在招标采购完成后，需要进行合作分工。首先，要明确各方的职责和权利，包括学校、施工单位、供应商等。其次，要建立有效的沟通机制，及时解决建设中出现的问题和矛盾。最后，要加强监管和督促，确保各方的合作顺利进行，确保基地建设的质量和进度。

4. 专家指导与培训

在基地建设过程中，需要对学生进行指导培训。首先，要组织专业技术人员对学生进行养殖技术的培训和指导。其次，要组织学生进行实践操作，提高学生的实际操作能力。最后，要加强学生的安全教育和管理，确保学生在养殖过程中的安全。

总之，小学劳动教育养殖基地建设是一个系统性的工程，需要充分的调研和规划、合理的招标采购、有效的合作分工以及专业的指导培训才能够保证基地建设的顺利进行和学生劳动教育的有效实施。同时还需要注意的是，在基地建设过程中要注重节约资源和保护环境，在确保养殖效果的同时，要尽可能减少基地建设对环境的影响，这是现代农业发展的要求，也是我们在进行小学劳动教育过程中需要传递的重要理念之一。

（六）小学劳动教育养殖基地案例分析

下面详细分析一个具体的案例——学校成功建设并运营劳动教育养殖基地的实践经验。学校为推动劳动教育的实施，决定建设一个养殖基地，为学生提供丰富的劳动体验和实践机会。该项目的目标是让学生亲身参与动物的养殖、照料和管理过程，体验劳动的艰辛与乐趣，培养他们的劳动观念和团队协作精神。同时，通过家禽义卖、爱心捐献等活动，培养学生的社会责任感和公民意识。该校将养殖基地每年丰收节时承包给学校的三年级学生，由三年级班主任老师担任校内劳动指导师，聘请家长作为校外劳动指导师，开展一系列的饲养活动。本案例分析将对该实践进行深入探讨，以期为其他学校提供借鉴和参考。

1.场地选择与准备

学校选择了一处校园中原来用于堆放垃圾的角落，约60平方米，距离学生教室较远，不会对日常学习产生影响。选择的场地既要有利于动物的生长和健康，又要有利于学生的参与和活动开展。在选择好场地后，学校进行了必要的准备工作，包括场地的平整、围栏的设置、水源的引入、饲料的储备等。该校先对场地进行适当平整，将部分灌木进行移植，仅留下几棵乔木，并在场地中新建了几条小路用来分割空间，建设时提前规划并建设了水源和电源，便于对绿化进行灌溉，以及在冬季给小动物们取暖。

这些准备工作为后续的养殖活动打下了坚实的基础。

2.基地的建设与实施

学校根据实际情况和学生的需求，制订了详细的养殖基地建设规划，包括鸡舍、鸭舍、猪舍等的布局，以及饲料加工区、清洗区等辅助区域的设置，确保布局合理，方便学生参与劳动。在建设规划的基础上，学校组织了施工队伍进行基地建设。施工过程中，学校严格把控质量关，确保设施的安全性和实用性。同时，学校还与施工队伍保持密切沟通，及时解决建设中出现的问题。

3.小小饲养员的聘任与培训

丰收节前，学校通过选拔和推荐的方式，将养殖基地活动确定在三年级进行，从三年级学生中聘任了一批小小饲养员，这些小小饲养员都是对养殖活动充满热情的学生，他们愿意为动物的成长付出努力。由三年级班主任担任劳动指导师，负责对学生的养殖活动进行指导和监督。学生在劳动指导师的指导下进行动物的饲养活动。他们需要定期为动物提供饲料、饮水，并对养殖基地进行清洁和消毒工作。针对小小饲养员的特点和需求，学校组织了专门的培训课程。培训内容包括动物的饲养技巧、动物疾病的预防与治疗、基地环境的清洁与消毒等。同时，学校还聘请了家长作为校外劳动指导师，邀请了专业的养殖技术人员进行现场指导，确保小小饲养员能够熟练掌握养殖技能。

4.养殖活动的组织与开展

学校根据动物的生长需求和季节特点，制订了详细的养殖计划，包括饲料的选择与配比、动物疾病的预防与治疗、基地环境的调整等，确保动物能够在良好的环境下生长。学校组织学生按照养殖计划进行动物的饲养、照料和管理活动。学生们在实践中学习，不断提高自己的养殖技能。同时，学校还鼓励学生之间互相交流和学习，共同进步。

5.日常养护与管理

学校安排专人对养殖基地进行日常检查和维护工作，包括设施设备的检查、饲料的储存和处理、动物的健康检查等，确保基地的正常运转和管理工作的顺利进行。学校加强安全教育和管理，防止盗窃和破坏事件的发生。同时，学校建立了安全管理制度和应急预案，确保学校的财产安全和学生的人身安全。学校积极推行垃圾分类和回收工作，提高资源利用效率，减少对环境的影响，实现可持续发展。

6.填写观察手册

在饲养过程中，学生还需要填写养殖观察手册，记录动物的生长情况、健康状况等。手册内容包括动物的生长情况、健康状况、饲料消耗情况等。通过填写观察手册，学生能够全面地了解动物的生长过程和变化情况，为后续的养殖活动提供参考和改进方向。同时，有助于培养学生的观察力和记录能力。

7.家禽义卖与爱心捐献

丰收节时，学校组织学生进行家禽义卖活动。所得款项用于资助贫困学生或用于学校建设。同时，学生可以将部分家禽捐献给当地的慈善机构或需要帮助的人。这一活动不仅让学生体验到了劳动的价值和意义，还培养了他们的社会责任感和公民意识。

8.优秀饲养员的评比表彰

在养殖活动结束后，学校组织评比表彰活动。根据学生的养殖成果、观察手册的填写情况以及家禽义卖和爱心捐献的表现等综合因素，评选出优秀饲养员并进行表彰奖励，以激励更多的学生积极参与劳动教育活动，培养他们的实践能力和社会责任感。

9.反思与启示

通过本次小学劳动教育养殖基地建设的案例分析，我们看到了实践简约劳动教育理念的重要性和可行性。通过让学生亲身参与动物的养殖照料和管理过程，以及家禽义卖、爱心捐赠等活动，我们成功地培养了学生的劳动观念、团队协作精神和社会责任感。通过参与养殖活动，学生不仅学会了如何照料动物、管理农场，还培养了自身的观察力和记录能力。在团队合作中，学生掌握了沟通、协作和解决问题的能力。家禽义卖和爱心捐献活动，让学生体会到劳动的价值和意义，他们用自己的劳动成果为社会做出了贡献，培养了他们的社会责任感和公民意识。家长作为校外劳动指导师的参与，加强了学校与家长之间的联系和沟通，使家长更加了解学校的劳动教育内容和学生的成长情况，推动了学校教育的全面开展。

在实施过程中，我们也发现了一些问题和不足。例如，部分学生在饲养过程中缺乏耐心和细心，需要加强指导和监督。此外，家禽义卖和爱心捐赠活动的组织需要继续完善和规范。

展望未来，我们将继续完善和优化小学劳动教育的内容和方法，推动简约劳动教育理念在更多学校得到实施和应用。我们相信这将培养出更多具有创新精神和实践能力的人才为社会的繁荣和发展做出贡献。

三、基于简约劳动的小学劳动教育烹饪基地建设

（一）小学劳动教育烹饪基地建设意义

（1）提升劳动素养：通过烹饪基地建设，学生可以亲身参与烹饪过程，体验劳动的乐趣，培养勤劳、节俭的品质，提升劳动素养。

（2）传承中华美食文化：烹饪是中国传统文化的重要组成部分，通过小学劳动教育烹饪基地建设，学生可以了解、传承和弘扬中华美食文化。

（3）培养生活技能：烹饪是生活中的一项基本技能，通过烹饪基地建设，学生可以掌握基本的烹饪技能，为未来的生活和工作打下基础。

（二）小学劳动教育烹饪基地建设目标

（1）建立完善的烹饪基地设施：建设包括烹饪教室、操作台、厨房用具等在内的完整烹饪设施，满足学生烹饪实践的需求。

（2）培养劳动技能和兴趣：通过实践操作，学生掌握了基本的烹饪技能，培养了学生对烹饪的兴趣和热爱。

（3）弘扬中华美食文化：通过组织各种活动，学生了解、传承和弘扬了中华美食文化。

（三）小学劳动教育烹饪基地建设要求

（1）安全性：确保烹饪基地建设符合安全标准，保障学生在烹饪过程中的安全。

（2）实用性：根据学生的实际情况和需求，选择合适的烹饪设施和工具，确保其实用性。

（3）教育性：在烹饪基地建设中，注重教育的元素，让学生在实践中学习，在学习中实践。

（四）小学劳动教育烹饪基地建设内容

（1）场地选择与准备：选择合适的场地作为烹饪基地，并进行相应的准备工作，包括场地平整、设备购置等。

（2）设施建设：根据需求，建设包括烹饪教室、操作台、厨房用具等在内的完整烹饪设施。

（3）教材与课程设计：编写适合小学生的烹饪教材，设计有趣的烹饪课程，让学生在实践中学习。

（4）师资培训：对教师进行烹饪技能和教学方法的培训，确保他们能够有效地指导学生进行烹饪实践。

（5）活动组织：定期组织各种烹饪活动，如厨艺比赛、美食分享会等，让学生在实践中体验劳动的乐趣。

（五）小学劳动教育烹饪基地建设方法

（1）调研规划：在开始建设前，进行充分的调研和规划，了解学生的需求和兴趣，制订合理的建设方案。

（2）招标采购：对所需的设备和材料进行招标采购，确保其质量和价格符合要求。

（3）合作分工：与供应商、施工团队等进行有效合作，明确各自的职责和任务，确保建设的顺利进行。

（4）指导培训：在建设过程中，对教师和学生进行指导培训，确保他们能够正确使用设备和工具，保障工具使用安全。

（5）验收评估：在建设完成后，进行验收评估工作，确保设施符合要求，能够满足学生的实践需求。

（六）小学劳动教育烹饪基地建设案例分析

在当今社会，劳动教育越来越受到重视，而烹饪作为劳动教育的重要组成部分，对培养学生的劳动素养和生活技能具有重要意义。本案例围绕学校劳动教育烹饪基地建设的全过程进行深入分析，包括烹饪教室的选择与准备、烹饪教室的建设与实施、教师培训、烹饪活动的组织与开展、烹饪教室日常养护与管理、填写烹饪手册、评价表彰以及反思与启示等方面，以期为其他学校开展劳动教育烹饪基地建设提供借鉴和参考。

1. 烹饪教室的选择与准备

在建设小学劳动教育烹饪基地时，选择合适的烹饪教室是首要任务。本案例中，学校选择了校园内的一间闲置教室作为烹饪教室。该教室面积适中，通风良好，且水电齐全，便于进行烹饪活动。在准备阶段，学校对教室进行了全面的清洁和消毒工作，确保了烹饪环境的卫生和安全。

2. 烹饪教室的建设与实施

在确定了烹饪教室后，学校开始了建设工作，如图4-2所示。首先，根据烹饪需求以及小学生的身高和操作习惯，学校购置了操作台、电磁炉等必要的设施设备，配备了各种厨房用具和餐具。其次，为了方便学生进行烹饪实践，学校还安装了照明设备、通风设备等基础设施。在建设过程中，学校注重实用性、教育性和安全性相结合，确保了设施的质量和安全性能。最后，学校还精心设计了墙面装饰和警示标语，营造了浓厚的劳动教育氛围。这些举措不仅为学生提供了良好的实践平台，还有助于培养学生的劳动意识和动手能力。

图4-2　烹饪教室实景

3. 教师培训

教师是烹饪基地建设的核心力量。为了确保烹饪教学的质量，学校对教师进行了专业的培训，培训内容包括烹饪技能、教学方法、安全知识等。首先，学校组织教师参加烹饪技能培训课程，学习基本的烹饪技能和教学方法。其次，学校鼓励教师之间相互交流和学习，分享教学经验和技巧。通过培训，教师们掌握了基本的烹饪技能和教学方法，能够有效地指导学生进行烹饪实践。最后，学校还鼓励教师们不断学习和探索新的教学方法，提高教学质量，从而为后续的烹饪教学活动奠定坚实的基础。

4.烹饪活动的组织与开展

学校在基地建设中注重烹饪活动的多样性和趣味性。在实施阶段，学校制订了详细的烹饪课程计划和教学方案，他们根据学生的年龄特点和兴趣爱好设计了不同难度的烹饪活动。在活动的组织开展过程中，学校还注重培养学生的团队协作精神，组织学生进行小组合作，共同完成烹饪任务。例如，低年级学生主要进行简单的食材处理和制作简单的面食；高年级学生则可以尝试制作复杂的菜品和烘焙糕点等。学校会组织开展厨艺比赛、美食分享会、亲子烹饪活动、节日主题烹饪活动等，让学生在轻松愉快的氛围中掌握烹饪技能，感受劳动的乐趣。同时，学校还会邀请专业厨师来校举办讲座并示范，让学生了解更多的烹饪知识和技巧。通过这些活动，学生不仅能够体验到劳动的乐趣，还能够增强团队协作能力并培养创新思维。

5.日常养护与管理

为了确保烹饪基地的正常运转和设备的完好无损，学校制订了严格的日常养护和管理制度，安排专人负责烹饪教室的管理和维护。定期对设备进行清洗和维护保养工作，确保设备的正常使用并延长设备的使用寿命。同时，学校还要注重安全管理和卫生工作，在烹饪过程中严格遵守卫生标准和学生劳动纪律要求等，确保学生在安全卫生的环境中进行学习与实践。

6.填写烹饪手册

为了记录学生的烹饪学习过程和成果，学校要求学生每次烹饪活动后填写烹饪手册。烹饪手册的内容共分为两个主题，分别是"我们的节日"和"我们的餐桌"，其中"我们的节日"和传统节日美食相结合，分别为元宵节元宵、清明节青团、端午节粽子、中秋节月饼、冬至饺子、腊八节腊八粥；"我们的餐桌"以家常菜为主，并结合了家常菜、劳动课本、日常学生家务情况，分别为西红柿炒鸡蛋、酸辣土豆丝、炒花菜、辣椒炒肉、可乐鸡翅、鸡腿香菇煲。每一个节日或餐桌又分为"美食我知道、营养我了解、制作我来学、过程我记录、收获我分享"五个部分。通过对烹饪手册的学习和填写，学生们可以回顾自己的学习过程，总结经验教训，不断提高自己的烹饪技能。同时，教师也可以根据手册的记录情况了解学生的学习进度和问题所在，及时调整教学策略。这一举措不仅有助于培养学生的自我反思和自主学习能力，还有利于教师对学生的个性化指导和评价，为学校的评价表彰提供了重要依据。

7.评价表彰

为了鼓励学生积极参与烹饪活动，提高学生的自信心和成就感，学校设立了评价表彰制度，根据学生的表现和成果定期进行表彰活动。对于表现优秀的学生和团队给予荣誉称号和奖品奖励。同时，学校还将学生的优秀作品在校园内进行展示，让更多的人欣赏他们的劳动成果。通过评价表彰制度，学生们更加珍惜自己的劳动成果和学习成果，也更加积极地参与烹饪活动，这一举措有效地激发了学生的学习兴趣，促进了烹饪基地建设的良性发展。

8.反思与启示

选择合适的场地并做好准备工作，是成功建设烹饪基地的前提；加强基础设施建设，提高设备的实用性和安全性，是确保教学顺利开展的重要保障；重视教师培训，提高教师的专业素养是提高教学质量的关键；加强日常养护与管理，确保设备的完好无损，是保证基地正常运转的基础。此外，我们还应不断探索新的教学方法和手段，以满足学生的个性化需求，为他们未来的生活和工作打下坚实的基础。

第五章　小学简约劳动教育的课程评价

课程评价是教育过程中的重要环节，它对于提高教学质量、促进学生学习进步具有重要意义。劳动课程评价是劳动课程体系的重要组成部分，对促进劳动课程的目标实现、保障劳动教育的实施效果等具有重要意义。劳动课程评价遵循基本的原则，注重平时表现评价和阶段性综合评价。本章将详细阐述简约劳动课程评价的原则、内容、方法和实施过程，以期为其他学校开展劳动教育提供借鉴和参考。

第一节　小学简约劳动教育的课程评价原则

简约劳动课程评价原则是评价课程效果、提升教学质量、促进学生发展的重要保障。

一、简约性原则

简约性原则要求课程评价过程简洁明了，避免繁琐和冗余。在评价过程中，应注重核心内容的评价，避免过多关注细枝末节。同时，评价标准应简洁明了，易于理解和操作，避免产生歧义和误解。通过简约性原则，可以确保评价的高效性和准确性。

二、导向性原则

导向性原则要求课程评价具有明确的导向作用，以核心素养为导向，关注劳动观念、劳动能力、劳动习惯和品质、劳动精神的四个方面的发展状况，以及学生在劳动过程中的表现。评价结果应能够为教师和学生提供明确的改进方向，引导他们朝着正确的方向努力。通过导向性原则，可以确保评价的针对性和实效性，促进劳动育人价值的实现。

三、科学性原则

科学性原则要求课程评价基于科学的方法和标准进行。评价过程中应采用科学的方法和工具，确保评价结果的客观性和准确性。同时，评价标准应具有可操作性和可衡量性，能够为实际教学提供有效的指导。通过科学性原则，确保评价的可靠性和可信度。

四、发展性原则

发展性原则要求课程评价关注学生的发展过程，发挥好评价的反馈改进功能，促使学生认真参与劳动学习与实践，改进教师教学安排。课程评价不仅关注学生的现有水平，还关注学生的潜在能力和未来发展。通过发展性原则，可以为学生提供持续的指导和支持，促进他们的全面发展。

五、全面性原则

全面性原则要求课程评价涵盖课程的所有方面。评价应包括教学目标、教学内容、教学方法、教学效果等多个方面，确保评价的全面性和完整性。通过全面性原则，可以全面了解课程的教学效果，为改进教学提供全面的依据。

六、系统性原则

系统性原则要求课程评价具有整体性和连贯性，要贯穿学习始终。评价过程应是一个系统性的过程，包括制订评价标准、收集评价信息、分析评价结果等多个环节。同时，评价结果应能够为课程的改进提供系统的指导，确保教学质量的持续提升。

综上所述，简约劳动的课程评价原则是确保评价有效性和教学质量的重要保障。遵循这些原则，我们可以对简约劳动课程进行全面、客观、科学的评价，为改进教学方法和提高教学质量提供有力的支持。同时，这些原则也可以为其他课程的评价提供借鉴和参考，推动教育教学的不断发展和进步。

第二节　小学简约劳动教育的课程评价内容

简约劳动课程评价内容主要包括日常生活劳动、生产劳动、服务性劳动三类，不同类型劳动内容的不同任务群，评价的侧重点有所不同。

一、日常生活劳动的评价内容

日常生活劳动是小学生日常生活中常见的劳动形式，如打扫卫生、整理房间、清洗衣物等。对于日常生活劳动的评价，主要侧重于以下几个方面：

（1）卫生习惯：评价学生在日常生活中是否养成良好的卫生习惯，如勤洗手、保持个人卫生、不乱扔垃圾等。

（2）生活能力：评价学生是否具备基本的生活能力，如独立完成家务、正确使用家用电器、安全使用燃气等。

（3）自理、自立、自强意识：评价学生在日常生活中是否具备自理、自立、自强的意识，如自主安排生活、独立完成任务、勇于面对困难等。

通过日常生活劳动的评价可以培养学生的生活技能和独立自主的精神，促进学生的全面发展。

二、生产劳动的评价内容

生产劳动是小学生通过动手实践，掌握一定技能和知识的劳动形式。

（1）工具使用和技能掌握：评价学生在生产劳动中能否正确使用工具，掌握相关技能，如制作手工制品、种植植物等。

（2）劳动价值观：评价学生在生产劳动中是否树立正确的劳动价值观，如尊重劳动者、珍惜劳动成果等。

（3）劳动质量意识：评价学生在生产劳动中是否注重劳动质量，如追求精益求精、注重细节等。

（4）劳动精神：评价学生在生产劳动中是否具备吃苦耐劳、坚持不懈的劳动精神。

通过生产劳动的评价，可以培养学生的实践能力和创新精神，提高学生的综合素质。

三、服务性劳动的评价内容

服务性劳动是小学生为他人和社会提供服务的劳动形式，如社区服务、志愿服务等。

（1）服务意识：评价学生在服务性劳动中是否具备服务意识，如关心他人、乐于助人等。

（2）社会责任感：评价学生在服务性劳动中是否具备社会责任感，如积极参与社会公益活动、关注社会问题等。

（3）团队协作能力：评价学生在服务性劳动中是否具备良好的团队协作能力，如与他人合作完成任务、协调人际关系等。

（4）解决问题的能力：评价学生在服务性劳动中是否能够独立思考、解决问题，为他人和社会提供有效的帮助。

服务性劳动的评价可以培养学生的社会责任感和公民意识，提高学生的综合素质和社会适应能力。通过日常生活劳动、生产劳动和服务性劳动的评价，可以全面了解学生的综合素质和社会适应能力，为学生的全面发展提供有力的支持。

第三节　小学简约劳动教育的课程评价方法

为了促进学生的全面发展，我们提出了一系列针对简约劳动课程的评价方法。这些方法以表现性评价为主，结合多种评价工具，并根据不同学段灵活使用，旨在为学生的劳动课程提供全面、客观、有效的反馈。

一、表现性评价

表现性评价是简约劳动课程的主要评价方式。通过观察学生在劳动过程中的实际表现，可以真实、客观地了解他们的劳动技能、态度和习惯。这种评价方式不仅关注学生的劳动成果，更重视学生的劳动过程和劳动态度。在简约劳动课程中，表现性评价主要用于评价学生的劳动技能、劳动态度和解决问题的能力。

（1）劳动技能表现：通过观察学生在实际劳动中的操作表现，评价其技能掌握程度。例如，在制作手工制品的劳动中，教师可以通过观察学生的制作过程，评价其手工制作的技能水平。

（2）劳动态度表现：关注学生在劳动过程中的态度和积极性。例如，在社区服务的劳动中，教师可以通过观察学生的服务态度和积极性，评价其社会责任感和服务意识。

（3）解决问题的能力：评价学生在面对问题和挑战时，能否独立思考、解决问题。例如，在解决实际问题的劳动中，教师可以通过观察学生的问题解决过程，评价其创新思维和解决问题的能力。

二、评价工具

（1）劳动任务单：用于记录学生完成的某项劳动任务的方案设计、劳动过程、劳动成果和劳动体会等。任务单可以作为评价学生劳动学习与实践效果、劳动目标达成情况的依据。

（2）劳动清单：记录学生参与的劳动项目、掌握的劳动技能和养成的劳动习惯等信息。清单还可以收录学生的劳动体会以及家长、同学、老师的评语，从多个角度全面反映学生的劳动表现。

（3）劳动档案袋：主要收集学生劳动实践活动的过程性记录，包括劳动方案、照片、视频、成果、日志、自我反思和他人评价等。

三、根据劳动内容评价

针对具体的劳动学习与实践的目标和内容，可采取不同的方法进行评价。

（1）日常生活劳动：日常生活劳动可以劳动清单为主要依据，采用家校合作的方式，结合家长的反馈和学生的自我反思进行评价。通过观察对学生在日常生活中表现出的卫生习惯、生活能力和自理、自立、自强意识进行评价。

（2）生产劳动：生产劳动可以劳动任务单为主要依据，结合劳动任务的完成过程和劳动成果进行综合评价。通过观察对学生在生产过程中的操作技能、安全意识、质量意识和劳动精神进行评价，并结合学生的作品成果和教师的观察记录进行评价。

（3）服务性劳动：服务性劳动可以劳动档案袋为主要依据，结合服务对象的评语和多方面的材料进行综合评价。通过对观察学生在服务过程中的服务意识、社会责任感和团队协作能力进行评价，并结合服务对象的反馈和其他参与者的观察进行评价。

四、根据学段进行评价

针对不同学段的学生，可以根据其认知特点和兴趣爱好灵活使用多种方法进行评价。

（1）一至二年级：可以采用生动有趣的评价方式，如劳动绘本、劳动日志、星级自评和贴小红花等方式，体现劳动过程和劳动成果。这些方式能够激发学生的学习兴趣和积极性，促进他们养成良好的劳动习惯。

（2）三至六年级：可以结合多种评价工具进行评价，采取劳动叙事、劳动作品展示等方式记录劳动过程。同时，可以组织学生进行小组讨论和交流，培养他们的批判性思维和表达能力。

五、数字化平台的应用

有条件的学校可以建立数字化平台，对劳动课程进行过程性和结果性评价。数字化平台可以实时记录学生的劳动过程，方便教师和学生随时查看和反思。同时，平台还可以自动生成统计数据和分析报告，为教师和学生提供有针对性的反馈和建议。这有助于提高评价的效率和准确性，为学生提供更加个性化的发展建议。

六、阶段综合评价

劳动课程阶段综合评价是学期、学年或学段结束时进行的综合评价，它旨在反映学生劳动课程学习的水平和核心素养的阶段性达成情况，具体包括过程性评价、结果性评价与综合评价。

（一）过程性评价

过程性评价是关注学生学习过程中的表现和进步的评价方式。在简约劳动课程中，过程性评价可以结合档案袋进行。档案袋可以记录学生在劳动课程中的学习过程、成长历程和进步情况。教师可以通过档案袋观察学生在不同阶段的劳动技能掌握情况、劳动态度变化、问题解决能力等方面的表现，从而对学生的学习进行全面、客观的评价。

档案袋中包括以下内容：

（1）劳动方案：记录学生设计的劳动方案，包括目标、计划和步骤等。

（2）劳动过程记录：详细记录学生在劳动过程中的表现，如操作技能、团队协作、问题解决等。

（3）劳动成果：展示学生的劳动成果，如手工制品、种植成果等。

（4）自我反思：学生自我反思在劳动过程中的得失，总结经验教训。

（5）他人评价：包括家长、同学、老师等对学生的评价和建议。

通过观察学生在劳动过程中的表现，教师可以发现学生在哪些方面有进步，哪些方面需要进一步提高。同时，教师还可以根据学生的表现给予及时的反馈和指导，帮助学生更好地掌握劳动技能和提高解决问题的能力。

（二）结果性评价

结果性评价是关注学生学习成果的评价方式。在简约劳动课程中，结果性评价可以采用技能测评和知识测评两种形式。

1.技能测评

技能测评是指对学生的某一项简约劳动项目的劳动能力掌握情况进行测评。在每学期结束前，教师可以通过劳动课组织每一位学生在规定的时间内完成一个劳动项目，并根据完成情况进行等级评定。教师根据本学期所学的劳动技能和课程内容，设计一个具有代表性和实际意义的劳动项目。项目应考虑到学生的年龄、认知水平和实际操作能力，确保项目具有可操作性和可评估性。在规定的时间内，学生需要在教师的指导下完成所设计的劳动项目。在项目实施过程中，教师应注重观察学生的操作技能、安全意识、质量意识和劳动精神等方面的表现。教师根据学生的实际操作表现和完成情况进行等级评定，等级评定可以采用三级制等方式，根据学生的表现给予相应的等级。等级评定应客观、公正，能够真实反映学生的劳动能力掌握情况。

2.知识测评

知识测评是通过问卷调查的方式进行，主要调查学生的劳动态度、劳动观念、劳动知识掌握情况等。教师根据本学期的劳动课程内容和学生实际情况，设计一份包含劳动态度、劳动观念、劳动知识等方面的问题的问卷。问卷应简洁明了，问题具有代表性，能够真实反映学生的实际情况。实施时，教师可将纸质问卷发放给每一位学生，并要求学生在规定的时间内完成问卷，也可将问卷制作成电子问卷，让学生在信息科技课上或在家中完成。在问卷回收后，教师应及时对问卷进行整理和分析，确保问卷的有效性和可信度。根据学生的答卷情况，教师进行等级评定。等级评定可以采用三级制等方式，根据学生的回答给予相应的等级。等级评定应客观、公正，能够真实反映学生对劳动知识的掌握情况。

（三）综合评价

在每学期结束时，教师需要对学生的学习进行综合评价。教师需要根据学生的表现和进步情况给出相应的评价和建议。同时，教师还需要对学生的核心素养达成情况进行评估。

在综合评价中，教师还需要注意以下几点：

（1）客观公正：评价需要客观公正地反映学生的学习情况和进步情况，避免主观偏见和情感因素的影响。

（2）激励为主：评价需要以激励为主，鼓励学生发挥自己的优势和特长，激发学生的学习积极性和自信心。

（3）个性化指导：评价需要结合学生的实际情况进行个性化指导，帮助学生发现自己的不足之处并制订相应的改进措施。

（4）及时反馈：评价需要及时反馈给学生和家长，让学生了解自己的学习情况和进步情况，也让家长了解孩子在学校的表现和发展情况。

总之，简约劳动的课程评价是全面、客观地评价学生劳动课程学习和核心素养达成情况的重要方式。采用技能测评和知识测评两种形式结合的综合评价方式，可以更好地促进学生的学习进步，提高他们的学习效果，同时也有助于培养他们的综合素质，为他们未来的发展奠定良好的基础。

第四节　小学简约劳动教育的课程评价实施

为了将这些理论转化为实践，下面具体阐述简约劳动课程评价的实施过程，包括制订评价方案、开展评价工作、收集评价信息、分析评价结果、形成评价报告、反馈与改进等方面，以期为教育工作者提供具有操作性的指导。

一、制订评价方案

在开始简约劳动课程评价之前，要制订一份详细的评价方案。评价方案应包括评价目标、评价内容、评价方法、评价时间、评价人员等方面。评价目标应明确、具体，能够反映简约劳动课程的核心素养和教学目标。评价内容应涵盖知识、技能、态度等多个方面，确保评价的全面性和准确性。评价方法应采用多种形式，包括观察、测试、问卷调查等，以便更全面地了解学生的学习情况。评价时间应合理安排，确保评价工作在规定时间内完成。同时，评价人员应具备专业素养和评价能力，以确保评价的公正性和客观性。

二、开展评价工作

在制订好评价方案后，要开展具体的评价工作。首先，教师需要根据评价方案设计评价工具，如观察记录表、评分量表等。其次，在课堂教学过程中，教师需要认真观察学生的表现，记录学生的行为和态度，以便进行评价。最后，教师还要通过测试、问卷调查等方式收集学生的学习成果和反馈意见。在收集到足够的信息后，教师需要对这些信息进行整理和分析，以便形成准确的评价结果。

三、收集评价信息

收集评价信息是评价工作的关键环节。在这个环节中，教师需要认真观察学生的表现，记录学生的行为和态度。同时，教师还可以通过测试、问卷调查等方式收集学生的学习成果和反馈意见。在收集信息时，教师需要注意信息的全面性和准确性，确保收集到的信息能够真实反映学生的学习情况和进步情况。

四、分析评价信息

收集到足够的信息后，教师需要对这些信息进行整理和分析。分析评价信息时，教师需要关注学生的个体差异和进步情况，避免一刀切的评价方式。同时，教师还需要结合课程目标和教学目标进行分析，以便更准确地评估学生的学习情况和进步情况。在分析过程中，教师还需要注意信息的客观性和公正性，确保分析结果的真实性和可靠性。

五、形成评价报告

分析完评价信息后，教师需要根据分析结果给出一份详细的评价报告。评价报告应包括学生的姓名、学号、课程名称、教学目标、学习成果、进步情况等方面。在给出评价报告时，教师需要注意报告的客观性和公正性，确保报告的真实性和可靠性。同时，教师还需要根据学生的实际情况给出具体的建议和指导，以便帮助学生明确下一步的学习目标和努力方向。

六、反馈与改进

给出评价报告后，教师要及时将报告反馈给学生和家长。反馈内容应包括学生在各个方面的表现和进步情况以及需要改进的地方。同时，教师还应给出具体的建议和指导，帮助学生明确下一步的学习目标和努力方向。在反馈过程中教师还需要注意方式和语气，避免伤害学生的自尊心和自信心。通过反馈与改进措施的实施，教师可以帮助学生克服学习困难，提高学生的学习效果和自信心，为学生的全面发展奠定良好的基础。

　　总之，简约劳动的课程评价实施是一个系统性的过程，需要教师在制订好评价方案的基础上，认真开展评价工作，以确保评价的准确性和有效性，为教学提供有益的反馈和指导。对简约劳动课程进行评价，我们可以发现课程中存在的问题和不足，为改进教学提供依据。同时，也可以将评价结果作为改进课程的重要依据，为未来的教学提供参考和借鉴。

附：

简约劳动之中项目评价记录表

表5-1　家庭劳动任务清单"整理书包"评价记录表

争星类别	生活之星	
主题任务	整理系列——整理书包	
学生操作要点	能够按书本及文具用品的科目、大小、数量和材质进行分类整理	
家长指导核心	给孩子准备合适的书包，监督孩子整理书包	
周评价		
周次目标	星级评定（自评/家长评）	家长评价
第一周：学会书本分类整理方法	5星：根据书本的科目、大小、用途等，快速将其分类并整齐地放进书包里 4星：根据书本的科目、大小、用途等，较快速将其分类并放进书包里 3星：根据书本的科目、大小、用途等，将其分类并放进书包里，但速度较慢 2星：大概能够根据书本的科目、大小、用途等，将其分类并放进书包里 1星：不能够根据书本的科目、大小、用途等，将其分类	
第二周：学会文具及其他物品的分类放置方法	5星：根据文具及其他物品的用途、大小，快速地放进书包的前袋及侧袋里 4星：根据文具及其他物品的用途、大小，较快速地放进书包的前袋及侧袋里 3星：根据文具及其他物品的用途、大小，放进书包的前袋及侧袋里，但速度较慢 2星：大概能根据文具及其他物品的用途、大小，放进书包的前袋及侧袋里 1星：不能根据文具及其他物品的用途、大小进行整理	

第三周：自己整理书包	5星：一周七天都能自己整理书包，且速度快，整理得工整美观 4星：一周中有五天能够自己整理书包，且速度较快，整理得较为工整美观 3星：一周中有三天能够自己整理书包，速度一般，整理得较为美观 2星：一周中偶尔一两天能够自己整理书包，且速度慢，整理得不美观 1星：一周中只有一天能够自己整理书包，动作不熟练	
第四周：整理家人的拎包	5星：能够天天帮助家人整理拎包，且速度快，整理得工整美观 4星：一周中能有五天帮助家人整理拎包，且速度较快，整理得较工整美观 3星：一周中能有三天帮助家人整理拎包，速度一般，整理得较为美观 2星：一周中偶尔一两天能够帮助家长整理拎包，且速度慢，整理得不美观 1星：不能帮助家长整理拎包	
活动感受		
教师 月评价	□ 20星：整理小明星	□ 15-19星：整理小能手

表5-2 家庭劳动任务清单"养绿萝"评价记录表

争星类别	生命之星
主题任务	养护系列——养绿萝
学生操作要点	挑选合适的绿萝，采用水培、土培（阳光下或房间里都可以）的方式进行种植，并做好观察记录
家长指导核心	引导孩子挑选合适的绿萝和肥沃的土壤，督促孩子完成观察记录

续　表

周评价		
周次目标	星级评定（自评/家长评）	家长评价
第一周：用水培和土培两种方式种植绿萝	5星：用两种方式种植绿萝，独立完成 4星：用两种方式种植绿萝，家长协助完成 3星：用一种方式种植绿萝，独立完成 2星：用一种方式种植绿萝，家长协助完成 1星：种植未成功	
第二周：观察水培绿萝根须的生长情况并做好记录	5星：连续一周观察水培绿萝根须生长情况，并做好记录 4星：观察和记录有1天间断 3星：观察和记录偶有间断 2星：观察和记录时有间断 1星：自由生长，未关注	
第三周：观察土培绿萝的生长情况，并做好记录	5星：连续一周观察土培绿萝叶片生长情况，并做好记录 4星：观察和记录有1天间断 3星：观察和记录偶有间断 2星：观察和记录时有间断 1星：自由生长，未关注	
第四周：仔细观察，翔实记录	5星：绿萝生长茂盛，观察记录翔实，能用视频、文字两种方式记录变化 4星：绿萝生长茂盛，观察记录翔实，能用视频或文字中任一种方式记录变化 3星：绿萝生长茂盛，观察记录较翔实 2星：绿萝生长茂盛，无观察记录 1星：绿萝种植不成功	
活动感受		
教师月评价	□ 20星：养护小明星	□ 15-19星：养护小能手

表5-3 家庭劳动任务清单"择菜"评价记录表

争星类别	生存之星	
主题任务	烹饪系列——择菜	
学生操作要点	会择菜豆、芹菜、小葱、毛豆等日常生活常吃的蔬菜，熟练掌握择不同蔬菜的技巧	
家长指导核心	准备好要用的蔬菜，当孩子遇到问题的时候，能适时地给予指导	
周评价		
周次目标	星级评定（自评/家长评）	家长评价
第一周：会择四季豆、豇豆	5星：熟练择断菜豆、豇豆，长度合理，能很好去除豇豆、菜豆的筋 4星：熟练择断菜豆、豇豆，长度较合理，能去除豇豆、菜豆大部分筋 3星：较熟练择断菜豆、豇豆，长度不一，能去除豇豆、菜豆小部分筋 2星：基本能择断菜豆、豇豆，但不能去除豇豆、菜豆的筋 1星：不会择菜豆、豇豆，不能去除豇豆、菜豆的筋	
第二周：会择芹菜	5星：熟练择去芹菜的叶子 4星：熟练择去芹菜的叶子 3星：较熟练择去芹菜的叶子 2星：能择去芹菜大部分的叶子 1星：不会择芹菜的叶子	
第三周：会剥小葱	5星：能快速地去除葱的黄叶，熟练地剥去外皮 4星：能快速地去除葱的黄叶，较熟练地剥去外皮 3星：能较快速地去除葱的黄叶，较熟练地剥去外皮 2星：不能很好地去除葱的黄叶，外皮剥不干净 1星：不会剥小葱	
第四周：会剥毛豆	5星：能熟练剥去毛豆的外壳，剥出的毛豆颗粒完整 4星：能较熟练剥去毛豆的外壳，剥出的毛豆颗粒完整 3星：能较熟练剥去毛豆的外壳，剥出的毛豆颗粒大部分完整 2星：不能熟练剥去毛豆的外壳，剥出的毛豆颗粒大部分不完整 1星：不能熟练剥去毛豆的外壳，耗费时间长，浪费严重	

续　表

活动感受		
教师 月评价	□ 20星：烹饪小明星	□ 15-19星：烹饪小能手

表5-4　家庭劳动任务清单"系鞋带"评价记录表

争星类别	"三生"之星	
主题任务	洗刷系列——系鞋带	
学生操作要点	1.穿鞋带：鞋带穿进最前面的两个鞋孔，鞋带两端对齐，一边的鞋带穿进另一边的第二个鞋孔，依次交替穿孔；2.系活结：将鞋带交叉，鞋带一头钻交叉孔，拉住两边鞋带，将结系紧；3.系蝴蝶结：双手拇指和食指先将两端的鞋带捏成兔耳朵形状，再将"兔耳朵"交叉，然后将一只"兔耳朵"钻洞，最后双手拇指和食指捏住鞋带慢慢拉紧	
家长指导核心	督促孩子养成自己独自穿鞋带的习惯	
周评价		
周次目标	星级评定（自评/家长评）	家长评价
第一周：会简单的穿鞋带方法	5星：完全能够按照操作方法将鞋带穿过每个鞋孔，速度快且美观 4星：能够按照操作方法将鞋带穿过每个鞋孔，速度较快 3星：能够按照操作方法将鞋带穿过鞋孔，但速度较慢 2星：大概能够按照操作方法将鞋带穿过鞋孔，但速度慢 1星：不会穿鞋带	

第二周：学会系活结的方法	5星：能够按照操作方法系活结，系活结速度快且牢固 4星：能够按照操作方法系活结，系活结速度较快 3星：能够按照操作方法系活结，但系活结速度较慢，不够牢固 2星：大概能够按照操作方法系活结 1星：不会系活结	
第三周：学会系蝴蝶结的方法	5星：能够按照操作方法，系蝴蝶结速度快且牢固美观 4星：能够按照操作方法系蝴蝶结，系蝴蝶结速度较快且牢固 3星：能够按照操作方法系蝴蝶结，系蝴蝶结速度慢且不够牢固 2星：大概能够按照操作方法，系出蝴蝶结 1星：不会系蝴蝶结	
第四周：能自己系鞋带	5星：一周七天都能自己系鞋带，且动作熟练，系出的鞋带牢固美观 4星：一周中有五天能自己系鞋带，动作熟练，系出的鞋带牢固美观 3星：一周中有三天能自己系鞋带，动作较熟练，系出的鞋带较为牢固美观 2星：一周中偶尔一两天自己系鞋带，动作不够熟练 1星：一周只有一天自己系鞋带，动作不熟练	
活动感受		
教师月评价	□ 20星：洗刷小明星	□ 15-19星：洗刷小能手

表5-5　家庭劳动任务清单"洗袜子"评价记录表

争星类别	生活之星
主题任务	洗刷系列——洗袜子
学生操作要点	1.使用的水和肥皂的量要控制好；2.掌握清洗袜子的操作要领3.帮助家长清洗袜子并进行晾晒
家长指导核心	1.教给孩子洗袜子和晾晒的技巧；2.督促孩子养成自己独立清洗袜子的习惯

周评价		
周次目标	星级评定（自评/家长评）	家长评价
第一周：会用洗衣盆接水，均匀地涂抹肥皂，掌握洗袜子的要领	5星：能熟练地用盆接水，涂抹肥皂，将袜子搓洗干净 4星：能熟练地用盆接水，涂抹肥皂，将袜子搓洗得较干净 3星：能用盆接水，涂抹肥皂较熟练，将袜子搓洗得较干净 2星：接水动作不熟练，涂抹肥皂动作生疏，不能将袜子搓洗得干净 1星：浪费水现象严重，涂抹肥皂不熟练，不会搓洗袜子	
第二周：按操作要领清洗袜子，并进行晾晒	5星：袜子清洗得很干净，独自进行晾晒 4星：袜子清洗得干净，独自晾晒有点困难 3星：袜子清洗得较为干净，独自晾晒有点困难 2星：袜子清洗得较为干净，不会晾晒 1星：袜子清洗得不干净，不会晾晒	
第三周：能清洗自己的袜子	5星：一周七天都能清洗自己的袜子 4星：一周中有五天能清洗自己的袜子 3星：一周中有三天能清洗自己的袜子 2星：一周中偶尔一两天清洗自己的袜子，清洗得干净 1星：一周只偶尔一天清洗自己的袜子且洗得很马虎	
第四周：能清洗家人的袜子	5星：一周七天都能清洗家长的袜子，清洗干净后进行晾晒 4星：一周中有五天能清洗家长的袜子，清洗干净后进行晾晒 3星：一周中有三天能清洗家长的袜子，清洗较干净后进行晾晒 2星：一周中偶尔一两天清洗家人的袜子，清洗得干净 1星：一周只偶尔一天清洗家长的袜子且洗得很马虎	

活动感受		
教师月评价	□ 20星：洗刷小明星	□ 15-19星：洗刷小能手

表5-6　家庭劳动任务清单"扫地"评价记录表

争星类别	生存之星	
主题任务	清扫系列——扫地	
学生操作要点	学会扫地的方法，知道不同位置的清扫方法	
家长指导核心	督促孩子扫地	
周评价		
周次目标	星级评定（自评/家长评）	家长评价
第一周：学会扫地的方法	5星：熟练掌握扫地的方法，扫得速度快且干净 4星：熟练掌握扫地的方法，扫得速度较快且干净 3星：较为熟练掌握扫地的方法，扫得较为干净 2星：较为熟练掌握扫地的方法，但扫得不够干净 1星：扫地方法掌握得不熟练	
第二周：学会扫房间的地	5星：熟练打扫房间的地，地面干净且角落无灰尘 4星：较为熟练打扫房间的地，地面干净且角落无灰尘 3星：较为熟练打扫房间的地，但地面角落有点灰尘 2星：比较熟练打扫房间的地，但地面不够干净 1星：打扫马虎，地面不干净	
第三周：学会扫厨房的地	5星：熟练打扫厨房的地，地面干净且角落无灰尘 4星：较为熟练打扫厨房的地，地面干净且角落无灰尘 3星：较为熟练打扫厨房的地，但角落有点灰尘 2星：比较熟练打扫厨房的地，但地面不够干净 1星：打扫马虎，地面不干净	

续　表

第四周：学会扫家里的地	5星：一周七天都能够扫家里的地，且打扫干净 4星：一周中有五天能够扫家里的地，且打扫干净 3星：一周中有三天能够扫家里的地，且打扫得较为干净 2星：一周中偶尔一两天能够扫家里的地，且打扫得较为干净 1星：一周中只有一天能够扫家里的地，且打扫马虎	
活动感受		
教师月评价	□ 20星：清洁小明星	□ 15-19星：清洁小能手

表5-7　家庭劳动任务清单"整理玩具"评价记录表

争星类别	"三生"之星	
主题任务	整理系列——整理玩具	
学生操作要点	能够按玩具的大小、数量和材质进行分类，选择合适的收纳工具进行收纳，摆放的位置要固定	
家长指导核心	给孩子准备合适的收纳工具，督促孩子整理玩具	
周评价		
周次目标	星级评定（自评/家长评）	家长评价
第一周：玩具归类	5星：根据玩具的大小、材质、用途等，快速地将其分类 4星：根据玩具的大小、材质、用途等，较快速地将其分类 3星：家里的玩具归类有些混乱 2星：家里的玩具归类十分混乱 1星：不能给玩具分类	

第二周：玩具收纳	5星：根据玩具的大小和数量，选择合适的收纳箱，快速地进行收纳 4星：根据玩具的大小和数量，选择合适的收纳箱，较快速地进行收纳 3星：根据玩具的大小和数量，选择较合适的收纳箱进行收纳 2星：基本能够根据玩具的大小和数量，选择较合适的收纳箱进行收纳 1星：不能根据玩具的大小和数量选择合适的收纳箱进行收纳	
第三周：玩具安置	5星：能够将收纳好的玩具整齐地摆放在固定地方，且每天都能够做到 4星：能够将收纳好的玩具整齐地摆放在固定地方，一周中五天能够做到 3星：偶尔能够将收纳好的玩具摆放在固定地方 2星：不能够将收纳好的玩具摆放在固定地方 1星：不会收纳、安置玩具	
第四周：整理弟弟妹妹的玩具	5星：能够天天帮助弟弟妹妹分类整理玩具，将玩具摆放整齐 4星：一周中能有五天帮助弟弟妹妹分类整理玩具，将玩具摆放整齐 3星：一周中能有三天能够弟弟妹妹分类整理玩具，将玩具摆放整齐 2星：能够偶尔帮助弟弟妹妹分类整理玩具 1星：不能帮助弟弟妹妹分类整理玩具	
活动感受		
教师 月评价	□ 20星：整理小明星	□ 15-19星：整理小能手

表5-8　家庭劳动任务清单"清洗小物件"评价记录表

争星类别	生活之星	
主题任务	洗刷系列——清洗小物件	
学生操作要点	1.加入适量水和洗衣液，泡沫均匀；2.用手或搓衣板正确搓揉	
家长指导核心	1.准备盆、洗衣液或肥皂；2.教给孩子正确的搓揉方式和晾晒方法	
周评价		
周次目标	星级评定（自评/家长评）	家长评价
第1周：在盆中加适量的水和洗衣液，浸泡红领巾，简单地搓洗红领巾	5星：加适量的水，适量的洗衣液，浸泡红领巾，认真搓洗红领巾 4星：加适量的水，过多或过少的洗衣液，浸泡红领巾，简单地搓洗红领巾 3星：加过多或过少的水，过多或过少的洗衣液，浸泡红领巾，简单地搓洗红领巾 2星：加过多或过少的水，过多或过少的洗衣液，浸泡红领巾，简单地搓洗红领巾，但洗衣盆外全是水和泡沫 1星：只浸泡，不会洗	
第2周：清洗自己的毛巾	5星：毛巾清洗后，拧干水分，没有污渍 4星：毛巾清洗后，有少许污渍 3星：毛巾清洗后，污渍较多 2星：毛巾清洗后，特别脏 1星：不会洗毛巾	
第3周：清洗袜子，正确漂洗	5星：清洗后能用适量的水漂洗。 4星：清洗后，漂洗水量过大。 3星：漂洗时水龙头不关 2星：漂洗后忘关水龙头 1星：漂洗不干净	
第4周：清洗抹布，漂洗后正确晾晒	5星：漂洗后正确晾晒 4星：晾晒时抹布有重叠 3星：晾晒时固定不牢 2星：晾晒不充分 1星：需要家长帮助晾晒	

续　表

活动感受	
教师月评价	□ 20星：洗刷小明星　　　　　　□ 5-19星：洗刷小能手

表5-9　家庭劳动任务清单"削水果"评价记录表

争星类别	生存之星	
主题任务	烹饪系列——削水果	
学生操作要点	会清洗水果，能正确地使用削皮刀、水果刀给水果去皮	
家长指导核心	指导孩子清洗水果的方法指导孩子认识削皮刀、水果刀及教会孩子使用方法	
周评价		
周次目标	星级评定（自评/家长评）	家长评价
第1周：会清洗水果	5星：熟练清洗常见的水果且清洗得干净 4星：清洗后的水果相对干净 3星：清洗后的水果不太干净 2星：清洗后的水果缝隙有灰尘 1星：清洗水果比较随意，污渍较多	
第2周：会简单地削水果	5星：有一定的削水果技术，不需要家长帮忙 4星：能完成水果的大部分削皮工作，家长辅助帮忙 3星：能完成水果的小部分削皮工作，需要家长帮忙 2星：只会简单地削皮，大部分需要家长完成 1星：不会削水果	
第3周：较熟练地削水果	5星：削水果动作较熟练 4星：削水果动作不太熟练 3星：削水果动作不够熟练，能独立完成 2星：削皮不均匀，需要家长帮忙 1星：不会用刀，需要家长帮忙	

第4周：熟练地削水果	5星：削水果动作熟练，削皮大小均匀且成条 4星：削水果动作熟练，削皮大小较均匀，成条较短 3星：削水果动作较熟练，削皮大小不一 2星：削皮不均匀，需要家长帮忙 1星：不会用刀，需要家长帮忙	
活动感受		
教师 月评价	□ 20星：烹饪小明星	□ 5-19星：烹饪小能手

表5-10　家庭劳动任务清单"叠衣服"评价记录表

争星类别	"三生"之星	
主题任务	整理系列——叠衣服	
学生操作 要点	能够区分衣服类型并分类叠放整齐	
家长指导 核心	教孩子正确叠放衣裤并分类放入衣柜	
周评价		
周次目标	星级评定（自评/家长评）	家长评价
第1周：区分衣服	5星：能快速地给衣服归类 4星：较快速地给衣服归类 3星：衣服归类有些许混乱 2星：衣服归类十分混乱 1星：不能给衣服归类	

第2周：学会叠上衣	5星：熟悉上衣的构成部分：衣领、衣袖、衣袋、衣身，能熟练地按照先叠袖子、再叠下摆的顺序把衣服叠整齐 4星：较熟悉上衣的构成部分：衣领、衣袖、衣袋、衣身，较熟练地按照先叠袖子、再叠下摆的顺序把衣服叠整齐 3星：较熟悉上衣的构成部分：衣领、衣袖、衣袋、衣身，相对熟练地按照先叠袖子、再叠下摆的顺序把衣服叠整齐 2星：不熟悉上衣的构成部分：衣领、衣袖、衣袋、衣身，不能熟练地按照先叠袖子、再叠下摆的顺序把衣服叠整齐 1星：不熟悉上衣的构成部分：衣领、衣袖、衣袋、衣身，不会叠上衣	
第3周：学会叠裤子	5星：熟悉裤子的构成部分：裤腰和裤管，能熟练地按照先铺平裤子、左右对折、再叠成合适大小的顺序把裤子叠整齐 4星：较熟悉裤子的构成部分：裤腰和裤管，较熟练地按照先铺平裤子、左右对折、再叠成合适大小的顺序把裤子叠整齐 3星：较熟悉裤子的构成部分：裤腰和裤管，相对熟练地按照先铺平裤子、左右对折、再叠成合适大小的顺序把裤子叠整齐 2星：不熟悉裤子的构成部分：裤腰和裤管，不能熟练地按照先铺平裤子、左右对折、再叠成合适大小的顺序把裤子叠整齐 1星：不熟悉裤子的构成部分：裤腰和裤管，不会叠裤子	
第4周：分类存放	5星：熟练地将叠好的衣服按照类别摆放在一起，分类放入衣柜中 4星：较熟练地将叠好的衣服按照类别摆放在一起，分类放入衣柜中 3星：较熟练地将叠好的衣服按照类别摆放在一起，但分类有些混乱 2星：叠好的衣服不能按照类别摆放在一起，且分类有些混乱 1星：衣服叠放太随意，不会分类	

续　表

活动感受	
教师月评价	□ 20星：整理小明星 　　□ 5-19星：整理小能手

表5-11　家庭劳动任务清单"清洗餐具"评价记录表

争星类别	生活之星
主题任务	洗刷系列——清洗餐具
学生操作要点	1.加入适量水和洗洁精，泡沫均匀；2.用手或百洁布正确擦洗
家长指导核心	1.准备盆、洗洁精；2.教给孩子正确的清洗方法

周评价		
周次目标	星级评定（自评/家长评）	家长评价
第1周：将餐具安全地送到洗碗池或盆中	5星：一次性将当天使用的餐具安全地送到洗碗池或盆中 4星：将当天使用的餐具分2~3次安全地送到洗碗池或盆中 3星：将当天使用的餐具分3次以上安全地送到洗碗池或盆中 2星：在家长的帮助下，将当天使用的餐具安全地送到洗碗池或盆中 1星：不能将当天使用的餐具送到洗碗池或盆中	
第2周：在洗碗池或盆中加适量的水和洗洁精，简单地擦洗餐具	5星：加适量的水，适量的洗洁精，简单地擦洗餐具 4星：加适量的水，过多或过少的洗洁精，简单地擦洗餐具 3星：加过多或过少的水，过多或过少的洗洁精，简单地擦洗餐具 2星：加过多或过少的水，过多或过少的洗洁精，简单地擦洗餐具，洗碗池或洗碗盆外全是水和泡泡 1星：不会清洗	

第3周：清洗后的餐具较干净	5星：餐具清洗后，没有污渍 4星：餐具清洗后，有少许污渍 3星：餐具清洗后，污渍较多 2星：餐具清洗后，特别脏 1星：不会清洗	
第4周：餐具清洗后，正确漂洗	5星：能用适量的水清洗，能清理灶台 4星：清洗时冲洗水量过大，未关注灶台卫生 3星：清洗时水龙头不关，未关注灶台卫生 2星：清洗后水龙头不关，未关注灶台卫生 1星：清洗不干净	
活动感受		
教师月评价	□ 20星：洗刷小明星	□ 5-19星：洗刷小能手

表5-12 家庭劳动任务清单"用拖把拖地"评价记录表

争星类别	生存之星	
主题任务	清洁系列——用拖把拖地	
学生操作要点	会清洗拖把、能正确地使用拖把拖地	
家长指导核心	1.指导孩子清洗拖把的方法；2.指导孩子如何使用拖把拖地	
周评价		
周次目标	星级评定（自评/家长评）	家长评价
第1周：会清洗拖把	5星：熟练清洗拖把且干净 4星：清洗后的拖把相对干净 3星：清洗后的拖把不太干净 2星：清洗后的拖把缝隙有灰尘 1星：清洗拖把比较随意，污渍较多	

续　表

第2周：会简单地拖地	5星：有一定的拖地技巧，不需要家长帮忙 4星：能完成家庭的大部分拖地工作，家长辅助帮忙 3星：能完成家庭的小部分拖地工作，需要家长帮忙 2星：只会简单地拖地，大部分需要家长完成 1星：不会拖地	
第3周：较熟练地用拖把拖地	5星：拖地动作较熟练，拖后的地比较干净 4星：拖地动作不太熟练，拖后的地相对干净 3星：拖地动作不够熟练，拖后的地不太干净 2星：拖地不认真，需要家长帮忙 1星：不会拖地，需要家长帮忙	
第4周：十分熟练地用拖把拖地	5星：拖地动作十分熟练，拖后的地十分干净 4星：拖地动作比较熟练，拖后的地比较干净 3星：拖地动作不太熟练，拖后的地相对干净 2星：拖地动作不够熟练，拖后的地不太干净 1星：拖地不认真，需要家长帮忙	
活动感受		
教师 月评价	□ 20星：清洁小明星	□ 5-19星：清洁小能手

表5-13　家庭劳动任务清单"手洗校服"评价记录表

争星类别	生活之星
主题任务	洗刷系列——手洗校服
学生操作要点	1.会用适量的清洁剂将校服手洗干净；2.能正确漂洗校服，会判断校服何时漂洗干净了；3.能将校服晾晒平整
家长指导核心	1.帮助孩子准备合适的清洁剂；2.指导孩子正确手洗校服及漂洗的方法

周评价		
周次目标	星级评定（自评/家长评）	家长评价
第一周：将校服浸泡后手洗	5星：主动浸泡校服，能在校服涂抹上适量的肥皂并搓洗干净 4星：需家人提醒才愿意手洗校服，能在校服涂抹上适量的肥皂并搓洗干净 3星：主动浸泡校服，能在校服涂抹上适量的肥皂但搓洗不够干净 2星：主动浸泡校服，校服上的肥皂涂抹不均匀，搓洗不够干净 1星：不愿主动清洗校服，搓洗不够干净	
第二周：会用合适的清洁剂将不易搓洗的污垢清洗掉	5星：熟练使用清洁剂将不易搓洗的污垢清洗掉 4星：较熟练使用清洁剂将不易搓洗的污垢清洗掉 3星：在家长提醒下能正确使用清洁剂，污垢基本能清洗干净 2星：清洗比较随意，污垢没有清洗掉 1星：不能独立搓洗掉校服上的污垢	
第三周：能独立漂洗搓洗干净的校服	5星：熟练漂洗搓洗干净的校服，能正确判断校服是否漂洗干净 4星：较熟练漂洗搓洗干净的校服，基本能判断校服是否漂洗干净 3星：基本能漂洗搓洗干净的校服，基本能判断校服是否漂洗干净 2星：基本能漂洗搓洗干净的校服，但不能正确判断校服是否漂洗干净 1星：不能独立完成漂洗搓洗干净的校服，不能独立判断校服是否漂洗干净	
第四周：能正确晾晒校服	5星：能熟练地将校服晾晒平整 4星：能较熟练地将校服晾晒平整 3星：基本能将校服晾晒平整 2星：在家长的指导下能将校服晾晒平整 1星：不愿意按正确的方式晾晒校服皱皱巴巴的	
活动感受		
教师月评价	□ 20星：洗刷小明星	□ 15—19星：洗刷小能手

表5-14　家庭劳动任务清单"整理衣柜"评价记录表

争星类别	"三生"之星	
主题任务	综合系列——整理衣柜	
学生操作要点	能够按季节整理自己和家人的衣柜，内衣、袜子放在抽屉或格子间里，外套、衬衫、裙子等挂放整齐，上衣和裤子分类叠放	
家长指导核心	教孩子叠衣服，尤其是衬衫、礼服等容易褶皱的衣物需要家长协助熨烫挂放好	
周评价		
周次目标	星级评定（自评/家长评）	家长评价
第一周：整理自己的衣柜。	5星：能够按季节整理自己的衣柜，将上衣、裤子、内衣等分类整理 4星：能够按季节整理自己的衣柜，外套、衬衫、裤子等挂放不够整齐 3星：不能按季节整理，但是能够将上衣、裤子、内衣、袜子等分类整理 2星：未分类整理，但是衣物叠放较整齐 1星：未分类，衣物叠放也不够整齐	
第二周：整理爸爸的衣柜	5星：能够按季节整理爸爸的衣柜，将上衣、裤子、内衣等分类整理 4星：能够按季节整理爸爸的衣柜，外套、衬衫、裤子等挂放不够整齐 3星：不能按季节整理，但是能够将外套、衬衫、裤子、内衣等分类整理 2星：未分类整理，但是衣物叠放较整齐 1星：未分类，衣物叠放也不够整齐	
第三周：整理妈妈的衣柜	5星：能够按季节整理妈妈的衣柜，将上衣、裤子、裙子、内衣等分类整理 4星：能够按季节整理妈妈的衣柜，外套、衬衫、裙子等挂放不够整齐 3星：不能按季节整理，但是能够将外套、衬衫、裤子、裙子等分类整理 2星：未分类整理，但是衣物叠放较整齐 1星：未分类，衣物叠放也不够整齐	

第四周：整理家里其他人的衣柜	5星：能够按季节整理他人的衣柜，将上衣、裤子、内衣等分类整理 4星：能够按季节整理他人的衣柜，外套、衬衫、裤子等挂放不够整齐 3星：不能按季节整理，但是能够将上衣、裤子、内衣、袜子等分类整理 2星：未分类整理，但是衣物叠放较整齐 1星：未分类，衣物叠放也不够整齐	
活动感受		
教师月评价	□ 20星：整理小明星	□ 15-19星：整理小能手

表5-15　家庭劳动任务清单"刷运动鞋"评价记录表

争星类别	生活之星	
主题任务	洗刷系列——刷运动鞋	
学生操作要点	1.会用合适的清洁剂将运动鞋的鞋面及鞋底清洁干净；2.能正确漂洗鞋子，会判断鞋子何时漂洗干净了；3.能根据运动鞋的材质选用合适的晾晒方式	
家长指导核心	1.帮助孩子准备合适的清洁剂；2.帮助孩子准备需要刷洗的鞋子及刷子；3.指导孩子刷鞋的步骤及漂洗的方法；4.指导孩子选择合适的晾晒方式	
周评价		
周次目标	星级评定（自评/家长评）	家长评价
第一周：会用刷子清洁鞋底及鞋表面的泥巴	5星：熟练使用刷子清洁运动鞋，鞋面鞋底整体都很干净 4星：较熟练使用刷子清洁运动鞋，鞋面鞋底都比较干净 3星：能用刷子清洁运动鞋，鞋面鞋底不太干净 2星：刷子使用不够规范，鞋面鞋底比较脏 1星：不会使用刷子清洁运动鞋，鞋面鞋底很脏	

第二周：会用清洁剂将运动鞋的网面清洁干净	5星：熟练使用清洁剂将运动鞋的网面清洁干净，鞋面干净 4星：较熟练使用清洁剂将运动鞋的网面清洁干净，鞋面干净 3星：在家长提醒下能正确使用清洁剂清洁网面，鞋面较干净 2星：刷洗比较随意，鞋面不干净 1星：不能独立完成刷鞋	
第三周：能独立漂洗刷干净的运动鞋	5星：熟练漂洗刷干净的运动鞋，能正确判断运动鞋是否漂洗干净 4星：较熟练漂洗刷干净的运动鞋，基本能正确判断运动鞋是否漂洗干净 3星：基本能漂洗刷干净的运动鞋，基本能正确判断运动鞋是否漂洗干净 2星：基本能漂洗刷干净的运动鞋，不能正确判断运动鞋是否漂洗干净 1星：不能独立完成漂洗刷干净的运动鞋，不能独立判断运动鞋是否漂洗干净	
第四周：能用不同方式晾晒不同的运动鞋	5星：能熟练根据运动鞋材质的不同选择合适的晾晒方式 4星：能较熟练根据运动鞋材质的不同选择合适的晾晒方式 3星：会用合适的方式晾晒常见材质的运动鞋 2星：在家长的指导下能根据运动鞋材质的不同选择合适的晾晒方式 1星：不能根据运动鞋材质的不同选择合适的晾晒方式，导致鞋子受损	
活动感受		
教师月评价	□ 20星：洗刷小明星	□ 15-19星：洗刷小能手

第六章　小学简约劳动教育实践案例

　　随着现代教育理念的不断演进，劳动教育在小学阶段的重要性日益凸显。本章我们通过一系列鲜活、生动的实践案例，来深入剖析简约劳动教育如何在小学劳动教育中落地生根。

　　本章共分为三节，分别聚焦于日常生活劳动、生产劳动以及服务性劳动的实践案例。这些案例涵盖了劳动教育的多个方面，也充分展示了简约劳动教育理念在实际操作中的灵活性和多样性。

　　通过本章的学习，我们希望能够让读者更加直观地感受到简约劳动教育的魅力和价值。这些实践案例不仅是对前面章节理论知识的有力补充，更是对简约劳动教育理念的具体践行。让我们一起走进这些案例，共同见证孩子们在劳动中的成长与蜕变。

第一节　日常生活劳动实践案例

小学劳动教育中的日常生活劳动实践案例，如表6-1所示。接下来，笔者精选实践案例，供大家参考。

表6-1　日常生活劳动实践案例总览

劳动类型	年级	第一学期		第二学期	
		任务群	小项目名称	任务群	小项目名称
日常生活劳动	一年级	清洁与卫生	地清洁　桌擦净	清洁与卫生	小袜子　我会洗
		整理与收纳	小书包　勤整理	整理与收纳	小玩具　会分类
		烹饪与营养	择菜叶　我在行	烹饪与营养	剥毛豆　有方法
	二年级	清洁与卫生	七步法　会洗手	清洁与卫生	红领巾　会清洗
		整理与收纳	小书桌　勤整理	整理与收纳	红领巾　我会系
		整理与收纳	系鞋带　方法多	整理与收纳	小抽屉　勤整理
		烹饪与营养	水果皮　细心削	烹饪与营养	水果茶　学制作
	三年级	清洁与卫生	短衬衣　洗干净	清洁与卫生	垃圾多　分类投
		整理与收纳	叠衣服　方法多	整理与收纳	图书角　勤整理
		烹饪与营养	小拼盘　水果美	烹饪与营养	小土豆　变化多
		家用器具使用与维护	电磁炉　会使用	家用器具使用与维护	鲜橙汁　我来榨
	四年级	清洁与卫生	擦窗户　爱清洁	清洁与卫生	运动鞋　刷干净
		整理与收纳	小鞋柜　勤整理	整理与收纳	小书柜　勤整理
		烹饪与营养	小黄瓜　我会拌	烹饪与营养	炸酱面　真美味
		烹饪与营养	西红柿　蛋花汤	家用器具使用与维护	遥控器　会维护
	五年级	整理与收纳	大衣柜　会整理	整理与收纳	行李箱　我整理
		烹饪与营养	土豆丝　我来炒	烹饪与营养	小青菜　炒豆腐
		烹饪与营养	炒花菜　味道香	家用器具使用与维护	电煮锅　会维护
	六年级	整理与收纳	医药箱　勤整理	烹饪与营养	剥虾仁　蛋炒饭
		烹饪与营养	包饺子　花样多	烹饪与营养	烧鸡翅　可乐助
		烹饪与营养	煲鸡汤　加香菇	家用器具使用与维护	电烤箱　会维护

一、一年级上册：《小书包　勤整理》

（一）主题解析

《小书包　勤整理》是《义务教育劳动课程标准（2022年版）》第一学段（1～2年级）任务群2"整理与收纳"的课程内容。

（二）学情分析

刚入学的一年级小学生，还没有形成整理和保护好个人物品的意识，笔、本子等文具经常掉落在地上、无故丢失；尺子、橡皮常被当作玩具；书包里的书本、文具杂乱无章。通过《小书包　勤整理》这一主题的学习，引导学生学会独立整理书包，树立自觉劳动、自我服务的意识，丰富他们的劳动体验。

（三）教学目标

（1）劳动观念：通过指导学生学习、体验整理书包的过程，树立学生自我服务、积极主动的劳动意识。

（2）劳动能力：引导学生学会书本分类，文具、物品整理放置的方法，掌握整理书包的基本技能。

（3）劳动习惯和品质：引导学生养成每天整理书包的好习惯。鼓励学生主动整理生活物品，养成做事有条理的劳动品质。

（4）劳动精神：在实践过程中，鼓励学生多思考、多参与，培养学生善于动脑、勤于动手的劳动精神。

（四）教学重难点

（1）教学重点：树立学生自我服务、积极主动的劳动意识，培养学生善于动脑、勤于动手的劳动精神。

（2）教学难点：引导学生养成每天整理书包的好习惯。

（五）课时安排

本主题安排了"激趣导入""做好准备""梳理步骤""掌握技能""组织评价""拓展提升"六个环节。根据一年级学生的年龄特点，建议2课时完成。第1课时学习整理书包的相关知识，练习并掌握书本分类和文具物品放置的方法及技巧。第2课时举办小组整理书包竞赛，评选"整理书包小达人"，分享劳动收获与反思，完成劳动评价。

（六）劳动场域

劳动场所：普通教室。

（七）安全保障

（1）学习劳动纪律和安全规范。

（2）备好医药箱，处理好劳动过程中发生的意外事件。

（八）活动过程

1.激趣导入，明确任务

教师可采取观察图片、游戏比赛、猜谜等不同方式导入活动主题。比如，玩"找课本"的游戏，比一比谁找得快，从而引发学生思考游戏中为什么有的同学找得快，有的同学找得慢；也可以开展师生"闭眼找书"比赛，请一名学生说书名，教师和学生闭眼从书包里找书，并在结束后讨论交流：为什么老师可以轻松找到指定的书？通过观察、思考，引出活动主题。

2.摩拳擦掌，做好准备

该环节主要引导学生事先了解整理书包的相关知识，为躬行实践做好准备。教师要注意引导学生观察书包的结构，了解书包的构成，思考整理书包需要用到哪些工具、注意哪些问题等。也可以请平时书包整理得有条理的学生交流经验，或视频介绍书包整理基本方法，对整理知识有初步的感知。此外，每个学生的书包构造不同，可以结合自己的书包构造，合理规划，做好学习劳动技能的准备。

3.播放视频，梳理步骤

教师播放整理书包的视频，引导学生掌握整理书包的主要步骤。这一环节的教学，教师要注意引导学生交流自己整理书包的心得，教师根据学生交流，与学生一起将整理的过程进行环节分解。学生可以根据自己书包的结构特点，设计适合的整理方法。鼓励学生在整理书包时保留个人特点，既能兼顾个人习惯又能有条理地分类。

教师小结并板书整理书包的步骤：清空书包—清除垃圾—归类整理—分层储放。

4.淬炼操作，掌握技能

具备了整理书包的劳动知识，就可以引导学生开展劳动实践。教师讲解并示范书本分类整理、文具及其他物品分类放置的方法，明确劳动步骤。

（1）清空书包。教师指导学生将书包里所有东西取出，便于后期整理，取出时尽量按照类别放置，比如书、本子、其他生活用品按种类放在一起。

（2）清除垃圾。在整理书包时，教师要引导学生明确不是所有的垃圾都要扔掉，有些是可以变废为宝的，比如用过的完整纸张、本子等可以回收利用。再根据书包里清理出的物品，引导学生交流哪些物品是可以再利用的，放到储物筐里，进而提高学生的节约意识。

（3）归类整理。书包内物品归类整理的方法有很多，可按照学科归类、书本分类、课程表分类等，不同的分类方法，最后整理出的效果也不一样。教师可以引导学生观看操作步骤图，解读图中展示的归类整理操作方法，如语文课本、语文练习册、生字练习本等放在一起，因为都是语文学科的。相同学科的物品，按照书本大小顺序排整齐，并提醒学生书本中如有卷起的页面要压平。教师还可以鼓励学生思考其他整理书本的方法，比如可以按照书和本子进行分类，书放在一起，本子放在一起；或者按照课程表上的科目顺序进行分类，先上的放在上面，后上的放在下面，从而培养学生的创新意识。

（4）分层储放。整理好的物品要分别放置到书包隔层里，以便迅速找到并拿取。教师可以引导学生思考怎样放置物品更方便。比如，可以将常用的学科放在书包的主袋里，不常用的放在隔层中；跳绳、毽子等运动用品放在前袋；杯子、纸巾等生活物品放在书包两侧的袋子里，便于拿取。在分层储放之前，还要提醒学生重要的物品不要装进书包外层，以免丢失。

5.交流反思，组织评价

引导学生围绕整理书包的方法、技巧交流内心的感悟或者劳动的收获、反思。教师可以在班级组织整理书包大赛，引导学生从整齐度、实用度、速度等方面进行评价，并及时表扬在操作过程中认真、有条理的学生。通过评选"整理小达人""整理小能手"等，树立学习榜样，激发学生的劳动热情，强化学生的劳动观念。

6.持之以恒，养成习惯

书包是学生每天都要使用的物品，要养成定期整理的习惯。教师可以与家长配合，运用每打卡的方式，鼓励学生坚持整理书包，也可以定期评选"整理小能手"，给学生提供分享和展示的平台，帮助他们提升劳动能力、养成劳动习惯，形成良好的劳动品质。

教师还要引导学生思考在劳动过程中遇到了哪些困难；该如何解决

的；这节课最大的感悟是什么？引导学生提炼出劳动精神并板书：自我服务，积极主动，养成好习惯。

教师要鼓励学生尝试将分类整理、物品放置等方法运用到日常生活的鞋柜整理、书桌整理中，增强学生劳动体验，提升学生劳动能力。

（九）板书设计

```
              小书包   勤整理
      清空书包→清除垃圾→归类整理→分层储放
      自我服务   积极主动   养成好习惯
```

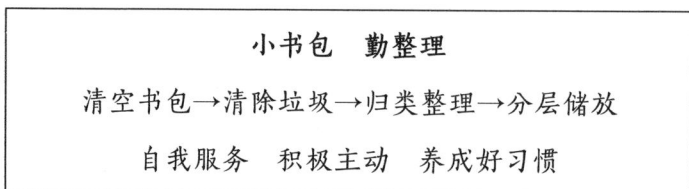

二、一年级下册：《小袜子 我会洗》

（一）主题解析

《小袜子 我会洗》是《义务教育劳动课程标准（2022年版）》第一学段（1~2年级）任务群1"清洁与卫生"的课程内容。

（二）学情分析

一年级的孩子已经能够做一些简单的家务劳动，比如扫地、擦桌子、倒垃圾等，形成了初步的劳动观念。洗袜子看似简单，但掌握正确的方法，做到清洗干净对一年级小学生还有些困难，仍需加强指导。教师通过《小袜子 我会洗》这一劳动主题的学习，指导学生掌握洗袜子的一般步骤和方法，做到勤换、勤洗袜子，养成良好的生活习惯，学会做一些力所能及的事情，感受劳动和付出的快乐。

（三）教学目标

（1）劳动观念：通过洗袜子活动，引导学生体验劳动的快乐，树立学生态度认真、积极参与的观念。

（2）劳动能力：教会学生抹肥皂和搓洗袜子的基本方法与操作技巧，掌握"六步洗袜法"，做到将袜子清洗干净、晾晒平整，培养学生自理、自立、自强的意识。

（3）劳动习惯和品质：鼓励学生在掌握"六步洗袜法"的基础上，尝试清洗其他小物件，培养学生热爱劳动、保持整洁的好习惯，养成爱惜自己和他人劳动成果的优良品质。

（4）劳动精神：鼓励学生大胆提出问题，解决洗袜子过程中遇到的困难，培养学生团结协作、热爱劳动的精神。

（四）教学重难点

（1）教学重点：培养学生团结协作、热爱劳动的劳动精神。

（2）教学难点：让学生掌握"六步洗袜法"，能独立清洗干净袜子。

（五）课时安排

本主题安排了"激趣导入""做好准备""梳理步骤""掌握技能""组织评价""拓展提升"六个环节，主要学习洗袜子的相关知识，练习并掌握"六步洗袜法"，组织学习进行洗袜子成果展示，分享劳动收获与反思，完成劳动评价。根据一年级学生的年龄特点，2课时完成。

（六）劳动场域

（1）劳动场所：普通教室或专用教室。

（2）劳动工具：水盆、水桶、水瓢、衣架、晾衣架、袜子夹等。

（3）劳动材料：清水、肥皂、袜子等。

（七）安全保障

（1）学习劳动纪律和安全规范。

（2）备好医药箱，处理好劳动过程中发生的意外事件。

（八）活动过程

1.激趣导入，明确任务

（1）教师出示谜语"两只小口袋，进出不分开。要想买一只，那可没得卖。"引导学生猜物品，导入主题。

（2）观看洗袜子视频，学习技巧。

（3）教师揭示劳动主题"洗袜子"，并将主题书写在黑板上。

2.摩拳擦掌，做好准备

（1）任务：出示本节课的劳动任务清单。

劳动任务清单：学习洗袜子的方法；实践操作洗袜子；正确地晾晒袜子。

（2）准备：洗袜子之前，教师为学生准备工具和材料，并引导学生讨论工具和材料的用途。

学生先自主讨论，随后教师对工具和材料的用途进行说明。

通过课堂活动小游戏，让学生辨识工具和材料。

（3）材料小知识——认识洗衣皂：

①特点与分类。教师直接介绍洗衣皂的特点和分类，帮助学生了解生活常识。

②问题和重点。教师引出问题，请同学们思考洗袜子时要注意什么，重点部位应如何清洗。教师出示课件普及知识：袜子脱下来要及时清洗；袜子应与其他衣服分开洗涤；深色袜子要与浅色袜子分开，避免串色；袜子用来包裹前脚掌（袜头）和脚后跟（袜跟）可能会比较脏，需要重点清洗。教师介绍学生认识袜子的各个部分。

3.视频教学，梳理步骤

（1）观看视频：教师请同学们边观看视频边思考洗袜子的步骤有哪些，随后播放洗袜子视频进行演示。

（2）游戏闯关：学生观看完视频后，鼓励学生大胆进行尝试闯关，初步判定洗袜子的步骤进行填空游戏。采用简单易懂的语言（泡一泡，抹一抹，搓一搓，洗一洗，拧一拧，晒一晒）把洗袜子的步骤用玩游戏的方式进行归纳，对搓洗的技能要点进行强调，更便于学生对技能的掌握。

（3）讲解步骤：教师揭示洗袜子步骤。

泡一泡→抹一抹→搓一搓→洗一洗→拧一拧→晒一晒。

教师引导学生根据步骤讨论实践操作注意事项。

①泡一泡：浸泡时要将袜子全部浸入水中，泡1～2分钟左右，水瓢每次舀水时不要舀得太满，要注意节约用水。

②抹一抹：污渍较多的地方可多涂抹几次，抹完以后，洗衣皂要放回皂盒内。

③搓一搓：搓洗时利用手掌和大拇指发力来回搓揉，一边搓洗一边观察污渍清洁的情况，如果污渍较重，可重复涂抹肥皂，进行多次搓洗，或加大搓洗力度。

④洗一洗：提醒学生每漂洗一遍都要尽量将水拧干，这样既能节约用水，又能减少洗衣皂的残留；一般漂洗2～3遍后冲洗至盆里的水清澈无浮沫就可以了；洗的时候动作要轻，避免将水洒到盆外，浪费水源。

⑤拧一拧：教师可以引导学生交流拧袜子的动作技巧，一边讲解一边现场演示拧干袜子的方法，并组织学生以小组为单位练习，巩固技能掌握。

⑥晒一晒：袜子洗好拧干后晾到教师准备的晾衣架上，注意要夹到自己小组的袜架上。晾袜子时要夹住袜口部位，这样就不用担心袜头等部位

被夹坏，同时要提醒学生在使用夹子时手指要捏住夹子尾端口处，以免被夹子夹伤手。

梳理提炼是对洗袜子活动的流程回顾与方法梳理，引导学生巩固掌握"六步洗袜法"。

4.淬炼操作，掌握技能

（1）明确标准。为了更加公平公正地做好小组评价，教师需安排四名"观察员"，教师和观察员将会一起评选出"最佳劳动小组"，小组的组员人将奖励一双袜子。

（2）分组实践。分小组进行，每6人一组，每2人一队，每队2人共用一个水盆，一人负责舀水和倒水，一人负责环境卫生。

教师给出实践要求：洗袜子的时间为10分钟；注意评价标准，争夺最佳小组。

学生在实践过程中，教师随机巡视，要注意观察学生的搓洗动作及效果，既要及时表扬表现优异的学生并发放劳动教育表扬卡，也要对个别动作不协调、方法不正确的学生给予有针对性的指导。

5.交流反思，组织评价

评比标准：观察每个小组在态度认真、清洗干净、安静有序、团结协作方面的具体情况。观察员汇报，教师适时补充。整个过程观察员全程认真观察，并做好观察记录，最后请四名观察员依次汇报自己的观察结果，并对"最佳劳动小组"进行投票。通过评价强化学生的劳动观念，引导学生向劳动能力强的小伙伴学习，在劳动中增长知识，提升生活自理能力。

6.总结反思，拓展延伸

（1）教师引导学生总结自己的收获和感悟，感悟劳动的不易，感悟劳动可以带给我们的快乐和满足。

（2）教师引导学生养成健康良好的卫生习惯，千万不要成为"一盆袜子"的主人，做到自己的事情自己做，同时力所能及地帮助家人．

（3）教师鼓励学生进行知识和方法的迁移，掌握更多小物品清洗妙招，培养自理、自立、自强意识。

（4）教师布置课后任务：放学后将自己及家人的袜子清洗一下，注意"六步洗袜法"的方法和步骤，为家人分担家务。

（九）板书设计

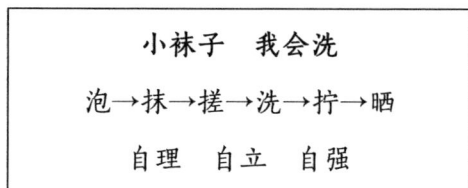

三、二年级上册：《系鞋带　方法多》

（一）主题解析

《系鞋带　方法多》是《义务教育劳动课程标准（2022 年版）》第一学段（1～2 年级）任务群 2 "整理与收纳"的课程内容。

（二）学情分析

二年级的小学生，自理能力和劳动能力普遍不高。在日常生活中，如果鞋带开了，很多学生会束手无策，不仅影响美观而且存在安全隐患。学习系鞋带的方法，不仅有助于学生初步体会结绳在生活中的妙用，更有利于引导学生学会照顾好自己，养成自己的事情自己做的良好劳动习惯。

（三）教学目标

（1）劳动观念：帮助学生充分认识劳动对日常生活的重要意义，初步树立正确的劳动观念。

（2）劳动能力：指导学生掌握穿鞋带的简单方法，掌握系活结、蝴蝶结的技能。

（3）劳动习惯和品质：系鞋带是日常生活中必备的技能，结合学生年龄特点，引导学生坚持不懈地参与劳动，养成自己系鞋带的良好习惯。

（4）劳动精神：鼓励学生积极参与系鞋带的过程，勤于动手，大胆尝试，初步培养学生敢于面对困难，勇于解决问题的劳动精神。

（四）教学重难点

（1）教学重点：鼓励学生积极参与系鞋带的过程，勤于动手，大胆尝试，初步培养学生敢于面对困难，勇于解决问题的劳动精神。

（2）教学难点：让学生学会穿鞋带的简单方法，掌握系活结、蝴蝶结的步骤和技能。

（五）课时安排

本主题安排了"激趣导入""做好准备""梳理步骤""掌握技能""组织评价""拓展提升"六个环节，主要教学穿鞋带的简单方法以及系活结、蝴蝶结的步骤。建议用2课时完成教学。

（六）劳动场域

（1）劳动场所：普通教室。

（2）劳动工具：系鞋带模具。

（七）安全保障

（1）学习劳动纪律和安全规范，过程中做好强调。

（2）备好医药箱，做好劳动过程中发生的简单意外事件的紧急处理。

（八）活动过程

1. 激发兴趣，导入活动

活动伊始，教师可以选择学生喜闻乐见的教学方式，激发他们的劳动兴趣和探索欲望，引入主题。教师可以创设生活情境，一名学生在跑步时鞋带开了，一不小心绊倒了，以此引发学生认识到系鞋带是必须要掌握的一项基本的生活技能；还可以采用趣味引导的方式，利用一根鞋带，通过简单的动作，编出蝴蝶结，并引导学生交流在哪里见过这种结绳方式，从而引出劳动主题——系鞋带，学生的思路打开了，动手的欲望也就激发出来了。

2. 摩拳擦掌，做好准备

这一环节主要引导学生事先了解一些系鞋带的相关知识，为接下来的动手操作打好基础。技能指导之前，教师可以引导学生根据生活经验，尝试自己动手穿鞋带、打结，初步感知系鞋带的难点是什么，帮助学生主动建构知识体系。

教师也可以仔细观察，找出掌握不同鞋带系法的学生，请他们在班级展示自己的鞋带系法。教师引导小组讨论哪种穿鞋带方法更简洁，哪种打结方法更容易。引导学生探究鞋带的不同系法。

教师也可以在课前搜集鞋带打结的多种方法，准备好相关图片或者视频，以便给学生展示，丰富学生的认知。

3. 视频教学，梳理步骤

这一环节主要是引导学生梳理劳动步骤及劳动技能。教师让学生交流自己系鞋带的过程，让学生在回顾的过程中进一步梳理系鞋带的步骤，回想如何系出漂亮的蝴蝶结，先做什么，后做什么。系蝴蝶结的方法多种多样，教师也可以在梳理技法的基础上，鼓励学生动手尝试其他蝴蝶结的系法，或者让学生询问父母，掌握其他系鞋带的方法。

教师引导学生总结系鞋带的步骤：穿鞋带→系活结→系蝴蝶结。

4.淬炼操作，掌握技能

知识和技能的掌握是劳动课程顺利开展的关键。教师可以使用精练的、儿童化的语言，纲目性地讲解"穿鞋带"和"打结"的基本方法，归纳总结系鞋带的重要技巧。比如，按照一定的顺序穿鞋带，打蝴蝶结主要靠双手拇指和食指捏起两边的鞋带，向相反的方向用力拉等。

（1）穿鞋带。穿鞋带是系好鞋带的第一步，首先要为鞋子找两条长度合适的鞋带，鞋带过长打结后会影响走路，太短不易打结。穿鞋带的方法很多，根据学生的动手能力，教师可以引导学生先掌握简单的穿法，一一对应，从上到下，从左到右，或从右到左。教师组织学生练习穿鞋带时，可以借助一些小工具，比如在硬纸板上画出鞋子轮廓，按照一定的距离打上鞋带孔，用来练习穿鞋带。

教师还要注意引导学生观察鞋带孔的不同，有的是圆孔，有的是扁孔，要学会根据鞋带孔的形状变换鞋带的角度。针对分岔的鞋带头，教师可以引导学生想办法处理，初步培养解决劳动困难的精神。

（2）系活结。活结是最简单的系法，将鞋带的一端绕个圈，鞋带的另一端从圈中穿过，然后将鞋带两端拉紧，活结就打好了。教师可以讲解活结的特点，让学生明白，虽然活结打起来简单，但是系鞋带时不能只打活结，并引导学生思考为什么。掌握打活结的方法后，可以让学生试着解开，在动手实践探索中发现只需要拉鞋带的一端，活结很容易被打开。

（3）系蝴蝶结。考虑二年级小学生的年龄特点，可以引导学生学习常用的系蝴蝶结的方法。双手拇指和食指先将鞋带的两端捏成环形，再将两个环形交叉，然后将一头从交叉口内穿过，最后双手拇指和食指捏住鞋带慢慢拉紧两端即可。注意在两个环形交叉后，要用压在上面的环形钻过交叉孔。

教师可以一边示范讲解，一边引导学生共同完成；也可以出示教学视频，在观看视频的基础上，引导学生识读操作步骤图，根据图中的步骤，讲解系蝴蝶结的方法和技巧。为了方便学生记忆，教师还可以把步骤编成儿歌口诀："小小鞋带手中拿，一左一右先交叉。一根弯腰穿过门，两手紧紧拉一拉。两端折成兔耳朵，再一交叉钻过门，开出一朵蝴蝶花。"这样朗朗上口的儿歌形式，学生喜闻乐见，便于技能掌握。

5.交流反思，组织评价

本环节教师可以引导学生交流劳动感受，启发学生畅谈自己系鞋带的感受，思考为什么有的同学系得快，有的同学系得慢。更要注意鼓励学生发现问题，分享劳动经验。在交流的基础上，教师可以通过总结进行劳动教育，只有坚持练习，有耐心，才会做得又快又好。在评价过程中，要注意引导学生关注结实牢固、长度适中、美观大方等标准。还可以在班级举行系鞋带竞赛，根据学生用时长短和穿鞋带、系鞋带的美观度，看谁做得又快又好。对于表现突出的学生，教师要引导学生从他们的具体表现中领悟榜样的优良劳动品质，并通过亲身体验，不断增强对劳动的热爱。

6.持之以恒，养成习惯

万事开头难，习惯成自然。对于二年级小学生，系鞋带是一个比较难掌握的生活技能，需要循序渐进，勤加练习才能掌握。教师可以通过家校沟通，获取家长的协助，在日常生活中鼓励学生独立完成系鞋带任务并多加练习，在劳动中获得生活经验，从而熟练掌握劳动技能。

教师引导学生思考在劳动过程中遇到了哪些困难；是如何解决的；这节课最大的感悟是什么。引导学生提炼出劳动精神并板书：勤于动手，大胆尝试。

学生掌握了系鞋带这一技能后，教师还可以引导学生将这些技巧运用到生活的其他方面。比如，在礼物盒上系上漂亮的彩带；打结捆绑购买的书籍；亲手为妈妈系上美丽的丝巾等，用劳动为生活增添更多的精彩。

（九）板书设计

```
        系鞋带  方法多
    穿鞋带→系活结→系蝴蝶结

        勤于动手  大胆尝试
```

四、二年级下册：《红领巾　我会系》

（一）主题解析

《红领巾　我会系》是《义务教育劳动课程标准（2022年版）》第一学段（1～2年级）任务群2"整理与收纳"的课程内容。

（二）学情分析

二年级的小学生大部分都成了光荣的少先队员。入队时，学校会举行隆重的入队仪式，为新队员佩戴红领巾，介绍红领巾的意义，教给学生正确佩戴红领巾的方法。由于部分学生动手能力不足，打红领巾结对他们来说是一件困难的事。这一劳动主题的学习让学生学会系红领巾的方法，增强劳动技能，加深学生对劳动的正确认识。

（三）教学目标

（1）劳动观念：引导学生进行系红领巾体验，让学生体会到劳动可以使我们仪表整洁，树立劳动最美丽的观念。

（2）劳动能力：指导学生掌握系红领巾的基本方法和操作技能。

（3）劳动习惯和品质：指导学生在日常生活中独自正确地佩戴红领

巾，鼓励学生把系红领巾的方法应用于生活中，养成自己的事情自己做的良好习惯，体验劳动的成就感。

（4）劳动精神：鼓励学生在学习系红领巾的过程中养成积极主动、不怕失败的劳动精神。

（四）教学重难点

（1）教学重点：鼓励学生在学习系红领巾的过程中，善于观察、大胆尝试，养成积极主动、不怕失败的劳动精神。

（2）教学难点：指导学生掌握系红领巾的基本方法和操作技能，鼓励学生学习给他人系红领巾的方法。

（五）课时安排

本主题安排了"激趣导入""做好准备""梳理步骤""掌握技能""组织评价""拓展提升"六个环节，操作技能相对比较简单，建议2课时完成。第1课时完成教学任务，第2课时进行系红领巾比赛，可开展为自己系、为同学系等比赛形式。

（六）劳动场域

（1）劳动场所：普通教室。

（2）劳动工具：红领巾。

（七）安全保障

（1）学习劳动纪律和安全规范，过程中做好强调。

（2）备好医药箱，做好劳动过程中发生的简单意外事件的紧急处理。

（八）活动过程

1.情境导入，激发兴趣

教师可以通过课件或者视频展示学生戴着红领巾参加比赛时的精彩画面，也可以展示学生戴着红领巾升旗时的剪影，配以少先队队歌，让学生感受作为一名少先队员的风采与自豪；或者通过系红领巾比赛的形式，引出主题：你是否会系红领巾。激发学生的劳动兴趣，导入课题。

2.摩拳擦掌，做好准备

该环节主要引导学生了解系红领的任务的相关知识，为后面的劳动体验打好基础。教师可以在劳动前给学生布置将红领巾清洗干净，叠整齐的任务。教师需要做好教学指导准备工作。比如，搜集系红领巾的视频、了解班级学生系红领巾的实际情况、安排学生示范等，以便有针对性地给予学生帮助，进行明确、清晰的方法指导。

3.视频教学，梳理步骤

教师播放系红领巾的视频，引导学生学习系红领巾的基本步骤，用关键词语进行梳理，方便记忆。

教师总结系红领巾的步骤：展平—折叠—披肩—打结—拉紧。

4.淬炼操作，掌握技能

教师可以借助实物，让学生了解红领巾结的特点，引导学生借助图片或真实的活动剪影感受怎样佩戴红领巾才美观。借助图解，由教师或学生示范系红领巾的关键要领：展平折叠，披肩打结，调节高度，两角等长。

（1）展平。想要系出平整美观的红领巾，首先要把红领巾整理平整。教师可以引导学生注意爱护红领巾，摘下后要叠好保存，养成良好的生活习惯。

（2）折叠。教师借助图解指导学生学习红领巾的系法。将红领巾在桌面上展平，提醒学生注意将长边朝向自己，这样便于折叠。再以学生的手指测量，大约二到三指的宽度，向前翻折，留出一个小三角形。

（3）披肩。将红领巾披在肩上，红领巾的两角尽量一样长。教师可以演示当两角长度相差较大时会出现什么样的状况。同时提醒学生注意，如果遇到有衣领或者帽子的衣服，应该把折好的红领巾直接围在衣领或者帽子外，这样可以保证系好的红领巾不会因为整理衣领和帽子而散开。

（4）打结、拉紧。系红领巾结的重点是左角压右角，右角绕左角一圈，再将右角从中间交叉处穿过绕圈，调节高度，抽紧两角。教师可以在学生初步体验之后，将红领巾的打结要领编成儿歌，以帮助学生熟练掌握红领巾打结的方法。比如：领巾肩上披，左角压右角，右角绕一圈，圈里抽右角。

教师可以借助反复播放课件中视频、朗诵打结儿歌等方法反复地练习系红领巾的方法，感受红领巾结的特点，娴熟地掌握系红领巾这一技能。

教师可以通过演示，让学生了解红领巾结的特点，也可以让学生自己抽下胸前的红领巾，感受红领巾结的特点。

在学生学会独立系红领巾后，教师鼓励学生帮助其他同学系红领巾，体验方法的一致性。并借助教材中的情境，"如果让你给新入队的同学系红领巾，你会吗？"指导学生相互系红领巾，巩固操作技能。

5.交流反思，组织评价

学生掌握系红领巾的技能之后，教师通过小组比赛的形式，围绕系红领巾的熟练程度、是否准确、美观等方面进行评价。教师开展系红领巾技能经验交流，引导学生交流红领巾系得好的经验、系得不好的原因以及改进提高的方法。可以评选班级"系红领巾小能手""互帮互学小标兵"等，以榜样引领学生树立正确的劳动观念，提升劳动品质，激发学生的劳动热情。鼓励动作还不够熟练的学生每天坚持自己系红领巾，在生活中提高动手能力。

6.总结提炼，拓展提升

对学生来说，掌握系红领巾的方法并不难，但要系得又快又好则需要持之以恒地练习。

教师引导学生思考在劳动过程中遇到了哪些困难；是如何解决的；这节课最大的感悟是什么。引导学生提炼出劳动精神并板书：勤于动手，大胆尝试。

教师引导学生通过自我评价，感受劳动技能的提升与快乐；通过小组评价，相互学习，相互鼓励；通过教师评价，了解学情，及时帮助困难学生；通过家长监督，巩固劳动成果，提升劳动效果。教师鼓励学生将劳动技能应用到生活中，为妈妈打丝巾结、帮爸爸打领带结等，激发学生创造性劳动，以满足生活的需求。

（九）板书设计

```
┌─────────────────────────────────────┐
│         红领巾  我会系                │
│   展平→折叠→披肩→打结→拉紧            │
│        勤于动手  大胆尝试             │
└─────────────────────────────────────┘
```

五、三年级上册：《叠衣服　方法多》

（一）主题解析

《叠衣服　方法多》是《义务教育劳动课程标准（2022年版）》第二学段（3～4年级）任务群2"整理与收纳"的课程内容。

（二）学情分析

经过前期的学习，三年级的学生已经具备了初步的个人生活自理能力，能完成简单的整理与清洗劳动，如扫地、洗红领巾、倒垃圾等。但对于如何规范、有序地叠衣服、整理衣服掌握得还不够熟练。因此，通过《叠衣服 方法多》这一劳动主题的学习，教师可以指导学生掌握叠不同衣服的步骤和方法，让学生感受到整理衣服带来的乐趣，进而培养学生热爱劳动、热爱生活的品质。

（三）教学目标

（1）劳动观念：通过叠衣服这一教学活动，引导学生体验劳动的收获和快乐，感受劳动带来改变、劳动带来整洁的道理。

（2）劳动能力：教会学生叠衣服的多种方法和操作技巧，能把衣服叠得平整美观，提高动手能力。

（3）劳动习惯和品质：引导学生在掌握叠衣服的基本方法后，养成衣服叠平整、合理收纳的好习惯。

（4）劳动精神：在劳动过程中，鼓励学生大胆尝试、敢于动手、不怕失败，培养学生认真细心的品质和热爱劳动的精神。

（四）教学重难点

（1）教学重点：培养学生认真细心的品质和热爱劳动的精神。

（2）教学难点：教会学生多种叠衣服的方法和操作技巧，能把上衣叠平整美观。

（五）课时安排

本主题安排了"激趣导入""做好准备""步骤梳理""淬炼操作""交流评价""拓展提升"六个环节，主要学习叠衣服的多种方法，练习叠衣服并展示成果，分享劳动收获与反思，完成劳动评价。根据三年级学生的年龄特点，2课时完成。第1课时学习叠衣服的方法，第2课时进行实践练习，技能比赛等。

（六）劳动场域

（1）劳动场所：普通教室或者劳动教室。

（2）劳动工具：校服。

（七）安全保障

（1）学习劳动纪律和安全规范，过程中做好强调。

（2）备好医药箱，做好劳动过程中发生的碰伤等简单意外事故的紧急处理。

（八）活动过程

1.激趣导入，明确任务

教师可以通过课件或者视频展示收纳师收纳整理衣服发画面，也可以展示妈妈为孩子叠衣服的片段。看完后，教师询问学生是否会叠校服上衣，并鼓励学生上台展示。从而引出主题——叠衣服，并将劳动主题"巧手叠衣服"书写在黑板上。

2.出示清单，做好准备

（1）任务清单：学习叠衣法的方法；运用多种叠衣法叠好衣服。

（2）做好准备：教师可以在劳动前给学生布置清洗校服的任务。教师需要做好教学指导准备工作。比如，搜集叠衣服的视频、了解班级学生掌握叠衣服技能的实际情况、安排学生示范等，以便有针对性地给予学生帮助。

3.视频教学，梳理步骤

（1）怎样叠更美观，学习基本方法。

①教师示范：观看视频。

②梳理步骤：看完视频，教师小结这种叠衣法有哪几个步骤，一边示

范一边小结。

第一步，将衣服反过来放在桌子上，铺平，张开两条袖子；

第二步，左边折回一小拃，右边折回一小拃（张开大拇指和中指两端的距离）；

第三步，把衣服从下面向上弯折，再翻过来。

③尝试练习：教师请同学们起立，拿出校服上衣，横放在课桌上，捋平上衣，检查一下衣扣和衣领。学生将衣服叠好后放到课桌正前方，教师来拍照。

④巩固步骤：教师带领学生一起重复一遍怎样叠更美观的三个步骤。

（2）怎样叠更牢固，学习基本方法。

①教师示范：观看视频。

②梳理步骤：看完视频，教师小结这种更牢固的叠衣法有哪几个步骤，一边示范一边小结。

第一步，将衣服正面朝上平铺放在桌子上，注意捋平，将衣服下摆朝外卷起一拃；

第二步，跟更美观的叠法一样，左边折回一小拃，右边折回一小拃；

第三步，把衣服从衣领处朝衣摆处卷起来，然后将翻在外面的那一边再翻回去，将衣服包起来。

③尝试练习：教师请同学们起立，拿出校服上衣，先抖一抖，然后横放在课桌上，捋平上衣，检查一下衣扣和衣领。学生将衣服叠好后放到课桌正前方，教师来拍照。

④巩固步骤：教师带领学生一起重复一遍怎样叠更牢固的三个步骤。

（3）怎样叠更快速，学习基本方法。

①教师示范：观看视频。

②梳理步骤：看完视频，教师小结这种更快速的叠衣法有哪几个步

骤，一边示范一边小结。

第一步，将衣服正面朝上平铺放在桌子上，注意捋平，找到3个点；

第二步，用右手大拇指和食指捏住点2，用左手大拇指和食指捏住点1，然后去和点3重合，再提起来抖一抖；

第三步，将衣服反面朝上放下去的同时，将衣服正面折回来。

③尝试练习：教师请同学们起立，拿出校服上衣，先抖一抖，然后横放在课桌上，捋平上衣。

学生将衣服叠好后放到课桌正前方，教师来拍照。

④巩固步骤：教师带领学生一起重复一遍怎样叠更快速的三个步骤。

4.淬炼操作，掌握技能

（1）准备叠衣大比拼。学习了三种叠衣服的方法后，教师开展叠衣大比拼。比赛一共分三轮，分别比拼更美观、更牢固、更快速。

比拼规则：

①更美观评分标准：平整美观。

②更牢固评分标准：牢固不散。

③更快速评分标准：快速美观。

每组每一轮各推荐1名代表上台进行比拼；每次推荐的同学不得重复；获胜小组将向上进一格。

了解了比赛规则后，给各小组4分钟时间进行练习和选人，组长要负责组织组员选出每一轮的参赛选手。

（2）开展叠衣大比拼。

①叠衣更美观比拼赛。请四位同学到讲台前，将衣服抖开，平铺到桌面上，大家一起倒计时3秒钟，开始比赛。比赛结束后，师生一起评选出最平整美观的同学，该同学所在小组向上进一格。

②叠衣更牢固比拼赛。请四位同学到讲台前，将衣服抖开，平铺到桌

面上，大家一起倒计时3秒钟，开始比赛。比赛结束后，师生一起评选出最牢固不散的同学，该同学所在小组向上进一格。

③叠衣更快速比拼赛。请四位同学到讲台前，将衣服抖开，平铺到桌面上，大家一起倒计时3秒钟，开始比赛。比赛结束后，师生一起评选出最快速美观的同学，该同学所在小组向上进一格。

5.交流反思，组织评价

（1）组织评比：教师组织同学们一起进行评比，评选出表现得最好的一组同学，给他们颁发"最佳小组奖"，并奖励每名组员"奖励卡"一张。

（2）交流收获：教师收集同学们在本次学习中的收获与困难，并进行总结。

6.总结反思，拓展提升

（1）拓展提升：通过这节课的学习，学生掌握了多种叠衣法的方法，但还需拓展教师为学生播放专业收纳师整理衣服的视频。

（2）价值延伸：教师进行总结，生活中的衣服样式多种多样，不同的需求，不同的叠法，只要做个有心人，就一定能够成为"收纳小达人"。希望同学们在生活中能够养成及时收纳整理的好习惯，自己的东西自己收，自己的事情自己做，用自己的灵巧的双手让生活变得更美好。

（3）课程总结：教师引导学生思考在劳动过程中遇到了哪些困难；是如何解决的；这节课最大的感悟是什么。引导学生提炼出劳动精神并板书：收纳有方法，生活更美好。

（4）课后任务：回家后给家里人展示多种叠衣法；从今天开始养成自己的衣服自己叠的好习惯，努力做到"自己的衣服自己叠，家人的衣服帮着叠"。

（九）板书设计

叠衣服　方法多

伸伸手→抱一抱→弯弯腰

收纳有方法　生活更美好

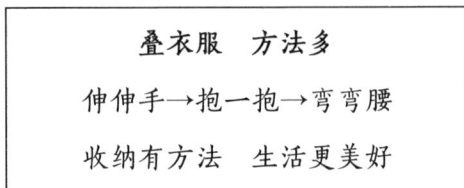

六、三年级下册：《垃圾多　分类投》

（一）主题解析

《垃圾多　分类投》是《义务教育劳动课程标准（2022年版）》第二学段（3～4年级）任务群1"清洁与卫生"的课程内容。

（二）学情分析

低年级的劳动教育让小学生掌握了一定的自理能力，具备了一定的自我服务意识。但学生在服务家庭方面还有所欠缺，特别是针对"垃圾分类与处理"，不管是知识层面、意识层面还是实践层面，均缺乏劳动的主动性。垃圾分类与处理既是家庭服务性劳动，也是社区服务性劳动，更是社会服务性劳动，做好垃圾分类意义重大。这一课程有助于引导学生初步树立"垃圾是放错位置的资源"的环保观念，逐步形成"不怕脏不怕苦""垃圾分类就是新时尚"的劳动观念。

（三）教学目标

（1）劳动观念：引导学生了解垃圾分类的重要性，树立"垃圾分类就是新时尚"的劳动观念。

（2）劳动能力：让学生学会垃圾分类的基本方法，能够对家庭生活垃圾正确地进行分类，在教师的引导及小组合作探究中解决家庭垃圾分类活动中遇到的问题。

（3）劳动习惯和品质：培养学生家庭垃圾分类实践的认同感，养成垃圾分类投放的习惯，培养珍惜劳动成果的良好品质。

（4）劳动精神：通过家庭垃圾分类实践，让学生树立热爱劳动、尊重劳动、崇尚劳动的高尚情感。

（四）教学重难点

（1）教学重点：培养学生家庭垃圾分类实践的认同感和珍惜劳动成果的良好品质。

（2）教学难点：让学生能够对家庭生活垃圾正确地进行分类，在教师的引导及小组合作探究中解决家庭垃圾分类活动中遇到的问题。

（五）课时安排

本主题中安排了"家庭垃圾分类我践行""厨余垃圾堆肥我体验"两个劳动主题，均由"激趣导入""做好准备""梳理步骤""掌握技能""组织评价""拓展提升"六个环节组成，呈现了整个劳动主题的评价与拓展内容。根据学生的年龄特点，建议分2课时进行，第1课时学习家庭垃圾分类的相关知识，制作家庭四分类垃圾桶，并进行家庭垃圾分类收集和投放；第2课时学习垃圾堆肥的方法，学习利用厨余垃圾制作堆肥。课程结束后，教师对学生的垃圾分类活动和堆肥制作活动进行评价。

（六）劳动场域

（1）劳动场所：普通教室或专用教室。

（2）劳动工具：垃圾分类桶模型、垃圾分类卡片。

（七）安全保障

（1）学习劳动纪律和安全规范，过程中做好强调。

（2）备好医药箱，做好劳动过程中发生的简单意外事件的紧急处理。

（八）活动过程

活动一　家庭垃圾分类我践行

1.激趣导入，明确任务

教师可采取播放垃圾处理的视频或出示垃圾堆放图片的方式引入话题：我国人口众多，每年会产生大量的家庭生活垃圾，这些垃圾该怎样处理。教师带领学生一起学习家庭垃圾分类处理的知识，掌握正确的垃圾分类方法，让学生从自身做起，养成良好的垃圾分类处理习惯，争当家庭垃圾分类处理小能手，争做环保小卫士。

2.摩拳擦掌，做好准备

该环节分为"知识泉"和"工具箱"两部分，主要引导学生了解垃圾分类的相关知识和劳动实践所需要的工具，为后期的劳动实践打好基础。

教师可以引导学生学习国家推行的垃圾分类"四分法"，即将生活垃圾分为可回收物、厨余垃圾、有害垃圾和其他垃圾四类，指导学生认识四类垃圾的标志和四分类垃圾桶。教师可适时讲解垃圾分类标志的含义：可回收物表示可以回收和资源再利用的垃圾，用蓝色垃圾容器收集；有害垃圾表示含有害物质，需要进行特殊、安全处理的垃圾，用红色垃圾容器收集；厨余垃圾表示由食物产生的垃圾，用绿色垃圾容器收集；其他垃圾表示除去可回收物、有害垃圾、厨余垃圾之外的所有垃圾，用灰色垃圾容器收集。

3.讲解说明，梳理步骤

教师对垃圾分类活动进行讲解说明，明确垃圾分类的方法和步骤。通过"分一分""连一连"的形式让学生进一步掌握垃圾分类的方法，牢记每个类别中各有哪些具有代表性的垃圾。教师可以指导学生采用游戏的方式巩固所学劳动知识，也可以尝试将分类规则编成儿歌、顺口溜等，便于记忆。

教师引导学生小结垃圾分类课程步骤：明确分类规则—模拟垃圾分类—设计制作垃圾桶—日常收集垃圾—社区分类投放。

4.淬炼操作，掌握技能

明确垃圾分类的规则和制作家庭四分类垃圾桶是垃圾分类劳动实践顺利开展的关键，教师需要指导学生牢记规则，熟练操作。

明确分类规则。教师可参照下面的家庭垃圾分类规则指导学生进行分类。可回收物：纸张、玻璃、金属、塑料、织物等。厨余垃圾：骨骼内脏、菜梗菜叶、果皮、茶叶渣、残枝落叶、剩菜剩饭等。有害垃圾：如含汞废电池、废墨盒、过期药品、废旧灯管等。其他垃圾：宠物粪便、烟头、污染的纸张、破旧陶瓷品、灰土等。

模拟垃圾分类。进行垃圾分类模拟活动时，教师可先准备部分垃圾卡片，组织学生在课堂上分小组利用卡片按照分类规则进行垃圾分类操作。在小组实践操作的基础上，可以请学生上台展示，进一步明确家庭垃圾的分类规则。

设计制作垃圾桶。学生可以在家庭中设计制作垃圾桶。在明确垃圾分类标志的基础上和家长一起设计并制作家庭四分类垃圾桶。垃圾桶的四分类标志可以上网搜索图片打印，也可以用彩笔画出。教师要鼓励学生大胆创新，用不同的材料制作实用性强的垃圾桶。

日常分类垃圾。教科书展示了两名学生在家中收集垃圾的图片，一幅是学生正将清理干净的饮料瓶投放到分类垃圾桶，另一幅是学生将过期药品的纸质外包装和内部的过期药品分开投放到相应的分类垃圾桶，意在提示学生生活中要更科学细致地进行分类。教科书上呈现了更多收集垃圾的小技巧，教师可指导学生练习掌握这些小技巧，如课堂上要练习把揉成团的纸张展平叠放并在生活中加以应用。

日常垃圾分类需要在生活中长期坚持，教师可以在课堂上主要引导学生掌握垃圾分类的方法及技巧，了解应该注意的事项，鼓励学生在生活中持之以恒，坚持不懈。也可以进行家校联系，将此项活动在家庭中落实。

社区分类投放。社区分类投放相对比较简单，指导学生认识社区内的四分类垃圾箱，鼓励学生在日常生活中主动承担家庭垃圾投放任务，并能按分类规则将垃圾分类投放到社区的四分类垃圾箱。有的社区没有设置四分类垃圾箱，教师就要引导学生认识二分类垃圾箱，并指导学生根据不同的垃圾箱设置合理投放垃圾。

活动二 厨余垃圾堆肥我体验

1.激趣导入，明确任务

教师可以采用谈话的方式和学生讨论家庭生活中不能食用的果皮菜叶及吃不完的剩菜剩饭等都到哪里去了；接着提出问题，厨余垃圾的共同点是什么，这类垃圾能不能利用起来。引发学生对厨余垃圾如何再利用的思考，进而引出劳动主题。

2.摩拳擦掌，做好准备

该环节主要引导学生初步了解厨余垃圾可以堆肥再利用，并准备好堆肥所需要的材料和工具，为后期的劳动实践打好基础。

教学环节时，教师可以出示堆肥的图片，引导学生明确家庭中的厨余垃圾可以进行家庭堆肥处理；接着出示材料包中的图片，如菜根、菜叶、果皮、茶叶渣、土壤等，并讲解土壤中的微生物在堆肥中的作用；然后提示学生劳动前要按照工具箱中的提示准备好堆肥的工具，并引导学生试着交流各种工具在堆肥时的作用及使用方法、微生物在堆肥中的作用等；教师也可以提前录制微课，以便生动形象地进行劳动知识与劳动技能的指导与学习。

3.讲解说明，梳理步骤

梳理提炼是对整个堆肥劳动的流程回顾，引导学生掌握堆肥的基本步骤。本环节教师要注意引导学生对堆肥的步骤进行梳理，如准备原材料、剪裁容器、堆放原料、等待发酵等。用简单的语言文字加以概括，便于学生掌握，并可以在回家后按流程操作。

教师引导学生小结厨余垃圾堆肥的步骤：剪裁容器—堆放原料—等待发酵。

4.淬炼操作，掌握技能

教师在指导"一技之长"时要着重介绍堆肥的两个关键点：一是要层层堆放。在容器里面先垫一层土，第二层放置树叶、果皮等厨余垃圾，第三层铺上土并压实，第四层再放置一些厨余垃圾，如此重复堆放；二是要密封静置。用废包装袋封口静置，待容器里面的物质发酵，颜色变黑、体积变小就可以使用了。

（1）剪裁容器。剪裁容器是制作垃圾堆肥的第一步，教师要指导学生剪裁可乐瓶，并提示学生正确、安全使用剪刀，在瓶底打孔前先在瓶子底部画好孔的位置，孔间距尽量保持均匀。

（2）堆放原料。教师要指导学生层层堆放，在可乐瓶里先铺一层土，然后在土的上面一层放置树叶、果皮等厨余垃圾，再铺一层土作为第三层，第四层再放置厨余垃圾，如此层层堆放，最后在离瓶口5厘米左右的位置铺上一层土并压实。铺最后一层土之前要提示学生先浇上一点水，为堆肥发酵提供水分。教师可以一边演示，一边讲解堆放原料的方法及注意事项。

（3）等待发酵。堆肥形成的过程比较漫长，一般需要静置3～5个月的时间，教师要提示学生耐心等待。

教师在讲解完操作步骤后可将"劳动小提示"用课件呈现，对堆肥制作过程中可能产生的问题做出简单的解释。

教师还可以根据堆肥原料和场地介绍更多的堆肥方法：

①深埋法：比较适合家里植物多场地大的家庭使用，比如有小花园、庭院或田地的家庭。需把材料深埋土里，等它们腐烂后分解成肥料，慢慢渗入周围的土壤中，给植物提供营养。

②木箱堆肥：在木箱中堆肥，家里没有木箱的话可以自制，将木条钉成正方形的木箱，并且要加盖。堆肥时将原料一层层放置好，需要定期翻动，加速堆肥。

③蚯蚓堆肥法：蚯蚓堆肥的原理和其他堆肥的原理是一样的，不同点只是在堆肥中放入蚯蚓，当堆肥中的物质被蚯蚓吃掉又排泄出来之后，它们的营养价值就增加了。在这个过程中产生了蚯蚓粪和虫茶，和普通的土壤相比，它们富含氮磷钾三种元素。因此，它们对植物叶子的生长、根茎的强壮、开花以及结果都有帮助。

5.交流反思，组织评价

该环节主要引导学生围绕垃圾分类和制作堆肥的技巧以及劳动的收获、劳动反思等方面进行交流。教师可以从劳动态度、劳动技能、劳动习惯等方面组织学生进行评价，通过评选"垃圾分类小能手""堆肥制作小达人"等称号，强化学生的劳动观念；通过向榜样看齐，学习优良劳动品质，激发学生的劳动热情。

6.总结提炼，拓展提升

垃圾分类是一项长远的任务，需要家庭中每个成员的共同参与。教师可以号召学生和家人一起制作或购买四分类垃圾桶，并坚持进行家庭垃圾分类活动，小手拉大手，共同参与、互相监督，把垃圾分类变成一种新时尚。

教师引导学生思考在劳动过程中遇到了哪些困难；是如何解决的；这节课最大的感悟是什么。引导学生提炼出劳动精神并板书：垃圾分类投放，珍惜劳动成果。

教师与家长积极沟通，形成家校联合推进，将家庭垃圾分类作为日常必做劳动，长期延续下去。

（九）板书设计

垃圾多　分类投

剪裁容器→堆放原料→等待发酵

垃圾分类投放　珍惜劳动成果

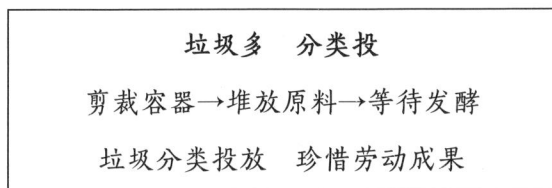

七、四年级上册：《西红柿　蛋花汤》

（一）主题解析

《西红柿　蛋花汤》是《义务教育劳动课程标准（2022年版）》第二学段（3～4年级）任务群3"烹饪与营养"的课程内容。

（二）学情分析

家务劳动是对学生进行劳动教育的主要途径之一，家务劳动既可以锻炼学生的动手能力，增强劳动技能，又能通过劳动树立自立意识，提高学生的自理能力。四年级学生经过三年的劳动教育，已经具备了初步的劳动能力，学习了果蔬拼盘、凉拌黄瓜、自制橙汁等烹饪技能。通过《西红柿　蛋花汤》这一劳动主题的学习，可以让学生进一步掌握简单家常菜的制作方法，在动手实践中体会劳动的乐趣和辛苦，丰富学生的劳动体验。

（三）教学目标

（1）劳动观念：引导学生在学做西红柿蛋花汤的过程中，感受父母劳动的辛苦，培养正确的劳动观，认识劳动创造美好生活的道理。

（2）劳动能力：通过劳动体验，指导学生掌握西红柿蛋花汤的制作方法和步骤。

（3）劳动习惯和品质：鼓励学生尝试利用掌握的技法制作其他家常菜，体会动手操作的乐趣，养成积极主动、乐于劳动的良好习惯。

（4）劳动精神：引导学生勇敢尝试、不怕失败，培养锲而不舍、严谨专注的劳动精神。

（四）教学重难点

（1）教学重点：感受父母劳动的辛苦，培养正确的劳动观，养成积极主动、乐于劳动的良好习惯。

（2）教学难点：指导学生掌握西红柿蛋花汤的制作方法和步骤。

（五）课时安排

本主题安排了"激趣导入""做好准备""梳理步骤""掌握技能""组织评价""拓展提升"六个环节，主要学习西红柿蛋花汤的制作方法。根据四年级学生的年龄特点，2课时完成即可。第1课时学习制作西红柿蛋花汤的相关知识，掌握基本步骤和方法。第2课时进行劳动成果展示，分享劳动收获与反思，完成劳动评价。

（六）劳动场域

（1）劳动场所：专用烹饪教室。

（2）劳动工具：电煮锅、铲子、碟子、碗、砧板、刀具等。

（3）劳动材料：西红柿、鸡蛋、小葱、调料。

（七）安全保障

（1）学习劳动纪律和安全规范，过程中做好强调。

（2）备好医药箱，做好劳动过程中发生的简单意外事件的紧急处理。

（八）活动过程

1.激趣导入，明确任务

教师可以引导学生交流自己最喜欢吃的家常菜，引出营养丰富的"西红柿蛋花汤"；也可以通过展示课前录制的"我的拿手菜"小视频，引出本课的劳动主题；还可以通过图片呈现各种美味家常菜，激发学生劳动实践的热情。这个环节，教师可以通过各种新颖、有趣的形式，调动学生的动手积极性，从而引入劳动主题。

2.摩拳擦掌，做好准备

该环节主要引导学生了解一些制作西红柿蛋花汤的相关知识，为后期的实践打好基础。教师可以布置学生观察家长做西红柿蛋花汤的方法，了解要想做一碗鲜香的西红柿蛋花汤，需要注意的问题。比如，怎样清洗西红柿、西红柿去皮的小窍门、调味品的选择及添加顺序等。

教师课前可根据需要搜集或制作清洗西红柿、西红柿去皮、西红柿切块、打蛋花等技法的视频，做好技法指导准备。

3.视频教学，梳理步骤

教师播放制作西红柿蛋花汤的视频，引导学生总结制作西红柿蛋花汤的基本步骤。通过总结梳理，形成简单的文字概括，鼓励学生积极参与劳动，树立会劳动、讲卫生的意识。提醒学生关注细节，比如做汤菜要根据家庭就餐人数加水，加水过多口味会变得寡淡；蛋液下入锅中后，不要马上搅拌；蛋花凝固后要马上关火，不可长时间烹煮等。

教师小结并板书西红柿蛋花汤的制作步骤：清洗—去皮—切分—打蛋

液—翻炒煮沸—打蛋花—出锅装碗。

4.淬炼操作，掌握技能

教师组织学生分组动手操作实践，采用现场操作的方式，边示范边讲解，指导关键技术要领，和学生共同制作西红柿蛋花汤。

（1）清洗西红柿。清洗西红柿比较简单，教师可以引导学生结合以往的生活经验进行清洗演示，师生共同评价。在评价中教师要强调在清洗的过程中要先将西红柿去蒂，用流动水清洗干净，晾干水分待用。

（2）西红柿去皮。西红柿清洗后要去皮，有的学生可能对这一技能具有经验，教师可以找学生现场演示，也可以让有经验的学生课前在父母的协助下拍摄西红柿去皮的小视频，在课堂上进行展示。以视频的方式播放西红柿去皮的方法，教师引导学生尝试进行操作练习。教师需要提醒学生用开水给西红柿去皮的时候动作要慢，水流要缓，避免开水烫伤。

（3）切分西红柿。此环节的操作相对简单，学生可对照教材自主探究。教师提醒学生，对半切开西红柿后可将西红柿蒂部较硬的部分去除，这样菜品的口感会更好。另外，西红柿切开后会有较多的汁水，应注意操作卫生，切好后及时入盘，清洁菜板。

（4）打蛋液。蛋花是否给汤色添彩，取决于蛋液打得成不成功。教师可以通过微视频演示打蛋液的方法，鼓励学生在小组内练习技法，合作探究。教师可以在学生掌握了打蛋液方法的基础上，再向打散的蛋液中加一点水，充分搅散蛋液，让学生对比两种方法打出的蛋液有什么不同，在观察中自主发现并得出结论：加水的蛋液打出来的蛋花更薄、更漂亮。

（5）翻炒煮沸。教师可引导学生进行小组合作理清这一环节的操作步骤，再通过视频或现场演示的方式，学习操作技法、了解注意事项。热油下菜容易有迸溅，教师需提醒学生要胆大心细，克服畏难情绪，可将西红柿从锅边慢慢滑入锅内，炒至西红柿软化出汤再加水。

（6）打蛋花。汤汁处于沸腾状态时，用筷子遮住碗边，将蛋液拉成长条，顺时针慢慢倒入汤中，待几秒钟后，蛋花稍微凝固，可用勺子沿一个方向轻轻搅拌，形成蛋花。教师可通过演示成品汤菜的图片比较，指导学生打蛋花的正确方法。

（7）出锅装碗。碗底加入少许香油，然后把西红柿蛋汤倒入大碗中，再撒上少许葱花或者香菜末点缀，美味的西红柿鸡蛋汤就做好了。刚做好的汤温度很高，教师需提醒学生不要心急，可用汤勺盛出汤汁，再吹凉，避免汁水烫伤口腔皮肤。菜品制作完成后，教师要提醒学生清理好灶台、水池及厨具，养成良好的劳动习惯。

5. 交流反思，组织评价

本次劳动的主题是日常生活劳动，教师在课堂上主要指导学生掌握劳动技能及方法，还需要引导学生在生活中不断实践，巩固提升劳动技能。教师可以指导学生将自己在家中制作西红柿蛋花汤的过程拍摄成视频或者照片，与父母分享自己的劳动成果，并请他们给予合理的评价。班级可以定期举行劳动成果展示，引导学生交流劳动收获和反思，并在展示的基础上进行相互评价；也可以通过家长评语、自我评价、创新推荐等方式，进行多元化评价，让学生树立正确的劳动观念。

6. 总结提炼，拓展提升

教师鼓励学生利用已经学会的烹饪技法，尝试创新蛋花汤的制作。可以进行菠菜蛋花汤、鲜虾蛋花汤等其他蛋汤类菜肴的制作，引导学生通过坚持家务劳动，提升劳动技能，养成良好的劳动习惯。

教师引导学生思考在劳动过程中遇到了哪些困难；是如何解决的；这节课最大的感悟是什么。引导学生提炼出劳动精神并板书：积极主动，乐于劳动。

教师鼓励学生课后为家人制作一次西红柿蛋花汤，感受劳动的快乐，体验劳动的价值。

（九）板书设计

西红柿　蛋花汤

清洗→去皮→切分→打蛋液→翻炒煮沸→打蛋花→出锅装碗

积极主动　乐于劳动

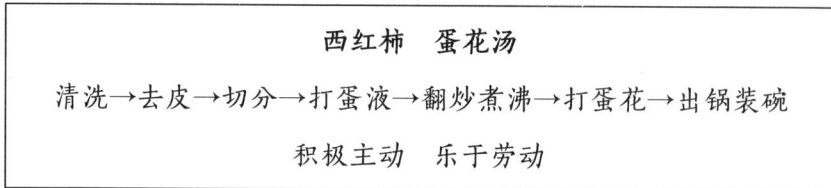

八、四年级下册：《运动鞋　刷干净》

（一）主题解析

《运动鞋　刷干净》是《义务教育劳动课程标准（2022年版）》第二学段（3～4年级）任务群1"清洁与卫生"的课程内容。

（二）学情分析

四年级的学生已经具备独立清洗袜子、红领巾、毛巾等小件物品的能力。但在日常生活中，能自己刷洗鞋子的比较少，缺少相应的生活经验。通过《运动鞋　刷干净》这个劳动主题的学习，引导学生掌握刷洗鞋子的技能，有助于丰富学生的劳动知识，提高学生的劳动能力，让学生树立良好的劳动意识与服务意识。

（三）教学目标

（1）劳动观念：引导学生进行刷鞋子体验，树立劳动服务生活、改变生活的正确观念。

（2）劳动能力：通过自主探究、合作实践等方式，引导学生掌握刷鞋的基本步骤和注意事项，并鼓励他们学习更多的清洁知识。

（3）劳动习惯和品质：鼓励学生定期刷洗自己的鞋子，培养学生生活自理、热爱劳动的良好品质。

（4）劳动精神：在学习过程中，鼓励学生主动想办法解决刷鞋过程中出现的问题，培养学生不怕困难、坚持不懈的劳动精神。

（四）教学重难点

（1）教学重点：鼓励学生主动想办法解决刷鞋过程中出现的问题，培养学生不怕困难、坚持不懈的劳动精神。

（2）教学难点：掌握刷鞋的基本步骤和注意事项。

（五）课时安排

本主题安排了"激趣导入""做好准备""梳理步骤""掌握技能""组织评价""拓展提升"六个环节，根据学生的年龄特点，建议活动安排2课时进行。第1课时进行劳动实践，学习刷鞋子知识，练习并掌握刷鞋子的基本技能。第2课时进行展示评价，展示刷鞋子技能及成果，分享劳动收获与反思，从多元的角度进行劳动评价。

（六）劳动场域

（1）劳动场所：普通教室或专用教室。

（2）劳动工具：水盆、水桶、水瓢、衣架、夹子等。

（3）劳动材料：清水、肥皂、脏鞋子等。

（七）安全保障

（1）学习劳动纪律和安全规范，过程中做好强调。

（2）备好医药箱，做好劳动过程中发生的简单意外事件的紧急处理。

（八）活动过程

1.情境导入，激发兴趣

（1）教师利用多媒体课件，讲述自编童话故事《哭泣的脏鞋》，引导学生交流，怎样才能让"哭泣的鞋"开心起来。通过童话激发学生的劳动兴趣，给学生创设一个好的学习情境，激发学生的学习兴趣，导入活动主题。

（2）教师向学生展示一双脏的运动鞋，提出问题，这双运动鞋已经很脏了，我们应该如何让它变得干净呢。引导学生思考清洗运动鞋的方法。

（3）教师明确本次活动的主题：学习并掌握清洗运动鞋的基本方法。

2.摩拳擦掌，做好准备

（1）教师向学生介绍清洗运动鞋所需的工具和材料，如水桶、刷子、肥皂、毛巾等，并演示正确的使用方法和注意事项。

（2）学生分组领取工具和材料，做好清洗前的准备工作。教师巡视指导，确保学生正确使用工具和材料。

（3）各小组展开讨论，制订清洗计划和分工合作方案。教师鼓励学生发挥创意，共同完成清洗任务。

（4）教师分类整理刷鞋子的小技巧，制作成小锦囊，在活动时发给学生，如去除鞋子异味可以加入适量的小苏打和醋；去除鞋面上的油渍可以提前在油渍处涂抹洗洁精；白鞋刷完后可以包上卫生纸，防止鞋面发黄等。

（5）不同材质的鞋子刷洗方法不同，教师可以利用多媒体制作微视频出示卡通鞋子形象，采用画外音的方式呈现鞋子开心、悲伤的形象，进而呈现正确与错误的刷洗方法。

3.视频教学，梳理步骤

（1）教师播放清洗运动鞋的视频教程，让学生直观地了解清洗运动鞋的基本步骤和方法。

（2）学生观看视频后，分组讨论并梳理出清洗运动鞋的详细步骤和注意事项。教师引导学生先交流自己刷鞋子的过程，再尝试将过程拆解成不同的环节，用画步骤图、思维导图的方式，归纳总结基本步骤，培养学生严谨、细致的劳动精神。

（3）教师小结并板书清洗运动鞋的详细步骤：清理—浸泡—刷洗—冲刷—晾晒。

（4）教师引导学生总结出清洗运动鞋的要点和技巧，为接下来的实践操作提供指导。

4.淬炼操作，掌握技能

小小的刷鞋活动，蕴藏着丰富的知识和技巧。教师组织学生进行刷鞋活动时，要注意充分激发学生的劳动热情，将劳动知识转化为劳动技能，在实践中提升劳动能力。

（1）清理鞋子。不同材质的鞋子，清理方法不同。教师可以带有鞋带的帆布鞋为例进行清理方法的指导。将鞋带从鞋子上拆取下来，取出鞋子里的鞋垫，一只手伸入鞋子内部托着鞋子，另一只手按从上到下的顺序，用刷子轻轻地刷去鞋子表面、侧边和鞋底的浮土。

（2）浸泡鞋子。去除鞋子表面的浮土后，教师需要指导学生掌握浸泡鞋子的步骤与方法。将调配好的洗涤液倒入盛有清水的盆中，然后将鞋子完全没入水中，浸泡5分钟左右。

（3）刷洗鞋子。刷洗鞋子是整个实践活动的重要环节，也是关键环节。教师要引导学生注意鞋内、鞋外（鞋面、鞋帮、鞋底）、鞋垫和鞋带等不同部位的刷洗方法，关注细节。教师可以出示视频，介绍几种常用的刷鞋方法；也可以引导学生识读刷鞋操作步骤图，鼓励学生大胆思考，找出有疑惑或有困难的步骤，教师采用实物演示的方法，有针对性地进行讲解；还可以将刷鞋的步骤变成儿歌，例如："小刷子，刷刷刷，刷完里面刷外面，刷完鞋面刷鞋帮，最后再把鞋底刷。"

（4）清水冲刷。鞋子刷好后，要用清水将刷洗好的鞋子反复冲刷，直至鞋子上面没有泡沫。鞋带也要搓一搓，洗一洗。这一环节，教师也可以演示用鞋刷辅助冲刷的方法让学生学习更多的冲刷方法。

（5）洗好晾晒。鞋子洗刷干净后，可先将鞋子斜靠在墙上控出水分，或用手挤出水分，然后放在阴凉通风处晾干，避免高温。教师还可以展示晾晒鞋子的工具，也可以鼓励学生利用衣架等日常物品，设计制作晾晒鞋子的工具。

5.交流反思，组织评价

劳动交流可以在刷鞋活动开展一段时间后进行。教师引导学生结合日常生活中刷鞋子的图片、视频、撰写的劳动日记等，交流参与劳动的感受，畅谈刷鞋过程中遇到了哪些困难；是如何解决的；也可以分享自己刷鞋的小故事，感受劳动带来的快乐及家长平时的辛苦，促进良好劳动态度的形成。刷鞋子是日常生活劳动，评价可以多角度进行。教师可以结合学生交流以及展示刷鞋的劳动成果，让学生利用评价表进行自我评价和相互评价。

6.拓展提升，持之以恒

教师引导学生思考在劳动过程中遇到了哪些困难；是如何解决的；这节课最大的感悟是什么。引导学生提炼出劳动精神并板书：不怕困难，坚持不懈。

在学生掌握了刷鞋的基本方法后，教师要鼓励学生定期刷洗自己的鞋子，并帮助家人刷鞋子，还要注意拓展其他材质鞋子的清洁方法，比如清洁皮鞋时，要先用柔软的干布擦干净鞋上的水分或尘垢，再用与鞋子同色的鞋油保养。鼓励学生在日常生活中尝试刷洗或保养其他材质的鞋子，掌握更多的清洁小知识，体会劳动乐趣。

（九）板书设计

```
运动鞋　刷干净
清理→浸泡→刷洗→冲刷→晾晒
不怕困难　坚持不懈
```

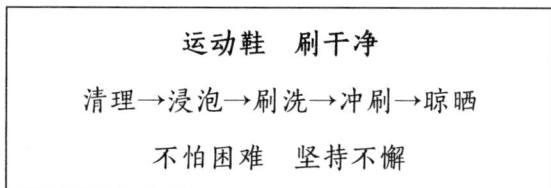

九、五年级上册：《炒花菜　味道香》

（一）主题解析

《炒花菜　味道香》是《义务教育劳动课程标准（2022年版）》第三学段（5～6年级）任务群2"烹饪与营养"的课程内容。

（二）学情分析

学会烹制简单的饭菜，是每个人都应当具备的基本生存技能和生活技巧。经历了四年的劳动实践，大部分学生学会了制作简单的凉拌菜，掌握了基本的果蔬清洗、切制等劳动技能，并形成了初步的劳动观念。《炒花菜》这一主题的学习主要引导学生在已有劳动经验的基础上进一步掌握日常生活中基本的炒菜方法，学会辨识油温、火候，并能独立炒制简单的蔬菜，帮助父母承担力所能及的家务劳动，从而丰富学生的生活经验，养成良好的劳动习惯。

（三）教学目标

（1）劳动观念：在炒花菜过程中，养成劳动创造美好生活的观念，培养学生的家庭服务的意识。

（2）劳动能力：掌握清洗花菜、判断油温、辨识火候、调制味道等烹饪技能。能尝试花菜的不同做法，提升劳动实践的能力。

（3）劳动习惯和品质：在长期的劳动实践中不断提升炒菜技能，养成乐于实践、服务家人的劳动习惯和不怕苦、不怕累的良好劳动品质。

（4）劳动精神：在劳动过程中，培养不怕失败、严谨专注、不断创新的劳动精神。

（四）教学重难点

（1）教学重点：形成劳动创造美好生活的观念，培养不怕失败、严谨专注、不断创新的劳动精神。

（2）教学难点：掌握清洗花菜、判断油温、辨识火候、调制味道等烹饪技能。

（五）课时安排

本主题安排了"激趣导入""做好准备""梳理步骤""掌握技能""组织评价""拓展提升"六个环节，根据学生的年龄特点，建议分2课时进行。第1课时学会清洗花菜、辨别油温的方法，掌握炒花菜的相关技法。第2课时进行炒花菜实践，学会从色、香、味、形四个方面评价一道菜品。在此基础上分享劳动收获与劳动反思，完成劳动评价。

（六）劳动场域

（1）劳动场所：专用烹饪教室。

（2）劳动工具：电磁炉、铁锅、铲子、碟子、碗、筷、砧板、刀等。

（3）劳动材料：花菜、小葱、调料。

（七）安全保障

（1）学习劳动纪律和安全规范，过程中做好强调。

（2）备好医药箱，做好劳动过程中发生的简单意外事件的紧急处理。

（八）活动过程

1.激趣导入，明确任务

（1）教师用视频的方式展示丰富的菜肴，精致的摆盘，以精美的画面给予学生强烈的视觉冲击，激发学生的参与热情。在欣赏菜品的基础上，教师借机展示日常餐桌上的菜肴，并提出问题：你吃过哪些蔬菜，你最喜欢吃的炒菜是什么。通过交流引入劳动主题。

（2）教师向学生展示一道刚制作完成的炒花菜，引导学生欣赏并谈论花菜的口感和营养价值。

（3）教师明确本次活动的任务：学习并掌握炒花菜的方法，亲自制作一道美味的炒花菜。

2.摩拳擦掌，做好准备

（1）教师通过图片或实物引导学生认识炒花菜需要的工具。例如，炒锅是一种常见的烹饪工具，清洗保养有一定的技巧。教师可以利用视频进行介绍，丰富学生的劳动经验。

（2）教师向学生介绍炒花菜所需的食材，如花菜、蒜、盐、油等，并演示正确的使用方法和注意事项。

（3）学生分组领取食材和工具，做好炒花菜前的准备工作。教师巡视指导，确保学生正确使用食材和工具。

（4）教师提前让学生回家观察父母炒菜的过程，向父母了解炒菜时需要注意的问题，例如炒菜时放多少食用油合适，什么时候加入盐等调味料。

（5）各小组展开讨论，制订炒花菜的计划和分工合作方案。教师鼓励学生发挥创意和团队协作精神，共同完成炒花菜的任务。

3.视频教学，梳理步骤

（1）教师播放炒花菜的烹饪视频，让学生直观地了解炒花菜的基本步骤和方法。

（2）学生观看视频后，分组讨论并梳理出炒花菜的详细步骤和注意事项。教师引导学生总结出炒花菜的要点和技巧，为接下来的实践操作提供指导。

（3）教师引导学生小结炒花菜的步骤：清洗花菜—切菜备料—焯水处理—炒制花菜—调味上色—出锅装盘。

（4）教师可以对学生操作过程中较难掌握的步骤进行强调，如油六七成热时是什么状态；如何借助筷子等工具辨认油温；怎样根据菜的分量加入适量的调味品等。不同的食材烹饪时需要选择相应的火候。炒花菜的难点是油温的判断，教师借助图片展示不同油温下油的状态，引导学生观察油面、烟气的不同特点，帮助学生掌握判断油温的技巧。炒花菜一般需要七成的油温，当油面开始微微冒青烟的时候或者插入筷子时筷子周围有密集气泡冒出就是七成油温。

（5）教师根据需要录制清洗花菜、花菜焯水、翻炒调味的微视频，或者借助网络资源，在学生讨论交流的基础上，直观形象地展示操作方法。

4.淬炼操作，掌握技能

学生按照梳理的步骤和方法进行实际操作练习。教师巡视指导，及时纠正学生的错误并给予鼓励和肯定。学生之间相互交流经验和技巧，共同提高烹饪技能。劳动过程中，教师采用现场操作的方式，示范讲解重点步骤，凝练劳动技术要点。

（1）清洗花菜。清洗花菜比较简单，教师可以引导学生结合生活经验进行清洗演示，师生共同评价，并强调清洗时应注意的问题，如可以将花菜掰开清洗，并用清水浸泡减少农药残留。

（2）切菜备料。切花菜时要顺着菜梗的方向将花菜切成小朵状，防止花簇散落，影响炒制效果。葱、姜等辅料在切制时由于形状不同，用到的刀法也不同，教师可以引导学生回顾以往学到的刀法，并演示葱切小段、姜切细丝的操作步骤。

（3）焯水处理。花菜清洗干净后，要进行焯水处理。把花菜放入沸水中，等水再次沸腾，花菜变色断生后捞出，控干水分。焯水后的花菜应该立即放入冷水中，保持花菜的色泽和脆嫩的口感。

（4）炒制花菜。炒花菜是本次劳动过程的重要环节，教师可以通过播放视频进行演示讲解，并引导学生梳理炒菜的过程。

第一步：烧油爆香。起锅烧油，油温升高至六七成热时，加入葱、姜，转小火煸出香味。第二步：翻炒花菜。倒入焯过水的花菜，转成大火，用铲子快速翻动，使花菜均匀受热。

（5）调味上色。加入适量的生抽和盐等调味品，继续翻炒上色，均匀入味。教师要注意提醒学生注意安全，倒菜时要动作轻柔，顺着锅边慢慢倒入，防止热油溅出而烫伤。

（6）出锅装盘。出锅装盘时，要注意提醒学生先关火，再将花菜盛到盘中，注意不要将花菜撒到盘外。

5.交流反思，组织评价

（1）各小组展示自己制作的炒花菜并分享制作过程中的经验和收获。其他小组和教师给予评价和建议，促进学生之间的交流和学习。成果展示让学生感受到自己的劳动成果得到认可和赞赏，就可以增强学生的自信心和成就感。同时引导学生反思自己的操作过程中的不足之处，提出改进措施并分享经验教训，为今后的学习和生活积累宝贵经验。

（2）教师引领学生从炒花菜的技能掌握、劳动意识、菜品效果等方面交流自己的劳动收获和劳动反思。烹饪类课程的评价既要在课堂上进行即时的评价，还要关注日常生活中的过程性评价。

（3）教师组织学生围绕菜品的"色""香""味"三个方面进行"最佳小能手"的评选。还可以通过班级"云评选"活动，让学生和家长共同参与，相互学习。

6.总结提炼，拓展提升

教师引导学生思考在劳动过程中遇到了哪些困难；是如何解决的；这节课最大的感悟是什么。引导学生提炼出劳动精神并板书：安全卫生，劳动创造美好生活。

花菜的制作方法还有很多，如干锅花菜、花菜丸子、凉拌花菜等，教师可以引导学生交流自己曾品尝过哪些不同口味的花菜。鼓励学生通过采访厨师、查阅菜谱、网络搜集等方式，学习更多以花菜为主料的菜品制作方法。引导学生尝试运用学到的炒制方法，为家人制作其他菜肴，养成良好的劳动习惯。提倡学生记录自己为家人制作菜肴的过程和心得，以此获得劳动的成就感，提高动手动脑能力和创新能力。

（九）板书设计

炒花菜　味道香

清洗花菜→切菜备料→焯水处理→炒制花菜→调味上色→出锅装盘

安全卫生　劳动创造美好生活

十、五年级下册：《电煮锅　会维护》

（一）主题解析

《电煮锅　会维护》是《义务教育劳动课程标准（2022年版）》第三学段（5～6年级）任务群3"家用器具使用与维护"的课程内容。

（二）学情分析

五年级学生已经初步掌握了一些厨房小家电的使用方法，具备基本的安全意识。但是操作还不够规范、安全，对电器的保养维护意识有待加强。本节课通过教会学生正确、规范使用"电煮锅"，并学会迁移运用，来培养学生电器使用的安全意识和器具保养维护意识，培养生活自理能力，学会做一些力所能及的事情，感受劳动和付出的快乐。

（三）教学目标

（1）劳动观念：让学生参与劳动，体验劳动所带来的成就感，树立劳动光荣的观念。

（2）劳动能力：正确、规范使用和维护电煮锅，学会迁移运用。

（3）劳动习惯与品质：培养学生及时清理、收纳到位的良好劳动习惯，形成爱惜自己和他人劳动成果的优良品质。

（4）劳动精神：教会学生使用和维护电煮锅的方法，培养学生乐于探索，热爱劳动的精神。

（四）教学重难点

（1）教学重点：培养学生乐于探索，热爱劳动的精神。

（2）教学难点：掌握电煮锅操作方法，能正确使用和维护电煮锅。

（五）课时安排

本节课安排了"激趣导入""做好准备""梳理步骤""掌握技能""组织评价""拓展提升"六个环节，根据四年级学生的年龄特点，2课时完成。第1课时主要学习电煮锅使用和维护的相关知识，第2课时主要练习并掌握电煮锅的使用和维护方法，组织成果展示，分享劳动收获与反思，完成劳动评价。

（六）劳动场域

（1）劳动场所：专用烹饪教室。

（2）劳动工具：电煮锅、铲子、碟子、碗、筷等。

（3）劳动材料：手抓饼、湿巾、一次性手套等。

（七）安全保障

（1）学习劳动纪律和安全规范，过程中做好强调。

（2）备好创可贴、烫伤膏等医疗用品，做好劳动过程中发生的简单意外事件的紧急处理。

（八）活动过程

1.激趣导入，明确任务

（1）激趣：教师在课件中出示电磁炉、微波炉、电饭锅的图片，并采访学生是否会使用电器，用过哪些电器，是否认识图片中的电器。

（2）提问：教师向学生展示一个电煮锅，并提问学生是否知道这是什么，是否知道如何正确使用和保养电煮锅。引导学生思考电煮锅的使用和保养方法。

（3）教师明确本次活动的任务：学习并掌握电煮锅的使用和保养方法，确保自己和他人的安全。

2.出示清单，做好准备

（1）出示"电煮锅小档案"，自主阅读。

预设问题：电煮锅用来做什么？电煮锅怎么使用？电煮锅怎么维护？

教师总结：学生在使用电器或者不熟悉的物品之前，要学会先看说明书，再动手操作，这样会减少学生的失误。

（2）教师向学生介绍电煮锅的结构、工作原理和使用注意事项，并演示正确的使用方法和注意事项。

（3）学生分组领取电煮锅和相关工具，做好使用和保养前的准备工作。教师巡视指导，确保学生正确使用工具和设备。

（4）各小组展开讨论，制订使用和保养的计划和分工合作方案。教师鼓励学生发挥创意和团队协作精神，共同完成电煮锅使用和保养任务。

3.视频教学，梳理步骤

（1）微课学习。教师播放电煮锅的使用和保养的视频教程，让学生直观地了解使用和保养电煮锅的基本步骤和方法。

（2）学生观看视频后，分组讨论并梳理出电煮锅使用和保养的详细步骤和注意事项。教师引导学生总结出使用和保养电煮锅的要点和技巧，为接下来的实践操作提供指导。

（3）梳理提炼使用电煮锅的步骤：插—开—用—断—洗。

4.淬炼操作，掌握技能

（1）交流指导。学生按照梳理的步骤和方法进行实际操作练习。教师巡视指导，及时纠正学生的错误并给予鼓励和肯定。学生之间相互交流经验和技巧，共同提高家电维护技能。

（2）第一轮大比拼。出示比拼规则：每组选两个代表，使用电煮锅煎一张手抓饼，其他成员认真观察并且及时提醒。这个环节每组的规定时间是4分钟，各组需要在规定时间内做好饼，由组长将饼送到讲台展示。

每组推荐2位代表进行示范操作，其余同学观察并提醒，交流劳动感受。

（3）第二轮大比拼。请刚才的代表做小老师，指导组内其他成员规范、安全地使用电煮锅再煎一张手抓饼。这一次的规定时间是3分30秒，各组在规定时间内做好饼，由组长将饼送到讲台展示，交流劳动感受。

（4）品尝成果。请同学们品尝劳动成果，谈谈感受。

（5）学习维护。

①播放视频，学习如何擦洗电煮锅。交流擦洗电煮锅注意事项。

②学生操作要求：用厨房湿巾将电煮锅擦干净、放好。同时，将锅铲、筷子、桌面擦干净。

③教师延伸：生活中，你们是怎样维护家用电器的。

5.交流反思，组织评价

实践活动结束后，学生分组进行交流反思，分享各自的电煮锅使用和保养经验。教师组织学生进行互评和自评，评价各自的电煮锅使用和保养成果、劳动表现。在评价过程中，教师要注重学生的参与度和自我反思能力的发展，鼓励学生积极发表自己的看法和建议，促进彼此之间的交流和学习。同时教师也要对学生的表现给予及时的反馈和建议，帮助他们进一步提高自己的劳动技能和综合素质。

6.总结反思，拓展提升

教师回顾本次活动的目标和成果，肯定学生的努力和进步，然后引导学生思考，如何将所学的电煮锅使用和保养技能应用到日常生活中，为家人或朋友解决家电维护问题。

教师引导学生思考在劳动过程中遇到了哪些困难；是如何解决的；这节课最大的感悟是什么。引导学生提炼出劳动精神并板书：规范安全，及时清理。

教师介绍一些与家电维护相关的职业和工作，让学生了解更多的职业选择和就业前景，激发学生的学习兴趣和动力。

教师布置一些拓展性的作业或活动，如让学生自行设计一份家庭家电维护计划，或组织一次社区家电维护志愿服务等，以巩固和提升学生的劳动技能和综合素质。

（九）板书设计

```
电煮锅　会维护
插→开→用→断→洗
规范安全　及时清理
```

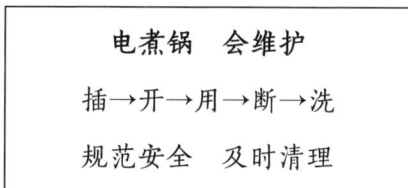

十一、六年级上册：《煲鸡汤　加香菇》

（一）主题解析

《煲鸡汤　加香菇》是《义务教育劳动课程标准（2022年版）》第三学段（5～6年级）任务群2"烹饪与营养"的课程内容。

（二）学情分析

《义务教育劳动课程标准（2022年版）》中指出：学生要用简单的炒、煎、炖等烹饪方法制作2～3道家常菜。通过《煲鸡汤　加香菇》劳动主题的学习，有助于指导学生掌握基本的煲汤步骤，在劳动中养成认真细致、吃苦耐劳的精神。在为家人煲一道汤活动中，感受父母的辛苦，学会关心体谅父母，培养学生的家庭责任感，树立劳动光荣、劳动创造价值的正确观念。

（三）教学目标

（1）劳动观念：引导学生在煲汤过程中感受劳动创造的价值，树立劳动创造美好生活的正确观念。

（2）劳动能力：指导学生掌握剪刀剔骨、鸡腿焯水、香菇改花刀等劳动技能及方法，并在劳动实践中掌握剪刀、刀等工具的使用。

（3）劳动习惯和品质：鼓励学生积极参与劳动，合理利用时间，养成杜绝浪费、珍惜劳动成果的良好习惯与品质。

（4）劳动精神：引导学生在劳动中形成仔细观察、大胆实践的劳动精神，继承勤俭节约的传统美德。

（四）教学重难点

（1）教学重点：树立劳动创造美好生活的正确观念，形成仔细观察、大胆实践的劳动精神。

（2）教学难点：掌握剪刀剔骨、鸡腿焯水、香菇改花刀等劳动技能及方法。

（五）课时安排

本主题安排了"激趣导入""做好准备""梳理步骤""掌握技能""组织评价""拓展提升"六个环节，根据六年级学生的年龄特点，建议2课时集中进行。第1课时学习煲汤的相关知识，掌握煲汤的基本步骤，在教师的指导下准备材料。第2课时指导学生分组煲制香菇鸡汤，分享劳动收获与反思，完成劳动评价，讨论煲其他养生汤需要的食材和制作步骤，鼓励学生课后实践。

（六）劳动场域

（1）劳动场所：专用烹饪教室。

（2）劳动工具：电磁炉、汤锅、铲子、碟子、碗、筷、砧板、刀等。

（3）劳动材料：鸡腿、新鲜香菇、大枣、枸杞、生姜、小葱、调料。

（七）安全保障

（1）学习劳动纪律和安全规范，过程中做好强调。

（2）备好医药箱，做好劳动过程中发生的简单意外事件的紧急处理。

（八）活动过程

1.激趣导入，明确任务

（1）教师采用话题讨论的形式导入：家里的"招牌菜"是什么，你最爱喝什么汤，汤有哪些营养价值。通过师生对话引出活动主题。

（2）播放美食节目，如《舌尖上的中国》《美食来了》《食全食美》中的煲汤片段，营造烹饪的氛围，激发学生学习烹饪的兴趣。

（3）教师向学生展示一份香气扑鼻、口感鲜美的香菇鸡汤，引起学生的兴趣和食欲。教师提出问题：你们知道这道美味的香菇鸡汤是怎么做出来的吗？你们想学习制作这道菜吗？引导学生思考煲香菇鸡汤的方法和步骤。

（4）教师明确本次活动的任务：学习并掌握煲香菇鸡汤的基本方法，亲自制作一道美味的香菇鸡汤。

2.摩拳擦掌，做好准备

（1）为了让学生更好地参与，引发学生的思考，教师指导学生分组讨论煲香菇鸡汤所需要的食材及煲营养汤常用的工具，通过讨论唤醒学生已有的生活经验，在此基础上借助"工具箱"和"知识泉"，进一步总结提升。

（2）教师向学生介绍煲香菇鸡汤所需的食材和工具，如鸡肉、香菇、红枣、枸杞、姜、盐等，并演示正确的使用方法和注意事项。

（3）学生分组领取食材和工具，做好煲香菇鸡汤前的准备工作。教师巡视指导，确保学生正确使用食材和工具。

（4）各小组展开讨论，制订煲香菇鸡汤的计划和分工合作方案。教师鼓励学生发挥创意和团队协作精神，共同完成煲香菇鸡汤的任务。

3.视频教学，梳理步骤

（1）教师播放煲香菇鸡汤的烹饪视频教程，让学生直观地了解煲香菇鸡汤的基本步骤和方法。

（2）学生观看视频后，分组讨论并梳理出煲香菇鸡汤的详细步骤和注意事项。教师引导学生总结煲香菇鸡汤的要点和技巧，为接下来的实践操作提供指导。

（3）教师小结并板书煲香菇鸡汤的步骤：洗—切—煲—盛。

（4）教师在梳理过程中再次提醒学生关注细节，比如剔除鸡腿骨的方法、煲汤过程中大小火的转化等。教师引导学生梳理煲汤方法时，可以进一步引导学生关注日常生活的饮食健康。

4.淬炼操作，掌握技能

学生按照梳理的步骤和方法进行实际操作练习。教师巡视指导，及时纠正学生的错误操作并给予鼓励和肯定。学生之间相互交流经验和技巧，共同提高烹饪技能。

"凡事预则立，不预则废。"在指导学生动手实践之前，教师要充分考虑到部分学生对一些与煲汤有关的词语、概念比较陌生，可以结合实例进行简单的解释。比如，食材中涉及的"克"，教师可以在课堂上为每个小组准备"5克枸杞子"，让学生直观感受数量，形成经验。"适量"的概念则要强调依据个人口味酌情添加调味品，以保证所煲的汤味美可口。

（1）清洗鸡腿，准备辅料。教师可以引导学生根据自己的生活经验，思考剔除鸡腿骨的方法，结合图片对剔除鸡腿骨的方法和步骤进行讲解；也可以通过视频或者现场演示的方法，一边展示一边讲解鸡腿骨剔除的详细方法；教师也可以鼓励学生在课余时间向父母学习，尝试掌握其他剔除鸡腿骨的方法。

香菇改花刀环节，教师可以引导学生观察改刀后的香菇，思考为什么要对香菇进行改刀，鼓励学生根据观察思考方法，尝试练习操作，教师点拨实际操作中的技巧问题，如刀与香菇要呈45°角，不能直着下刀；刀切下去时不能用力过大，以免将香菇完全切开等。在熟练操作的基础上，可以鼓励学生大胆尝试其他改刀方法。

本环节还要注意提醒学生在浸泡鸡腿的同时进行香菇改刀，生姜去皮、切片，做好时间的合理安排。

（2）鸡腿切块，加姜焯水。教师指导学生将清洗好的鸡腿切成约3厘米的肉块。将鸡腿块放入砂锅内，加入姜片进行焯水。水开后，用勺子撇去浮沫，捞出鸡腿块备用。

（3）添加辅料，小火煲汤。煲鸡汤要小火慢熬，教师可以将煲汤的过程按照步骤制作成微视频，通过微视频一边操作一边讲解，在引导学生观看的基础上，梳理出煲汤的步骤及注意事项，例如放辅料的时间、煲汤火候的把握、每个阶段煲制的时间等。有条件的学校，教师可以组织学生在学校食堂，或者在班级分组进行煲汤实践操作，没有条件的学校可以引导学生掌握劳动技能及方法，鼓励学生在家中进行劳动实践。

现代养生提倡多炖煮，少煎炒，少分量，多样式，多配菜。在劳动的过程中教师可以结合现代养生观点，引导学生健康饮食。

（4）盛出食用，分享美食。汤煲好后，盛到事先准备好的汤碗中。这一环节比较简单，教师主要引导学生学会观察汤的浓度，把握火候。

5.交流反思，组织评价

教师可以引导学生围绕煲汤过程中的技能掌握、知识获得、内心感悟、劳动收获、反思改进等方面进行交流。也可以现场煲汤，组织学生欣赏、品尝，围绕作品的色、香、味、型等几个方面进行评价。在家中实践的，可以邀请家人品尝评价。教师可以将学生的作品以照片的形式在班级内进行展示，鼓励学生推荐自己的作品，通过推荐评选"靓汤"，或者选出最佳制作小组，鼓励优秀学生，树立榜样，提升学生的劳动兴趣。

6.持之以恒、拓展延伸

教师引导学生思考在劳动过程中遇到了哪些困难；是如何解决的；这节课最大的感悟是什么。引导学生提炼出劳动精神并板书：仔细观察，大胆实践。

教师引导学生依据时令节气选择煲汤的食材。比如春天可以煲脊骨海带汤、鱼头豆腐汤；夏天可以煲冬瓜排骨薏米汤、雪梨瘦肉汤；秋天可以煲栗子瘦肉木瓜汤、罗宋汤；冬天可以煲玉米萝卜大骨汤、金针鸡汤等。鼓励学生在日常生活中尝试煲汤，也培养学生的服务意识及责任感，提升劳动能力，形成良好的劳动习惯和品质。

（九）板书设计

煲鸡汤　加香菇

洗→切→煲→盛

仔细观察　大胆实践

十二、六年级下册：《剥虾仁　蛋炒饭》

（一）主题解析

《剥虾仁　蛋炒饭》是《义务教育劳动课程标准（2022年版）》第三学段（5～6年级）任务群2"烹饪与营养"的课程内容。

（二）学情分析

六年级的学生，已经掌握了一些基本的烹饪常识和技能，逐渐养成了参与家务劳动的习惯。《剥虾仁　蛋炒饭》这一劳动主题的学习不但可以使学生学到更多的烹饪知识技能，还有利于调动学生主动进行劳动实践的热情，与家人分享劳动成果，感受劳动带来的喜悦。

（三）教学目标

（1）劳动观念：指导学生制作虾仁蛋炒饭，使学生体会到参与家庭烹饪的乐趣，懂得辛勤劳动才能创造美好生活。

（2）劳动能力：教会学生制作虾仁蛋炒饭的基本方法和操作技巧，培养学生动手能力，提高他们的生活自理能力。

（3）劳动习惯和品质：引导学生积极参与家庭日常烹饪，尝试制作不同口味的蛋炒饭，培养学生养成自理自立的良好习惯。

（4）劳动精神：培养学生认真细致、不急不躁、精益求精的劳动精神。

（四）教学重难点

（1）教学重点：让学生懂得辛勤劳动才能创造美好生活，培养学生认真细致、不急不躁、精益求精的劳动精神。

（2）教学难点：学会制作虾仁蛋炒饭的基本方法和操作技巧。

（五）课时安排

本主题安排了"激趣导入""做好准备""梳理步骤""掌握技能""组织评价""拓展提升"六个环节，根据劳动时长和学生的劳动能力，建议一共分2课时进行。第1课时引导学生了解制作虾仁蛋炒饭的各道工序，指导学生动手制作虾仁蛋炒饭。第2课时引导学生分组交流制作虾仁蛋炒饭的心得体会，分享劳动收获与反思，完成劳动评价。

（六）劳动场域

（1）劳动场所：专用烹饪教室。

（2）劳动工具：电磁炉、铁锅、铲子、碟子、碗、筷、砧板、刀等。

（3）劳动材料：鲜虾、米饭、鸡蛋、小葱、调料。

（七）安全保障

（1）学习劳动纪律和安全规范，过程中做好强调。

（2）备好医药箱，做好劳动过程中发生的简单意外事件的紧急处理。

（八）活动过程

1.激趣导入，明确任务

（1）教师向学生展示一份鲜嫩的虾仁和一盘色香味俱佳的蛋炒饭，引起学生的兴趣。引导学生思考剥虾仁和蛋炒饭的方法和步骤。

（2）教师出示虾仁蛋炒饭的图片，向学生介绍虾仁蛋炒饭，它是用煮熟的米饭、虾仁和鸡蛋等翻炒而成的一道家常美食。由于其制作简单，色泽丰富，口味多样，深受人们喜爱。通过谈话引入本次劳动的主题。

（3）教师讲述蛋炒饭起源于隋朝楚国公杨素喜食的碎金饭，引入"虾仁蛋炒饭"的劳动主题。

（4）教师明确本次活动的任务：学习并掌握剥虾仁和蛋炒饭的基本技能和方法，亲自制作一份美味的虾仁蛋炒饭。

2.摩拳擦掌，做好准备

（1）教师向学生介绍剥虾仁和蛋炒饭所需的食材和工具，指导学生准备好制作虾仁蛋炒饭的材料和工具，为后期的劳动做好保障。教师在劳动前需要指导学生备齐烹饪材料：鲜虾、熟米饭、鸡蛋、食盐、葱花、姜末、食用油、胡椒粉、香油等。教师带领学生集体观看使用电磁炉的微视频，然后指导学生总结操作要领，并进行尝试：打开电源开关，按下开火键，用旋钮调节温度。点火后教师一定要提醒学生注意安全并时刻关注，以免出现安全事故。

（2）教师演示正确的使用方法和注意事项，讲解工具的使用技巧，对于炒锅的拿法、铲子的使用、盘子的摆放，教师可以先让学生尝试再进行实践，及时发现问题及时纠正。

（3）学生分组领取食材和工具，做好剥虾仁和制作蛋炒饭前的准备工作。教师巡视指导，确保学生正确使用食材和工具。

（4）各小组展开讨论，制订剥虾仁和制作蛋炒饭的计划和分工合作方案。教师鼓励学生发挥创意和团队协作精神，共同完成剥虾仁和制作蛋炒饭的任务。

3.视频教学，梳理步骤

（1）教师播放关于剥虾仁和制作蛋炒饭的烹饪视频教程，让学生直观了解剥虾仁和蛋炒饭的基本步骤和方法。教师引导学生自己梳理制作虾仁蛋炒饭的整个工序和步骤，培养学生的总结归纳能力。

（2）学生观看视频后，分组讨论并梳理出剥虾仁和制作蛋炒饭的详细步骤和注意事项。教师引导学生总结出剥虾仁和制作蛋炒饭的要点和技巧，为接下来的实践操作提供指导。

（3）教师引导学生小结并板书制作步骤：剥出虾仁—炒滑鸡蛋—炒散米饭—鸡蛋炒饭—调味出锅。

（4）教师引导学生抓住重点和难点：做蛋炒饭时，关键在于烹调火候的掌握，味道的调配；鸡蛋和米饭要分开炒；怎样去除虾线；如何判断虾仁熟了；什么时间加入调味品等。在梳理过程中，学生不但要关注制作的流程，更要关注每个环节的细节，培养自身认真细致的习惯。

4.淬炼操作，掌握技能

教师组织学生按照梳理的步骤和方法分小组进行实际操作练习。教师巡视指导，及时纠正学生的错误并给予鼓励和肯定。学生之间相互交流经验和技巧，共同提高烹饪技能。

（1）剥出虾仁。制作虾仁蛋炒饭要选取新鲜的大虾，挑去虾线，剥出虾仁。这一步对大多数学生来说都极有挑战性。教师可以在慢放微视频的基础上，一边讲解一边指导学生操作：用牙签在鲜虾背部的第二个关节处挑出虾线，并将其拽出，然后将虾头往下数的第三个连接点的壳剥掉，一只手握住虾头，另一只手用劲往下拽掉虾尾，最后把虾的上两节虾壳剥去，虾仁就剥好了。

（2）炒滑鸡蛋。先把鸡蛋放在碗中打散，然后烧热油锅，倒入蛋液快炒，蛋液凝成小块后，盛出放入盘中备用。学生已经有过打散蛋液的劳动基础，这里需要特别指出的是，烧热油锅后，最好调整到中火，再倒入蛋液，快速翻炒，使蛋液快速凝成蛋块。

（3）炒散米饭。锅里重新加入少量食用油，用燃气灶大火爆香葱花、姜末；香味出来后，调至中火，加入虾仁；翻炒至虾仁表面颜色泛红时，调至小火，倒入米饭。在翻炒米饭的过程中，用铲子把米饭压散，有利于米饭受热均匀。这一部分的教学，教师可以提前准备微视频，引导学生在观看的基础上交流步骤及方法，然后进行实践。

（4）鸡蛋炒饭。加入鸡蛋块、适量盐，继续中火翻炒均匀。特别指出的是，要不停地翻炒2分钟左右，使米饭充分入味，避免出现米饭受热不均匀的现象。如果米饭炒煳了，会影响口感，建议不要食用。

（5）调味出锅。米饭翻炒均匀后，熄灭燃气灶。根据自己的口味，可以加入少许胡椒粉、香油，撒入一点葱花或是香菜末，出锅装盘。这样炒制出来的蛋炒饭，里面既有淡红色的虾仁，又有绿色的葱花或香菜点缀，看起来色泽鲜艳，闻起来鲜香浓郁，吃起来回味无穷。

5.交流反思，组织评价

教师要引导学生围绕制作虾仁蛋炒饭方法的掌握以及自我观念的变化、内心的感悟、劳动的收获与反思等方面进行交流。

教师鼓励学生从虾仁蛋炒饭的色、香、味等方面进行交流评价，教师还可以鼓励学生在日常生活中多多练习，请家长品尝并给予评价，借助评价引导学生形成良好的劳动习惯。

6.总结提炼，拓展提升

教师引导学生思考在劳动过程中遇到了哪些困难；是如何解决的；这节课最大的感悟是什么。引导学生提炼出劳动精神并板书：认真细致，不急不躁，精益求精。

教师引导学生学会制作虾仁蛋炒饭后，可以尝试替换掉虾仁，加入不同的食材（西红柿、火腿肠等），做出不同口味、色泽、样式的蛋炒饭，如火腿蛋炒饭、西红柿蛋炒饭等。鼓励学生根据家人的饮食喜好，尝试制作不同特色蛋炒饭，不但可以提高自己的厨艺水平，而且可以分担家务劳动，在家务劳动中培养家人之间的感情，感受劳动带来的生活幸福感。

（九）板书设计

剥虾仁　蛋炒饭

剥出虾仁→炒滑鸡蛋→炒散米饭→鸡蛋炒饭→调味出锅

认真细致　不急不躁　精益求精

第二节　生产劳动实践案例

小学劳动教育中的生产劳动实践案例，如表6-2所示。

表6-2　生产劳动实践案例总览

劳动类型	年级	第一学期		第二学期	
		任务群	小项目名称	任务群	小项目名称
生产劳动	一年级	传统工艺制作	树叶画　真美丽	传统工艺制作	小泥塑　真可爱
		传统工艺制作	学折纸　趣味多	传统工艺制作	学穿针　会打结
		农业生产劳动	小浇水　有学问	农业生产劳动	小绿萝　会扦插

劳动类型	年级	第一学期		第二学期	
		任务群	小项目名称	任务群	小项目名称
生产劳动	二年级	传统工艺制作	纸飞机 来比赛	传统工艺制作	多针法 常练习
		农业生产劳动	辨植物 制标牌	传统工艺制作	塑丝键 巧制作
		农业生产劳动	养吊兰 我尝试	农业生产劳动	小金鱼 学饲养
	三年级	传统工艺制作	美书签 学制作	传统工艺制作	小网兜 学编织
		农业生产劳动	鸡鸭鹅 学饲养	农业生产劳动	爱多肉 学栽种
	四年级	传统工艺制作	小纽扣 钉牢固	传统工艺制作	小沙包 自己缝
		农业生产劳动	节气表 我知道	农业生产劳动	种大蒜 常观察
	五年级	传统工艺制作	纽扣画 耐心制	传统工艺制作	称人结 学本领
		传统工艺制作	小手链 巧编织	农业生产劳动	小兔子 学饲养
		工业生产劳动	金属丝 便签夹	新技术体验与应用	抢答器 我制作
生产劳动	六年级	传统工艺制作	纸浆画 有创意	传统工艺制作	小板凳 会组装
		传统工艺制作	学剪纸 美生活	新技术体验与应用	电子钟 学制作
		工业生产劳动	孔明锁 会拆装	工业生产劳动	蜂蜡扣 五角星

一、一年级上册:《树叶画 真美丽》

(一) 主题解析

《树叶画 真美丽》是《义务教育劳动课程标准(2022年版)》第一学段(1~2年级)任务群5"传统工艺制作"的课程内容。

(二) 学情分析

一年级的学生对传统工艺已经有了初步的了解和认识,也比较喜欢表达自己的思想,乐于动手,具备制作树叶画的条件。引导学生"变废为宝",将收集的树叶以画的形式表现出来,不仅可以美化我们的生活环境,还可以启蒙学生的劳动意识,丰富劳动体验。

（三）教学目标

（1）劳动观念：引导学生将树叶制作成漂亮的贴画，在动手操作过程中体会劳动创造美好生活的真谛，培养发现美、创造美的生活情趣。

（2）劳动能力：引导学生学会树叶粘贴、压制的基本方法和操作技巧，鼓励学生探索粘贴小妙招。

（3）劳动习惯和品质：鼓励学生在掌握树叶基本粘贴方法的基础上，尝试探索其他的树叶创作方法，养成会劳动、爱劳动的好习惯。通过了解绳结的实用功能、学习打绳结的技法等活动，感受绳结在生活中的实用性和重要性，体会劳动的艰辛和乐趣，认同劳动创造美好生活。

（4）劳动精神：在制作实践中，培养学生独立思考、细致认真的劳动精神。

（四）教学重难点

（1）教学重点：培养发现美、创造美的生活情趣和独立思考、细致认真的劳动精神。

（2）教学难点：学会树叶粘贴、压制的基本方法和操作技巧。

（五）课时安排

本主题安排了"激趣导入""做好准备""梳理步骤""掌握技能""组织评价""拓展提升"六个环节，根据学生的年龄特点，建议分2课时组织实施。第1课时学习制作树叶画的相关知识，练习并掌握树叶粘贴、压制的基本步骤和方法，并构思主题，勾画草稿。第2课时完成树叶粘贴画作品，在小组内进行展示，评选"创意小达人"。

（六）劳动场域

（1）劳动场所：普通教室或专用教室。

（2）劳动工具：底板、铅笔、胶水等。

（3）劳动材料：树叶等。

（七）安全保障

（1）学习劳动纪律和安全规范，过程中做好强调。

（2）备好医药箱，做好劳动过程中发生的简单意外事件的紧急处理。

（八）活动过程

1.激趣导入，明确任务

（1）教师展示漂亮的小动物图片，再出示树叶画图片和实物作品，让学生对比观察，激发学生动手创作的欲望。

（2）教师利用多媒体课件组织引导学生观察植物从生长到落叶的过程，启发学生思考：怎样利用树叶"变废为宝"。在充分交流的基础上，引出劳动主题。

（3）教师引导学生观察树叶画的色彩、形状和构图，让他们感受树叶画的魅力。

（4）教师明确本次活动的任务：学习制作树叶画，创作一幅属于自己的精美作品。

2.摩拳擦掌，做好准备

（1）教师带领学生到校园或附近的公园收集各种形状、颜色的树叶，同时提醒学生注意安全和保护环境，或者在课前布置让学生搜集不同植物落叶的作业，选择与主题贴合的树叶，根据树叶的形状、颜色或制作需要进行分类。

（2）学生分组整理收集到的树叶，挑选出适合制作树叶画的叶片。如按形状可以分为扇形、针形、心形、卵形和手掌形等；按颜色可以分为绿色、红色、黄色、褐色等；按制作需要可以分作人物、动物、景物等。在这个环节中，教师要引导学生对制作的材料和方法进行创新，虽然制作的主要材料是树叶，但还可以使用花朵、种子进行装饰。

（3）教师向学生介绍制作树叶画所需的工具，如胶水、剪刀、彩笔等，并演示正确的使用方法。引导学生了解制作树叶画的材料和工具，为后期的动手制作做好充足准备，制作的技法有剪、拼、画等。

（4）学生分组领取工具，做好制作树叶画前的准备工作。

3.视频教学，梳理步骤

（1）教师播放制作树叶画的视频教程，让学生直观地了解树叶画的制作步骤和方法。

（2）学生观看视频后，分组讨论并梳理制作树叶画的详细步骤和注意事项。教师引导学生总结制作树叶画的要点和技巧，为接下来的实践操作提供指导。

（3）教师引导学生小结并板书制作步骤：构思设计—选叶搭配—涂胶拼粘—整理完成。

（4）在梳理的过程中，教师组织学生思考每个环节应该注意的问题或制作时需要关注的细节。制作树叶贴画前，教师要讲解清楚操作技巧和注意事项。比如粘贴时，要先在底板均匀涂胶，然后进行树叶粘贴等。

4.躬行实践，掌握技能

学生按照梳理的步骤和方法进行实际操作练习。教师巡视指导，及时纠正学生的错误并给予鼓励和肯定。学生之间相互交流经验和技巧，共同提高手工技能。

（1）构思设计。根据搜集的树叶颜色、形状等，构思设计画面，确立要表达的主题。主题可以是动物、人物、山水、花卉、果蔬等。确立好主题后，用铅笔勾画出图样。教师也可以出示不同主题树叶画的作品或视频，启迪学生的创新意识。

（2）选叶搭配。树叶的种类很多，大小、形状、颜色各不相同，所以用途也不尽相同。例如创作孔雀树叶画，可以先讲解孔雀身体各部分的名称，再根据各部分的特点选择合适的树叶，最后进行搭配摆拼。根据孔雀的特征，可以用冬青叶做躯干，用面积大的侧柏叶做尾巴，用颜色渐变的小叶黄杨叶做斑纹等。因一年级的学生年龄比较小，搭配摆拼后，教师可以提示他们，收回树叶时按构造分类存放，便于接下来的粘贴。

（3）涂胶拼粘。指导学生将选好的树叶，按照尾巴、斑纹、躯干、脖子、头、头冠、腿、爪子的顺序，粘贴在白色底板上。为了让画面看起来更加紧凑和协调，教师可以现场示范，提醒学生从面积最大的部分开始粘贴。粘贴前，要提醒学生胶水不能涂得太多，不然会造成浪费或影响作品的整洁度；也不能涂得太少，不然会因粘贴不牢固出现树叶脱落的情况。粘贴后，可以根据需要进行修饰。

（4）整理完成。作品粘完后，教师指导学生掌握树叶画的后续处理方法。如用稍重的、平整的物体压住树叶画，使其慢慢干燥。尤其要强调树叶画不能放在日光下晒，防止树叶卷曲，破坏画面。如果有压膜机，可以将树叶画压膜，这样可以使画面更平整美观，易于保存。

5.交流反思，组织评价

（1）学生分组交流制作树叶画的经验和收获，分享彼此的创作灵感和技巧。树叶画的制作可以提高学生的创造能力和动手能力，教师引导学生围绕制作树叶画的技巧掌握、问题解决以及劳动收获等方面进行交流。

（2）教师组织学生进行作品展示，让每个学生都有机会向大家展示自己的作品，并介绍创作过程和心得体会。教师可引导学生从作品构思、整洁度、美观度等方面进行评价，通过评选"树叶画创意小达人""最美树叶画"等活动，提高学生的参与积极性，养成良好的劳动习惯，用自己的劳动美化生活。

（3）其他同学和教师对学生的作品进行评价和建议，肯定优点，指出不足，提出改进意见。同时鼓励学生相互学习、取长补短，共同进步。

（4）学生根据评价结果进行自我反思和总结，思考如何改进自己的作品，如何提高手工技能。

6.独具匠心，拓展延伸

（1）教师引导学生思考在劳动过程中遇到了哪些困难；是如何解决的；这节课最大的感悟是什么。引导学生提炼出劳动精神并板书：独立思考，细致认真。

（1）教师引导学生思考如何将所学的树叶画制作技能应用到其他手工制作中来进行主题整合的树叶画制作，拓展学生的创作领域。例如制作一幅情景画，讲述图画里蕴含的故事，培养学生的创新精神和表达能力。

（2）教师引导学生反复练习，熟练掌握相关技能，将生活中的多种材料"变废为宝"，美化我们的生活环境，引导学生初步感受劳动可以创造美、劳动给我们的生活带来快乐。

（九）板书设计

```
        树叶画  真美丽
构思设计→选叶搭配→涂胶拼粘→整理完成
     独立思考   细致认真
```

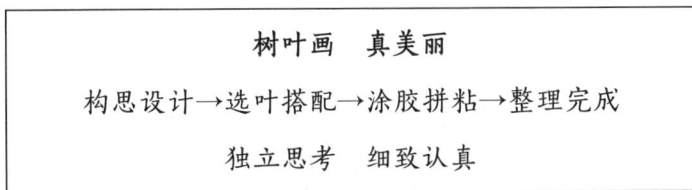

二、一年级下册：《小绿萝　会扦插》

（一）主题解析

《小绿萝　会扦插》是《义务教育劳动课程标准（2022年版）》第一学段（1～2年级）任务群4"农业生产劳动"的课程内容。

（二）学情分析

花草可以净化空气，种植花草不仅能提高学生美化环境的意识，还可以让他们掌握一定的劳动技能。一年级的孩子动手操作能力较弱，水培法扦插绿萝操作简单、便于掌握，是比较适合低年级学生实践的生产性劳动。《小绿萝　会扦插》劳动主题的学习可以让学生掌握简单的水培法扦插绿萝的方法，有利于学生体验劳动的乐趣，培养热爱劳动的观念，唤起学生的劳动意识，丰富学生的劳动体验。

（三）教学目标

（1）劳动观念：引导学生体验水培法扦插绿萝，让学生在动手操作的过程中初步感受劳动可以创造美好生活。

（2）劳动能力：引导学生学会水培法扦插绿萝的基本方法和技术要点，并能对水培绿萝进行日常养护。

（3）劳动习惯和品质：鼓励学生在掌握水培法扦插绿萝的基础上，尝试学习绿萝的其他扦插方法，养成爱护花草的良好习惯。

（4）劳动精神：在劳动过程中，培养学生细致耐心、认真实践的劳动精神。

（四）教学重难点

（1）教学重点：引导学生感受劳动创造美好生活，培养学生细致耐心、认真实践的劳动精神。

（2）教学难点：学会水培法扦插绿萝的基本方法和技术要点。

（五）课时安排

本主题安排了"激趣导入""做好准备""梳理步骤""掌握技能""组织评价""拓展提升"六个环节，根据学生的年龄特点和劳动内容的特点，建议安排1课时进行，指导学生学习扦插绿萝的相关知识，掌握水培法扦插绿萝的基本步骤和方法。

（六）劳动场域

（1）劳动场所：普通教室。

（2）劳动工具：水培瓶、剪刀等。

（3）劳动材料：绿萝、清水等。

（七）安全保障

（1）学习劳动纪律和安全规范，过程中做好强调。

（2）备好医药箱，做好劳动过程中发生的简单意外事件的紧急处理。

（八）活动过程

1.激趣导入，明确任务

（1）教师播放歌谣《绿萝》，激发学生的参与热情，进而引入活动主题。

（2）教师展示一盆生长茂盛的小绿萝，教师询问学生是否知道小绿萝是怎么繁殖的，并让学生试着自己动手扦插一盆。引导学生思考扦插小绿萝的方法和步骤，激发学生的劳动热情。

（3）教师明确本次活动的任务：学习并掌握扦插小绿萝的基本技能和方法，亲自扦插一盆小绿萝。

2.摩拳擦掌，做好准备

（1）教师在课前让学生运用自己喜欢的方式搜集绿萝扦插的相关知识，并在班级内分享交流。

（2）教师向学生介绍扦插小绿萝所需的材料和工具，如小绿萝枝条、花盆、土壤、小铲子等，并演示它们的正确使用方法和注意事项。

（3）学生分组领取材料和工具，做好扦插小绿萝前的准备工作。教师巡视指导，确保学生正确使用材料和工具。

（4）各小组展开讨论，制订扦插小绿萝的计划和分工合作方案。教师鼓励学生发挥创意和团队协作精神，共同完成扦插小绿萝的任务。

（5）教师要重点指导学生在进行水培法扦插绿萝时，需要选择什么样的枝条进行扦插，截取下来的枝条需要进行怎样的处理等。

3.视频教学，梳理步骤

（1）教师播放扦插小绿萝的教程视频，让学生直观地了解扦插的步骤和方法。

（2）学生观看视频后，分组讨论并梳理出扦插小绿萝的详细步骤和注意事项。教师引导学生总结扦插小绿萝的要点和技巧，为接下来的实践操作提供指导。

（3）教师引导学生小结并板书制作步骤：剪—插—换。

（4）教师进一步强化扦插要点，如枝条选择、切口角度、枝条长度等；还要鼓励学生仔细观察，细致操作，有耐心、有信心地完成扦插绿萝。教师以水培法扦插绿萝的过程中要注意哪些问题，水培法扦插绿萝最难掌握的是哪一点，引发学生思考；以精练的语言讲解清楚本次活动主题的核心技术要点：选枝条的标准及剪枝条手势方法。

4.淬炼操作，掌握技能

学生分小组按照梳理的步骤和方法进行实际操作练习。教师巡视指导，及时纠正学生的错误并给予鼓励和肯定。学生之间相互交流经验和技巧，共同提高劳动技能。

（1）剪枝条。指导学生从绿萝盆栽中选择健康粗壮的、带有气生根的枝条剪下，切口剪成约45°的斜面，剪下长7~10 cm或者有3~4个生长节点的枝条，最好选取有芽点的枝条，并将枝条下部的叶子剪掉，只留下顶部的 2～3 片即可。教师可以在班级随机请几位学生上台操作，请其他学生仔细观察，选出枝条剪得最标准的学生给予表扬。

（2）插枝条。指导学生把剪好的枝条插入水培瓶中，教师提示学生关注瓶中水位的高低，水要没过枝条的三分之一，叶子露出水面。教师补充说明插好的枝条需要的生长条件及生长环境，如：绿萝应放在室内明亮且有散射光的地方，尽量避免阳光直射；为了快速促进绿萝生根，可以在水培瓶中加入少量的生根粉。

（3）换水。教师讲解换水的时间和方法。生根前，换水需要频繁一些，通常三四天就要换一次，且最好使用纯净水，这样才能维持绿萝的正常生长需求，促进快速生根。生根后，要减少换水次数，换水太频繁容易伤根，具体次数要根据季节定。在高温的夏季，绿萝易滋生细菌，应勤换水，半月换一次；在春秋生长季，绿萝生长速度快，不可换得太勤，间隔20天换一次；而冬季温度低，绿萝生长速度非常慢，要延长换水时间，一般隔一个月换一次。

5. 交流反思，组织评价

（1）实践活动结束后，学生分组进行交流反思，分享各自的扦插经验和收获。教师组织学生进行互评和自评，评价各自的扦插成果和劳动表现。教师在评价过程中要注重学生的参与度和自我反思能力的发展，鼓励学生积极发表自己的看法和建议，促进彼此之间的交流和学习。同时教师也要对学生的表现给予及时的反馈和建议，帮助他们进一步提高自己的劳动技能和综合素质。

（2）教师组织引导学生围绕剪枝技巧的掌握、参与劳动的感悟、劳动收获等方面进行交流，鼓励学生大胆畅谈劳动中遇到的困难以及解决的方法。通过向榜样看齐的方式，树立学生正确的劳动观念，激发学生的劳动热情，培养学生的劳动品质。

6.总结提炼，拓展提升

教师引导学生思考在劳动过程中遇到了哪些困难；是如何解决的；这节课最大的感悟是什么。引导学生提炼出劳动精神并板书：细致耐心，认真实践。

学生掌握了水培法扦插绿萝的基本操作方法后，教师要注意引导学生做好绿萝的日常养护，培养良好的劳动习惯。鼓励学生用自己喜欢的方式完成观察与养护日记，或者制作扦插绿萝养护手册。通过记录数据、观察变化，让学生体会到劳动来源于生活，又为生活服务。扦插绿萝的方法很多，如枝条扦插法、短截扦插法、平铺扦插法等。教师可以鼓励学生在生活中不断尝试体验，引导学生感受种植的乐趣，提升动手实践能力。

（九）板书设计

```
        小绿萝   会扦插

         剪→插→换

      细致耐心   认真实践
```

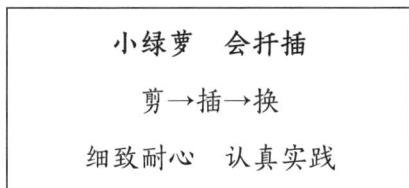

三、二年级上册：《纸飞机　来比赛》

（一）主题解析

《纸飞机　来比赛》是《义务教育劳动课程标准（2022年版）》第一学段（1～2年级）任务群5"传统工艺制作"的课程内容。

（二）学情分析

折纸是一种材料易得、操作简单的手工创作劳动。二年级的小学生在日常生活和学习中已经接触过折纸，对折纸知识与技法有了一定的认识。

《纸飞机 来比赛》这一劳动主题的学习能引导学生制作有趣的纸制品，掌握基本的手工技能，激发学生的劳动兴趣，逐步形成积极的生活态度。

（三）教学目标

（1）劳动观念：引导学生学习折纸飞机，培养学生的审美与创新意识，体验手工制作带来的乐趣。

（2）劳动能力：教会学生折纸飞机的基础折法和操作技巧，加深学生对图形变化的基本认识，掌握常见折纸方法。

（3）劳动习惯和品质：逐步让学生养成做事认真的劳动习惯，初步形成变废为宝的意识。

（4）劳动精神：在学习过程中，培养学生善于观察、乐于动手、合作探究的劳动精神。

（四）教学重难点

（1）教学重点：培养学生的审美与创新意识和善于观察、乐于动手、合作探究的劳动精神。

（2）教学难点：学会折纸飞机的基础折法和操作技巧。

（五）课时安排

本主题安排了"激趣导入""做好准备""梳理步骤""掌握技能""组织评价""拓展提升"六个环节，根据学生的年龄特点，建议安排2课时进行。第1课时学习折纸飞机的基本步骤和技巧方法，鼓励学生互相学习、大胆创新，尝试纸飞机的花样折法。第2课时组织纸飞机飞行大赛，全班一起分享本次劳动的收获与反思，师生共同完成劳动评价。

（六）劳动场域

（1）劳动场所：普通教室。

（2）劳动工具：剪刀、胶水等。

（3）劳动材料：A4纸等。

（七）安全保障

（1）学习劳动纪律和安全规范，过程中做好强调。

（2）备好医药箱，做好劳动过程中发生的简单意外事件的紧急处理。

（八）活动过程

1.激趣导入，明确任务

（1）二年级的小学生具有直观形象的思维，教师出示一架叠好的纸飞机，并放飞滑行，再邀请一两名学生上台试着放飞纸飞机，激发全体学生的学习兴趣。

（2）教师询问学生是否知道如何制作一架飞得远、稳定性好的纸飞机，并告知学生在接下来的活动中将会比赛。让学生通过观察体验，思考纸飞机的制作技巧和纸飞机比赛规则，感受到动手折一架会飞的纸飞机是一件多么快乐、有意义的事情。

（3）教师明确本次活动的任务：学习制作纸飞机，参与小组及班级的纸飞机比赛。

2.摩拳擦掌，做好准备

（1）教师先向学生介绍折纸飞机需要的材料：一般采用表面光滑、平整、稍厚实的标准A4纸。

（2）教师向学生介绍制作纸飞机所需的工具，如剪刀、胶水等，并演示正确的使用方法。

（3）纸飞机的折法有很多种，不同的折法会使纸飞机具有不同的飞行效果。教师启发学生思考怎样折纸飞机才能折得更整齐、飞行得更远。让学生了解折好纸飞机的两个关键要领：一是折痕要清晰明显，二是对折要整齐。

（4）学生分组领取材料和工具，做好制作纸飞机前的准备工作。教师巡视指导，确保学生正确使用材料和工具。

（5）各小组展开讨论，制订制作纸飞机的计划和分工合作方案。教师鼓励学生发挥创意和团队协作精神，共同完成纸飞机的制作任务。

3.视频教学，梳理步骤

（1）教师播放制作纸飞机的视频教程，让学生直观地了解纸飞机的制作步骤和方法，培养学生的规则意识。

（2）学生观看视频后，分组讨论并梳理出制作纸飞机的详细步骤和注意事项。教师要注意引导学生对步骤进行梳理提炼，用简单的语言文字概括，总结制作纸飞机的要点和技巧，为接下来的实践操作提供指导。

（3）教师引导学生小结并板书制作步骤：折线压痕—对折定形—翻面对折。

（4）提醒学生掌握折法关键要领，可试验折叠不对称的纸飞机，或自己创新折叠纸飞机的方法，投掷后观察飞行效果。投掷时，教师应引导学生运用正确的投掷方法和角度，把握好力度，鼓励学生做事要有耐心、有信心。

4.淬炼操作，掌握技能

学生分小组按照梳理的步骤和方法进行实际操作练习。教师可以结合步骤图讲解折叠步骤，引导学生探究技术要点。

（1）折线压痕。教师在示范折纸的过程中可利用投影设备进行投影。先选取一张 A4 纸，沿长边折出中心线压痕。在第一次对折时，注意提醒学生要先对齐纸的两条长边，用一只手按住两条长边的对齐处，再用另一只手进行压痕。为了使折痕明显，可提示学生用直尺或者手指甲刮一下，这样才能折得更平整。接着打开 A4 纸，将中心线两侧的左上角和右上角分别向中心线折痕处对折。一定要将角的一条边对齐中心线后再压痕，要做到每一步折叠对齐后再进行下一步，养成做事细致、用心的好习惯。折好两边的角后，纸的上部分呈现出一个等腰三角形，再将这个"等腰三角形"的顶角向中心线对齐进行折叠、压实，注意顶端的角尖要对准中心线，而"等腰三角形"的底边要向上移约 0.5~1 厘米，然后再压实。二年级的学生对厘米等单位理解起来有难度，可以引导学生参考自己小指粗细的距离。提醒学生要左右两只手配合起来折叠，这样折叠的速度更快、折叠效果更好。

（2）对折定形。完成上面的折叠步骤后，教师提示学生再次将左上角和右上角向中心线折叠。对折后，会再次出现"等腰三角形"，其上方会出现一个小小的"三角形"，将小"三角形"向下翻，压到大"三角形"的中间。这样就将大"三角形"中间两个活动的角固定住了。因为纸张经过多次折叠，有一定的厚度，所以在折小三角形时多用直尺或者指甲刮几次保证平整。

（3）翻面对折。教师指导学生将纸翻过来，把左斜边和右斜边分别向中心线对折后，进行简单整理。折好后，可进行飞行试验。提示学生最后一步折叠时，两条斜边不一定非要正好对准中心线，可以向左右两边移动，调整纸飞机翅膀的大小，反复进行试飞，看看哪种机翼大小的纸飞机会飞得更远。

5. 交流反思，组织评价

（1）各小组展示自己的纸飞机作品并分享制作过程中的经验和收获。其他小组和教师给予评价和建议，促进学生之间的交流和学习。成果展示可以让学生感受到自己的劳动成果得到了认可和赞赏，增强学生的自信心和成就感。同时引导学生反思自己操作过程的不足之处，提出改进措施并分享经验教训，为今后的学习和生活积累宝贵经验。

（2）教师组织学生进行互评和自评，评价各自的纸飞机作品和劳动时的表现。教师对本次活动进行总结评价，肯定学生的成绩和进步，提出改进意见和建议。

（3）教师宣布比赛规则：全班同学分成小组到教室外进行小组比赛，各小组派出代表参加班级比赛。比赛时，学生须将制作的纸飞机投出，纸飞机飞行距离最远者为胜者，获得小组代表资格，代表小组参加班级比赛。

（4）开展纸飞机比赛活动。通过小组比赛培养学生的团队合作和竞争意识，激发学生的进取心和荣誉感。教师组织学生进行纸飞机飞行大赛，引导学生从折纸技法、飞行距离、飞行时长等方面进行评价，通过评选"金牌纸飞机"等活动，为学生搭建展示自我的平台，培养他们的动手操作能力，感受劳动带来的快乐。教师同时要对比赛结果进行记录，以便后续评价和总结。

6.独具匠心，拓展延伸

教师引导学生思考在劳动过程中遇到了哪些困难；是如何解决的；这节课最大的感悟是什么。引导学生提炼出劳动精神并板书：善于观察，乐于动手，合作探究。

一张小小的纸，可以折出各种各样的纸飞机，教师引导学生不断地探索尝试、实践体验。纸飞机还有很多创意折法，不同折法纸飞机的飞行速度和距离、稳定性、滑翔性能等也不同，教师可以鼓励学生根据教材中学到的技巧方法去探索实践、创新制作。

（九）板书设计

纸飞机　来比赛

折线压痕→对折定形→翻面对折

善于观察　乐于动手　合作探究

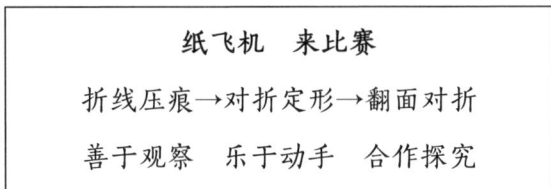

四、二年级下册：《小金鱼　学饲养》

（一）主题解析

《小金鱼　学饲养》是《义务教育劳动课程标准（2022年版）》第一学段（1～2年级）任务群4"农业生产劳动"的课程内容。

（二）学情分析

二年级的学生对于劳动已经有了一定的认识，形成了一定的劳动观念。他们天真活泼、热爱生活，对大自然中的各种生物都充满了好奇。自己动手饲养一些小动物，不仅可以让生活变得丰富多彩，还能培养学生的爱心和责任感，提高他们照顾他人的能力。养小金鱼省时省力，贴近学生的生活。本主题的活动有助于指导学生进一步完善已掌握的小动物饲养方法，培养学生正确的生命观，体验人与动物和谐相处的乐趣。

（三）教学目标

（1）劳动观念：通过养小金鱼的过程，培养学生关爱生命、热爱自然的意识。

（2）劳动能力：认识常用的饲养金鱼的工具并学会使用，初步学会金鱼的饲养方法，掌握清理鱼缸以及给金鱼换水的技巧。

（3）劳动习惯和品质：鼓励学生饲养金鱼、作好观察记录，养成做事细致、有始有终的好习惯，增强关爱生命的责任感。

（4）劳动精神：在劳动过程中，鼓励学生积极探索、敢于动手，培养学生细心耐心、持之以恒的劳动精神。

（四）教学重难点

（1）教学重点：树立学生关爱生命、热爱自然的意识，培养细心耐心、持之以恒的劳动精神。

（2）教学难点：学会金鱼的饲养方法，掌握清理鱼缸以及给金鱼换水的技巧。

（五）课时安排

本主题安排了"激趣导入""做好准备""梳理步骤""掌握技能""组织评价""拓展提升"六个环节，根据学生的年龄特点，建议一共分2课时进行。第1课时认识常用的金鱼饲养工具，并学会使用。学会给金鱼喂食和换水的方法，梳理出养小金鱼的一般步骤。第2课时交流小金鱼成长记录，分享饲养小金鱼的收获与反思，完成劳动评价。

（六）劳动场域

（1）劳动场所：普通教室。

（2）劳动工具：鱼缸、过滤器等。

（3）劳动材料：清水、鱼苗、鱼食等。

（七）安全保障

（1）学习劳动纪律和安全规范，过程中做好强调。

（2）备好医药箱，做好劳动过程中发生的简单意外事件的紧急处理。

（八）活动过程

1.激趣导入，明确任务

（1）教师向学生展示一缸活泼可爱的小金鱼，和学生讨论与小金鱼有关的话题，通过交流饲养小金鱼的经历、对小金鱼的认识，将本次的劳动主题和学生的现实生活相联系，激发学生的劳动兴趣。

（2）教师询问学生是否知道如何饲养小金鱼，饲养小金鱼需要注意哪些问题。引导学生思考金鱼饲养的方法和注意事项。

（3）教师明确本次活动的任务：学习并掌握饲养小金鱼的基本技能和方法，亲自饲养一条小金鱼，并观察记录其生长情况。

2.摩拳擦掌，做好准备

（1）教师在课前让学生回家观察家长养金鱼的方法，或者去就近的花鸟鱼市了解养小金鱼需要注意哪些问题等。

（2）教师向学生介绍饲养小金鱼所需的材料和工具，如鱼缸、鱼食、水草、过滤器等，并演示正确的使用方法和注意事项。

（3）学生分组领取材料和工具，做好饲养小金鱼前的准备工作。教师巡视指导，确保学生正确使用材料和工具。

（4）各小组展开讨论，制订饲养小金鱼的计划和分工合作方案。教师鼓励学生发挥创意和团队协作精神，共同完成饲养小金鱼的任务。

（5）教师指导学生了解金鱼的习性和饲养环境要求，包括水质、温度、光照等方面的知识。比如：金鱼数量少可以不用制氧机；金鱼喜冷不喜热，水温最好不超过28℃；金鱼不知道饥饱，喂食要本着定时定量、宁饿勿饱的原则；鱼缸要时刻保持干净卫生，防止金鱼生病。

（6）学生分组进行鱼缸的清洗和布置，确保给金鱼提供一个舒适、安全的饲养环境。教师检查学生的准备工作，确保每个学生都了解饲养金鱼的基本知识和操作要点。

3.视频教学，梳理步骤

（1）教师播放饲养小金鱼的教程视频，让学生直观地了解饲养的步骤和方法。视频内容包括金鱼的选择、鱼缸的布置、喂食的方法、水质的维护等关键步骤和注意事项。

（2）学生在观看视频的过程中记录关键信息，加深对饲养步骤和方法的理解。学生观看视频后，分组讨论并梳理出饲养小金鱼的详细步骤和注意事项。

（3）教师针对视频内容进行简要讲解和示范，强调饲养过程中的重要环节和注意事项。教师引导学生总结出饲养小金鱼的要点和技巧，为接下来的实践操作提供指导。

（4）教师引导学生小结并板书制作步骤：选好鱼缸—曝晒备水—移苗入缸—适量喂食—适时换水。

（5）教师要提醒学生关注细节，重点强调鱼苗选择、备水、换水等过程。养金鱼是一个长期的劳动过程，需要耐心和细心，教师要鼓励学生持之以恒，严格按照喂养步骤及方法进行。

4.淬炼操作，掌握技能

学生分小组按照梳理的步骤和方法进行实际操作练习。教师需要重点指导鱼缸恒温系统的使用、备水、喂食等活动。

（1）选好鱼缸。鱼缸的种类很多，建议学生首选玻璃鱼缸。教师也可以选择有循环供氧系统、净水系统、恒温系统、换水器的鱼缸图片或者视频给同学们观看，有条件可以提供实物让学生在课堂上观察，通过观看视频或阅读说明书，让学生了解鱼缸的安装和使用方法，引导学生学习循环供氧系统、净水系统、恒温系统、换水器的使用方法。

（2）曝晒备水。养鱼先养水，养鱼使用的最普遍的水就是自来水，但自来水不能立即使用，一般要先将适量的自来水在阳光下曝晒48小时后才能使用。教师可以提前备水，用图片将步骤及做法展示给学生。

（3）移苗入缸。教师要指导学生学会观察健康鱼苗的特点，选取鱼苗时，一看金鱼的身体是否健壮、颜色是否鲜艳，是否有外伤；二看金鱼是否灵敏有力、沉浮自如。教师可以和学生一起探讨如何根据鱼缸的尺寸确定鱼体的大小及饲养数量。教师指导学生将盛有金鱼和水的塑料袋放入备好水的鱼缸中。

（4）适量喂食。教师展示不同大小的鱼食颗粒，引导学生观察应该选取哪种颗粒喂食金鱼。金鱼没有饱腹感，因此教师要特别提醒学生每天喂食1～2次，保证每条鱼都吃到食。有条件的教师可以将金鱼带到课堂上，在明确喂食方法后，让学生在课堂上喂食，并观察金鱼如何吃食。

（5）适时换水。教师播放金鱼饲养视频，向学生说明金鱼需要1～2周换一次水，每次换水量约占鱼缸总量的四分之一。如果金鱼生病了，可采用一天一换水的方法稀释水中的病菌含量。教师现场演示清洗鱼缸过滤棉的方法，指导学生掌握。教师鼓励家里鱼缸有过滤棉的学生主动承担起每天清洗过滤棉的任务，保证鱼缸中水的清澈，体会劳动创造美丽生活的道理。

5.交流反思，组织评价

（1）学生分组交流饲养小金鱼的经验和收获，分享彼此的观察记录和心得体会；教师引导学生思考饲养过程中遇到的问题和困难以及如何解决这些问题的方法；教师鼓励学生之间相互学习和借鉴，提高自身的饲养技能和经验。通过交流反思，帮助学生巩固所学的知识和技能，培养他们的自我反思和持续改进的能力。

（2）教师对学生的饲养成果和劳动表现进行评价和总结，肯定学生的努力和进步；鼓励学生提出改进意见和建议，为今后的饲养活动提供参考和改进方向。通过交流反思环节，学生巩固了所学的知识和技能，提高了自身的自我反思能力和持续改进的动力。教师引导学生提炼出劳动精神并板书：细心耐心，持之以恒。

6.独具匠心，劳动延伸

教师引导学生思考在劳动过程中遇到了哪些困难；是如何解决的；这节课最大的感悟是什么。引导学生提炼出劳动精神并板书：细心耐心，持之以恒。

本次活动学习了养小金鱼的方法，教师带领学生亲身实践如何养金鱼，还可以鼓励学生饲养其他小动物，通过饲养体会到生命的珍贵，懂得敬畏生命。

（九）板书设计

> **小金鱼　学饲养**
>
> 选好鱼缸→曝晒备水→移苗入缸→适量喂食→适时换水
>
> 细心耐心　持之以恒

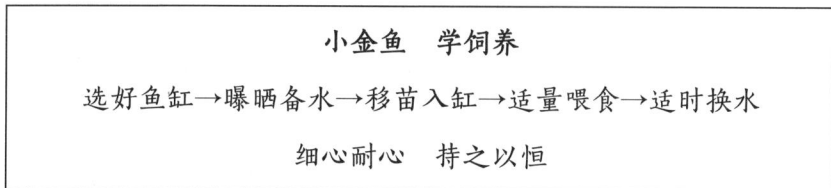

五、三年级上册：《美书签　学制作》

（一）主题解析

《美书签　学制作》是《义务教育劳动课程标准（2022年版）》第二学段（3～4年级）任务群6 "传统工艺制作" 的课程内容。

（二）学情分析

三年级的学生已经具有一定美术基础且动手能力较强，他们丰富的想象力有利于进行作品创作。《美书签　学制作》这一劳动主题从较容易操作的卷纸卷入手，引导学生走进衍纸艺术的大门。通过剪、捏、撕、拼、叠、压等手法制作衍纸作品引导学生体验制作的乐趣，提高审美的同时培养学生的观察力、想象力以及动手实践能力。

（三）教学目标

（1）劳动观念：让学生在劳动实践中了解纸艺知识，感受立体纸艺的魅力，体会劳动创造美好生活的道理。

（2）劳动能力：引导学生学会使用工具制作紧卷、松卷等基础卷，掌握纸书签的制作方法，提高创新能力及动手制作能力。

（3）劳动习惯和品质：引导学生在艺术创作中学会与人合作、分享，体会衍纸带来的乐趣，培养学生专心致志、爱惜劳动成果的良好习惯和品质。

（4）劳动精神：在劳动过程中，引导学生树立安全意识，培养学生勇于克服困难、精益求精的劳动精神。

（四）教学重难点

（1）教学重点：让学生体会劳动创造美好生活的道理，培养学生勇于克服困难、精益求精的劳动精神。

（2）教学难点：掌握纸书签的制作步骤与方法。

（五）课时安排

本主题安排了"激趣导入""做好准备""梳理步骤""掌握技能""组织评价""拓展提升"六个环节，根据学生的年龄特点，建议安排2课时进行。

（六）劳动场域

（1）劳动场所：普通教室。

（2）劳动材料：衍纸书签、纸卷、白乳胶、彩笔等。

（七）安全保障

（1）学习劳动纪律和安全规范，过程中做好强调。

（2）备好医药箱，做好劳动过程中发生的简单意外事件的紧急处理。

（八）活动过程

1.激趣导入，明确任务

（1）教师展示一些精美的书签，引起学生的兴趣；可以展示各种材质、形状、图案的书签，让学生感受到书签的多样性和美感。

（2）教师提问学生是否知道书签是什么，书签在阅读中有什么作用。教师根据课堂需要引导学生了解书签的基本用途，提高学生的鉴赏能力。

（3）教师进一步引导学生自己动手制作出独一无二的个性化书签。通过提问激发学生的参与热情、学习兴趣和创作欲望，为后面的创意制作打下基础。

（4）教师简要介绍书签的历史和文化背景，让学生了解书签不仅是一种实用工具，还蕴含着丰富的文化内涵。

2.摩拳擦掌，做好准备

（1）教师介绍制作书签所需的材料和工具，如卡纸、彩笔、剪刀、打孔器等，并说明它们的用途和使用方法。

（2）学生准备好所需的材料和工具，教师巡视指导，确保学生准备齐全。

（3）教师提醒学生注意安全使用剪刀等工具，确保操作过程中的安全。

（4）引导学生思考自己想要制作的个性化书签的样式和主题，为下一步的制作做好准备。

3.视频教学，梳理步骤

（1）教师播放一段制作书签的教程视频，让学生通过观看视频学习制作书签的步骤和方法。

（2）学生观看视频后，教师引导学生梳理出制作书签的步骤和要点，帮助学生掌握制作过程，促进学生劳动技能的掌握。

（3）教师引导学生小结并板书制作步骤：设计—制卷—布局—粘贴—装饰。

（4）教师根据学生的实际掌握情况进行补充讲解和示范，确保学生理解并掌握制作书签的方法。

（5）教师引导学生思考如何将所学的制作方法应用到自己的个性化书签制作中，鼓励学生发挥创意和想象力。

4.淬炼操作，掌握技能

学生开始动手制作书签。教师巡视指导，及时纠正学生的错误并给予鼓励和肯定。学生之间相互交流经验和技巧，共同提高劳动技能。学生根据自己设计的书签样式和主题，按照梳理的步骤进行操作。教师提醒学生注意安全使用剪刀等工具。

（1）设计样图。这一环节，教师可先带领学生欣赏完整的衍纸书签作品，通过观察构图特点、纸卷的组合方式、颜色搭配等，打开学生的创作思路。教师要特别注意引导学生依据构图特点选择纸卷形状。学生构思完成后，教师引导学生讨论制作衍纸书签的创意和想法，如动物书签、花卉书签、昆虫书签等。

在设计样图的过程中，学生可能会发现设计图案有难度，或者达不到理想的效果等问题，教师可建议学生遵循"突出特点、化繁为简、大胆创新"的设计原则，灵活解决设计中的问题，引导学生集思广益，收获解决问题的成功感。

（2）制作纸卷。教师通过现场演示、视频指导等形式，展示15种卷纸方法。教师指导学生根据设计样图，分析设计图中的形象，每一部分应该使用什么样的纸卷呈现设计效果，选择并搭配好纸卷颜色，依次卷出所需纸卷。

（3）合理布局。教师指导学生将卷好的纸卷依次放在设计好的底稿上，并根据最终效果进行微调。教师引导学生从纸卷的形状、呈现的效果两方面进行调整，使作品完美呈现。

（4）依次粘贴。摆放好位置后，教师指导学生在纸卷底部涂抹白乳胶，摆放好位置后进行粘贴，对于不易拿取的细小零件，可用镊子小心夹取。制作过程中，教师及时提醒学生注意胶水使用量以及画面的整洁，并随时关注桌面卫生，注重良好卫生习惯的养成。

（5）装饰美化。根据学生作品布局效果，教师提醒学生可以对有留白的作品进行适当的文字填充，使构图更加美观。教师引导学生发挥创意和想象力，在制作过程中加入个性化元素，使书签更具特色和个性，如可以使用羽毛、线穗来进行装饰，使作品更实用、更精致。学生完成书签制作后，教师指导学生进行整理和装饰，使书签更加精美和完整。

5.交流反思，组织评价

（1）教师鼓励学生分享自己的作品和制作经验，其他同学给予评价和建议，促进学生之间的学习和交流。

（2）学生将制作好的书签放入书包或夹入书中，教师提醒学生注意使用方法，保护书签的完整性。

（3）指导学生反思自己在制作过程中的得失与不足之处。通过实践操作培养学生的动手能力和创造性思维，提高他们的劳动技能和综合素质。

（4）鼓励学生在日常生活中多加练习和实践，提高自己的劳动技能和创造力。在实践中不断探索和创新，提升自己的综合素质和能力。

（5）教师可以组织一些拓展活动或比赛，激发学生的兴趣和动力，培养他们的竞争意识和创造力。

6.独具匠心，拓展延伸

教师要鼓励学生在日常生活中坚持练习，掌握各种技巧，并进行大胆创意构思，制作更多精美的书签作品。

教师引导学生思考在劳动过程中遇到了哪些困难；是如何解决的；这节课最大的感悟是什么。引导学生提炼出劳动精神并板书：克服困难，精益求精。

教师向学生推荐一些相关的劳动课程或资料，帮助他们深入学习和探索更多的劳动技能和知识，提高他们的综合素质和实践能力，为将来的学习和工作打下坚实的基础。

（九）板书设计

$$\boxed{\begin{array}{c} \textbf{美书签　学制作} \\ \text{设计→制卷→布局→粘贴→装饰} \\ \text{克服困难　精益求精} \end{array}}$$

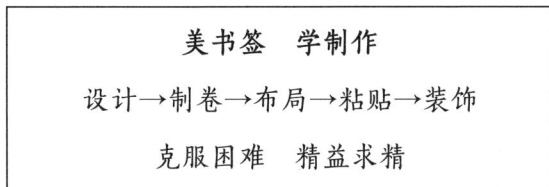

六、三年级下册：《爱多肉　学栽种》

（一）主题解析

《爱多肉　学栽种》是《义务教育劳动课程标准（2022年版）》第二学段（3～4年级）任务群5"农业生产劳动"的课程内容。

（二）学情分析

三年级的学生，经历过一些农业生产劳动体验，已经具备了一定的农业生产知识，动手操作能力也比较强。《爱多肉　学栽种》这一劳动主题的学习使学生掌握栽培多肉植物的方法，提高他们美化环境的意识，提高他们的劳动技能，培养他们热爱劳动的观念，唤起他们的劳动意识，丰富他们的劳动体验。

（三）教学目标

（1）劳动观念：引导学生在多肉栽培过程中感受劳动成果的来之不易，体会劳动能创造美好生活的道理。

（2）劳动能力：引导学生学会栽培多肉的基本方法和技术要点，并能进行日常养护，提高动手能力。

（3）劳动习惯和品质：培养学生尝试学习多肉植物的其他繁殖方法，能持续对多肉植物进行养护管理，形成勇于创新、坚持不懈的劳动习惯。

（4）劳动精神：在劳动过程中，培养学生仔细专注、精益求精的工匠精神。

（四）教学重难点

（1）教学重点：体会劳动创造美好生活的道理，培养学生仔细专注、精益求精的工匠精神。

（2）教学难点：学会栽培多肉的基本方法和技术要点。

（五）课时安排

本主题安排了"激趣导入""做好准备""梳理步骤""掌握技能""组织评价""拓展提升"六个环节，根据学生的劳动能力和本课劳动内容的特点，建议2课时完成。第1课时学习多肉植物的相关知识，练习并掌握栽培多肉植物的基本步骤和技巧。第2课时开展"我的多肉"成果汇报展示活动，学生自主选择展示形式，分享劳动成果与收获，评选"栽培小能手"，完成劳动评价。

（六）劳动场域

（1）劳动场所：普通教室。

（2）劳动工具：花盆、铲子、水壶、抹布等。

（3）劳动材料：多肉植物、网纱、赤玉土、营养土、颗粒肥等。

（七）安全保障

（1）学习劳动纪律和安全规范，过程中做好强调。

（2）备好医药箱，做好劳动过程中发生的简单意外事件的紧急处理。

（八）活动过程

1.激趣导入，明确任务

（1）教师向学生展示不同种类的多肉植物，让学生直观地感受多肉植物的魅力，引导学生了解多肉植物的种植和养护，从而引起学生的兴趣。

（2）教师简要介绍多肉植物的特点和魅力，让学生了解多肉植物的多样性。

（3）多肉植物在日常生活中比较常见，教师引导学生交流自己见过或者养殖过的多肉植物，说说它的形状特点、名称等，以此激发学生的参与热情。

（4）播放一段关于多肉植物生长和变化的视频，让学生感受多肉植物的生命力和美感。

2.摩拳擦掌，做好准备

（1）教师向学生介绍栽种多肉植物所需的材料和工具，如多肉植物苗、花盆、土壤、喷壶等。

（2）学生分组领取材料和工具，教师巡视指导，确保每个学生都能正确使用。

（3）教师讲解多肉植物的栽种和养护知识，包括土壤的选择、浇水的频率和方法、光照的要求等。学生认真听讲，做好笔记，为接下来的实践操作做好准备。

（4）教师鼓励学生提问并解答学生的疑惑和问题。引导学生思考如何为自己的多肉植物创造一个良好的生长环境，培养学生的责任感和环保意识。教师指导学生了解枝插法栽培多肉植物的相关知识，如选择什么样的枝条进行扦插，截取下来的枝条需要进行怎样处理等。

（5）教师检查学生的准备工作，确保每个学生都了解栽种多肉植物的基本知识和操作要点。

3.视频教学，梳理步骤

（1）教师播放一段多肉植物栽种的教程视频，让学生直观地了解栽种的步骤和方法。视频内容包括选择合适的花盆、配置适宜的土壤、正确栽种多肉植物苗、浇水及日常养护等。

（2）学生在观看视频的过程中记录关键信息，加深对栽种步骤和方法的理解。学生观看视频后，分组讨论并梳理出栽种多肉植物的详细步骤和注意事项。教师引导学生总结出栽种多肉植物的要点和技巧，为接下来的实践操作提供指导。

（3）教师引导学生小结并板书制作步骤：选择器皿—配制土壤—土壤装盆—种植多肉—养护管理。

（4）教师针对视频内容进行简要讲解和示范，强调栽种过程中的重要环节和注意事项。同时鼓励学生发挥创意，为自己的多肉植物设计独特的造型和搭配。

4.淬炼操作，掌握技能。

学生按照梳理的步骤和方法分小组进行实际操作练习。

（1）选择器皿。教师指导学生给多肉植物选花盆时要选择透气性和排水性好的，最好选择与多肉植物的色彩搭配相得益彰的花盆，而且要根据植株的高矮选择合适的花盆。一般高的植株要用深一点的盆，矮的且根系少的植株用浅的敞口盆即可。教师可以鼓励学生利用废旧器皿进行创意改造制作花盆。

（2）配制土壤。多肉植物一般需要疏松透气、排水性良好、营养充沛的土壤。教师可以指导学生加入赤玉土等材料提升土壤的松软度，使土壤透气性更佳。土壤配制完成后要在高温条件下进行消毒杀菌处理，也可以加入可以起到杀菌消毒作用的煤渣。这部分教学教师也可以根据实际情况提前为学生配置好土壤，引导学生观察，总结出土壤的配置方法。

（3）土壤装盆。教师注意提醒学生装土之前在底部排水孔垫一层网纱，也可以是纱布、旧布料、小石子等，以防虫害和漏土。

（4）种植多肉。教师指导学生采用移栽或叶插等方法进行种植，提醒学生选择生长习性相同或相近的多肉植物进行组合栽培；还要根据株型、株高搭配组合，使多肉植物看起来有层次；颜色也需搭配合理，一般运用互补色、近似色、单色、暖色或冷色的色彩搭配方法。

多肉植物栽培的方法很多，教师可以在学生自主探究的基础上进行梳理归纳。如叶插多肉，选择好的叶片直接摆放在花盆里就好；移栽多肉植物要将根部冲洗干净后，把一些烂根、空根和干根剪掉，如果根部和叶片背面有虫子，可以用镊子或小刷子清除。多肉植物种植完成后，可以指导学生用彩色小石子或其他装饰物点缀装饰。

（5）养护管理。养护管理主要在日常进行，教师可以集中讲解多肉管理注意事项，也可以引导学生交流多肉植物种植管理过程中出现的问题，结合具体的问题进行管理方法讲解。

①浇水：遵循"不干不浇，浇则浇透"的原则。教师注意提醒学生，炎热的夏季不能用喷壶往叶面上喷水。

②光照：教师指导学生了解多肉植物虽然都有向阳性特点，但是一定

要避免强光长时间照射，同时要经常转换方向，避免多肉植物向一个方向倾斜。

③通风：教师提醒学生要经常开窗或把多肉植物搬到室外通风，防止病菌滋生。

④防虫害：多肉植物上的害虫多为红蜘蛛和介壳虫。出现虫害时除了用毛刷驱除外，还可以用杀虫溶液喷杀。教师还可以拓展一些多肉植物虫害及防治的相关内容。

5.交流反思，组织评价

教师引导学生围绕多肉植物栽培的技术要领以及劳动过程中个人的劳动态度、内心感悟、收获反思等方面进行交流；引导学生从多个角度展开评价，通过个人、小组、班级间的成果展示和评比，评选"栽培小能手"，强化学生正确的劳动观念，通过向榜样看齐，学习优良劳动品质，激发学生的劳动热情。

6.独具匠心，拓展延伸

教师引导学生思考在劳动过程中遇到了哪些困难；是如何解决的；这节课最大的感悟是什么。引导学生提炼出劳动精神并板书：仔细专注，精益求精。

教师鼓励学生根据多肉植物的形态特点，选择好栽易活、易于管理的多肉植物进行栽培，并搭配错落有致的盆景，美化环境，引导学生感受种植的乐趣，提升动手实践能力。

（九）板书设计

爱多肉　学栽种

选择器皿→配制土壤→土壤装盆→种植多肉→养护管理

仔细专注　精益求精

七、四年级上册:《小纽扣　钉牢固》

(一)主题解析

《小纽扣　钉牢固》是《义务教育劳动课程标准(2022年版)》第二学段(3~4年级)任务群6"传统工艺制作"的课程内容。

(二)学情分析

纽扣是我们日常生活中的必备品,它不仅起着固定的作用,而且还是服装上不可缺少的装饰物。生活中,学生经常会遇到衣服纽扣丢失的情况,但是他们的生活经验及动手能力不足,大部分没有尝试过自己钉纽扣,需要家长的帮忙。四年级学生思维活跃,好奇心强,愿意接受和尝试新事物。《小纽扣　钉牢固》这一劳动主题的学习可以指导学生掌握基本的生活技能,增强他们的动手能力和自我管理能力,让他们体会劳动的快乐。

(三)教学目标

(1)劳动观念:引导学生在钉纽扣体验中,感受劳动的乐趣,树立劳动创造美好生活的意识。

(2)劳动能力:教会学生穿针引线和打结等基本技能,掌握钉双眼扣的方法,提高动手操作能力及生活自理能力。

(3)劳动习惯和品质:鼓励学生将学到的手缝技法应用到日常生活中,养成主动服务自己和他人的劳动习惯。

(4)劳动精神:在动手操作过程中,培养学生严谨认真、精益求精的劳动精神。

（四）教学重难点

（1）教学重点：树立劳动创造美好生活的意识，培养学生严谨认真、精益求精的劳动精神。

（2）教学难点：学会穿针引线和打结等基本技能，掌握钉双眼扣的方法。

（五）课时安排

本主题安排了"激趣导入""做好准备""梳理步骤""掌握技能""组织评价""拓展提升"六个环节，根据学生的劳动能力和本课劳动内容的特点，建议2课时完成。第1课时了解不同种类的纽扣，学习穿针引线和打结等基本手缝技能，掌握钉双眼扣的方法与技巧。第2课时组织钉纽扣比赛，评选"钉纽扣小能手"，在此基础上分享学生的劳动收获与反思，完成劳动评价；引导学生自主创新，学会钉四眼扣、单眼扣等不同种类的纽扣，争做"钉纽扣小达人"。

（六）劳动场域

（1）劳动场所：普通教室或专用教室。

（2）劳动工具：针、剪刀、收针器、穿针器、顶针等。

（3）劳动材料：线、纽扣、旧布等。

（七）安全保障

（1）学习劳动纪律和安全规范，过程中做好强调。

（2）备好医药箱，做好劳动过程中发生的简单意外事件的紧急处理。

（八）活动过程

1.激趣导入，明确任务

（1）谜语导入，激发兴趣。教师出示谜语：兄弟数人各有家，晚上出门早回家，一家紧挨一家住，走错一家笑掉牙。教师引导学生猜谜语后，给出谜底纽扣，激发学生的兴趣，引出主题。

（2）引导学生交流在日常生活中，见过哪些纽扣，如果衣服上的纽扣掉了怎么办，想不想自己动手学习钉纽扣.与学生交流讨论，从而引入劳动主题。

（3）教师出示一件旧衬衫，向学生展示已经钉好的纽扣，并强调纽扣钉得牢固的重要性。教师引导学生思考如何让纽扣牢固地钉在衣服上，并引出本次活动的主题"小纽扣 钉牢固"。

2.摩拳擦掌，做好准备

（1）教师介绍钉纽扣所需的材料和工具，如针线、纽扣、剪刀、顶针、旧布料等，并说明它们的用途和使用方法。

（2）准备工具，做好检查。学生准备好所需的教材和道具，教师给没有带齐的学生发放备用的材料和工具，教师巡视指导，确保每个学生都有工具和材料。

（3）教师强调要注意安全，如使用剪刀时不要伤到手等。

（4）教师引导学生思考如何正确使用缝纫工具，为接下来的实践操作做好准备。

3.视频教学，梳理步骤

（1）教师播放一段钉纽扣的教程视频，让学生直观地了解钉纽扣的步骤和方法。

（2）学生观看视频后，分组讨论并梳理出钉纽扣的详细步骤和注意事项。教师巡视指导，帮助学生理解并总结出钉纽扣的要点和技巧。

（3）教师引导学生小结并板书制作步骤：选配纽扣—穿针引线—打起针结—背面进针—钉牢纽扣—打止针结。

（4）教师针对视频内容进行简要讲解和示范，强调钉纽扣过程中的注意事项，引导学生初步了解钉纽扣的方法与步骤。比如，要根据衣服选择合适的纽扣；根据纽扣的用途选择不同颜色的线；纽扣的位置要与衣服上的扣眼对齐；钉纽扣时，线不能拉得太紧，也不能太松，做到既结实又美观等。

（5）学生按照教师总结的步骤和方法进行模拟练习，教师巡视指导，纠正学生的错误操作。起针结和打止针结这两种基本的打结方法是钉好纽扣的关键，需要重点讲解。教师通过视频或者现场演示的方式指导学生学习打结步骤，提高动手能力，打出牢固且美观的针结。

4.淬炼操作，掌握技能

规范姿势，练习基本功。教师示范：右手拿针左手捏线，将线的一头留出适当的长度，用大拇指和食指搓一下，然后将线剪断。学生跟着一起练习。教师强调正确姿势：两腿平放，腰挺直，脚跟靠拢。学生一一调整姿势。教师组织学生分组进行钉纽扣的操作练习。

（1）选配纽扣。纽扣的选择直接影响衣服的美观度，教师可以引导学生在小组内观察各自准备的纽扣，并讨论交流如何根据衣服选择颜色、形状、大小、材质合适的纽扣。教师出示几组钉好纽扣的衣服图片，引导学生掌握为衣服选配合适纽扣的方法，培养学生的审美能力。

（2）穿针引线。穿针引线的关键在于双手的配合，这对于四年级的学生来说难度不是很大。教师通过播放视频或现场演示的方式，指导学生先用剪刀把线头剪齐，一手拿针，一手拿线，将线头对着针孔穿进去，双手再互换位置，一手捏住线头，往上方引线。教师要引导学生关注细节，看似简单的劳动，也有很多小技巧。例如：如何更加快速地穿针；遇到较厚的布料，不容易穿透，怎么办。由此引导学生认识缝制工具（穿针器、顶针）。在操作过程中，要提醒学生注意安全。

（3）打起针结。教师演示打起针结的方法：线在一只手的食指缠绕一圈，形成环形，另一只手的食指和拇指轻轻捏住线头从中间穿过，往外引线；也可以借助起针结图示讲解。教师演示讲解完成后，可以分组进行练习，共同克服困难，培养学生互帮互助的精神。

（4）背面进针。钉纽扣要把纽扣定好位，纽扣的位置要与衣服上的扣眼对齐，确定好纽扣位置后，可以用粉笔或水笔做标记，左手捏牢纽扣和布片。教师指导学生将扣子正面朝上，一手捏扣，一手持针，对准扣子上的小孔，从背面进针。从背面进针有两方面好处，一方面能把起针结藏起来，另一方面可以使缝完的扣子走线更加整齐美观。

（5）钉牢纽扣。这一步相对比较简单，可以让学生分组自主探究完成，鼓励学生大胆创新。教师随时发现问题，及时进行纠正，指导学生把针线从两个小孔之间反复穿拉几次，纽扣会钉得更加牢固；提醒学生注意操作安全，进针时针要对准扣孔，注意手不要放在扣孔处，以免扎伤手指；出针时针尖朝内，针尾朝外，以免伤到别人。

（6）打止针结。教师现场演示打止针结的方法：将线尾绕针头缠绕三圈，一只手摁住线，另一只手把针拉出来，将线拉紧。这个步骤对于部分动手能力弱的学生相对有一定的难度，教师要鼓励学生揣摩技巧，多练习几遍，也可以让熟练的学生进行示范指导。剪线头时，教师要提醒学生留约5毫米的线头，否则太长影响美观，太短容易脱线。

5.交流反思，组织评价

（1）学生展示自己的作品，并分享自己在钉纽扣过程中收获的经验和心得。

（2）其他同学和老师对学生的作品进行评价，可以从纽扣的牢固度、美观度、创新性等方面进行点评。

（3）学生之间相互交流在钉纽扣过程中遇到的问题和解决方法，共同总结经验教训。

（4）教师引导学生总结归纳各个步骤及各环节的注意事项，比如纽扣的选择是否合适，起、止结打得是否牢固等，鼓励学生有耐心、有信心、有创意地完成纽扣缝制。引导学生反思自己在钉纽扣过程中的不足之处，提出改进意见和建议。引导学生交流自以为最难的一步，让学生敢于说出困难之处，从而更有针对性地进行技能巩固。

（5）教师引导学生围绕钉纽扣的技能掌握、内心感悟及劳动收获等方面进行交流，从纽扣是否牢固、终止结与针脚是否美观等方面进行评价。通过评选"钉纽扣小达人"，鼓励学生向身边的劳动榜样学习，激发学生的劳动兴趣。

6.总结提炼，拓展提升

教师引导学生思考在劳动过程中遇到了哪些困难；是如何解决的；这节课最大的感悟是什么。引导学生提炼出劳动精神并板书：严谨认真，精益求精。

小纽扣，大学问。钉纽扣是一件小事，但却蕴藏着无限的智慧。教师可以鼓励学生在日常生活中积极参与家务劳动，做自己力所能及的事情。父母或自己的纽扣掉了，主动承担钉制任务。不同的纽扣需要选择不同的针线，缝钉的方法也有所不同，教师鼓励学生争做"钉纽扣小达人"，掌握更多的钉纽扣技法，并尝试学习其他缝纫技能，提高动手操作及创新能力，在劳动中体会成就感和自豪感。

（九）板书设计

小纽扣　钉牢固

选配纽扣→穿针引线→打起针结→背面进针→钉牢纽扣→打止针结

严谨认真　精益求精

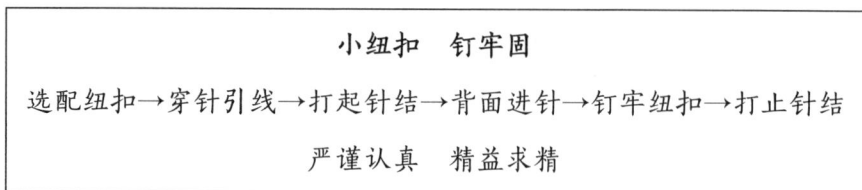

八、四年级下册：《小沙包　自己缝》

（一）主题解析

《小沙包　自己缝》是《义务教育劳动课程标准（2022年版）》第二学段（3～4年级）任务群6"传统工艺制作"的课程内容。

（二）学情分析

学生在生活中经常玩沙包，但很少有学生自己动手缝制沙包，缺乏手工缝制沙包的基础和经验。结合四年级学生的年龄特点与劳动基础，开展"缝沙包"活动。通过学习缝制沙包的方法及技能，引导学生学习手缝针法技能，增强学生自理能力和独立意识，感受劳动乐趣，激发学生热爱劳动、尊重劳动的品质。

（三）教学目标

（1）劳动观念：引导学生感受缝沙包的乐趣，比较沙包翻面前后的不同变化和特点，感受劳动蕴含美丽、劳动创造美丽的道理。

（2）劳动能力：引导学生学会穿针打结及平针、卷针的基本针法，掌握缝制六面沙包的方法和步骤，提高动手操作能力。

（3）劳动习惯和品质：将学到的沙包缝制技法应用到其他缝制活动中，养成自理自立的劳动习惯，培养专心致志的劳动品质。

（4）劳动精神：在劳动过程中，鼓励学生大胆尝试、不怕失败，培养学生耐心细致、严谨认真的劳动精神。

（四）教学重难点

（1）教学重点：培养学生耐心细致、严谨认真的劳动精神，懂得劳动创造美好生活的道理。

（2）教学难点：学会穿针打结及平针卷针的基本针法，掌握缝制六面沙包的方法和步骤。

（五）课时安排

本主题安排了"激趣导入""做好准备""掌握技能""交流提升""组织评价""拓展延伸"六个环节，主要学习缝制沙包要用到的平针法和卷针法，掌握缝制六面沙包的方法与步骤。根据四年级学生的年龄特点，建议2课时完成。第1课时了解沙包的相关知识，学习缝制沙包要用到的平针法和卷针法，掌握缝制正方体沙包的方法与步骤。第2课时组织小组进行缝沙包比赛，评选缝沙包小能手，在此基础上引导学生分享劳动收获与反思，完成劳动评价。

（六）劳动场域

（1）劳动场所：普通教室或专用教室。

（2）劳动工具：沙包、针、剪刀、收针器、顶针、勺子等。

（3）劳动材料：线、旧布料、填充物（沙子、豆子等）等。

（七）安全保障

（1）学习劳动纪律和安全规范，过程中做好强调。

（2）备好医药箱，做好劳动过程中发生的简单意外事件的紧急处理。

（八）活动过程

1.激趣导入，明确任务

（1）教师出示谜语：四方方几块布，缝一起做玩具，能抛能踢能投篮，小朋友们都喜欢。引导学生猜物品，引出沙包，导入主题。

（2）观看玩沙包游戏视频，激发兴趣。

（3）揭示课题：教师直接揭示主题——缝沙包。

2.出示清单，做好准备

（1）明确本节课的任务清单：学习起针、止针打结方法；掌握平针、卷针等手工针法；能独立缝制一个沙包。

（2）教师出示沙包让学生观察，并提问缝制沙包可能会用到哪些材料和工具。教师引导学生认识布片、细沙子等材料的性能和剪刀、针、顶针等工具的使用方法；通过观看顶针的介绍视频认识传统劳动人民的智慧。

3.视频教学，梳理步骤

（1）观看视频。请同学们边看视频边思考缝制沙包的步骤有哪些。

（2）确定步骤。

教师通过引导，根据学生回答小结说明缝沙包需要"选布、裁剪、缝制、翻面、填充、封口、检查"七个步骤。

教师讲解各步骤的注意点，例如在讲解翻面时，教师引导学生思考为什么要翻面，不翻面会怎么样。

（3）突破难点。

①试一试：穿针打结。组织学生观看起针结和止针结的视频，引导学生观察、比较，并进行穿针、打起针结、打止针结的练习。

②学一学：平针卷针。缝沙包主要用到平针、卷针等基本针法，缝制时针脚要紧密，针距要匀称，每种针法实践5～6针即可。

（4）解决问题。教师让学生分组讨论在缝制沙包过程中要注意哪些安全和卫生问题，注意引导学生大胆交流，逐步总结出操作时的注意事项：使用剪刀和针线时一定要注意安全；填充时在沙包下方垫一张纸接住洒落的沙子等，保持卫生良好。

4.淬炼操作，掌握技能。

（1）分组实践。

明确要求：

①缝制时间最长为12分钟；

②过程要求：安静认真　参与积极　卫生整洁　团结协作；

③结果要求：速度、结实、美观。

教师打开计时器，给出12分钟时间。在学生实践过程中，教师随机巡视，既要注意发现典型及时表扬，也要注意对个别方法不正确的学生给予指导。在缝沙包过程中，有的学生先完成，教师可聘请他们担任"小先生"，让动手能力强的学生帮助能力弱的学生进行实践操作。

（2）收拾整理。以最快的速度将工具材料收拾整理完毕的前两名小组将会获得加星。通过收拾整理工具材料，将学生从实践操作的情境中唤回到总结反思情境中。

5.交流反思，组织评价

（1）交流反思。请学生说一说自己小组在制作过程中遇到的困难和问题，收获了哪些经验和技巧。

（2）组织评价。观察员先给各小组贴上大拇指，然后进行汇报，教师适时补充，得票最多的两个小组为"优秀小组"。

（3）榜样激励。对最先完成的四位同学授予"缝制小达人"称号，并颁发学校"劳动表扬卡"予以奖励，同时请他们到讲台前，说一说自己的经验和感受。

6.总结反思，拓展提升

（1）价值精神。在缝制过程中你最大的感受是什么；你有哪些收获和体验。引导学生体会劳动价值，形成劳动精神，着重引导学生在一针一线的操作中感受专心致志的态度和精益求精的精神。板书：专心致志，精益求精。

（2）拓展延伸。教师出示各种形状的沙包，如粽子沙包、球形沙包、十二面体沙包等，引导学生发现一个小小沙包的玩法也是可以千变万化的。同时拓展其他生活用品的缝制，如沙发靠垫、小枕头等，激发学生劳动的创造性，感受劳动给生活带来的变化，享受劳动的快乐与美好。

（3）课后任务。学生练习穿针引线、打结、平针卷针等针法，达到熟练；尝试独立缝制一个沙包；和同学一起玩沙包游戏，争做"沙包小达人"。

（九）板书设计

```
┌─────────────────────────────────────┐
│         小沙包　自己缝               │
│  选布→裁剪→缝制→翻页→填充→封口→检查  │
│      专心致志　精益求精              │
└─────────────────────────────────────┘
```

九、五年级上册：《金属丝　便签夹》

（一）主题解析

《金属丝　便签夹》是《义务教育劳动课程标准（2022年版）》第三学段（5~6年级）任务群6"工业生产劳动"的课程内容。

（二）学情分析

学生在生活中偶尔会用到便签，但很少有学生自己动手制作便签夹，结合五年级学生的年龄特点与劳动基础，开展"制作金属丝便签夹"活动，通过学习制作简易金属丝便签夹的方法及技能，引导学生学习尖嘴钳的使用方法和便签夹的制作方法，增强学生的独立意识和创新能力，感受劳动乐趣，让学生形成热爱劳动、尊重劳动的品质。

（三）教学目标

（1）劳动观念：引导学生感受制作便签夹的乐趣，懂得"一分耕耘，一分收获"的道理。

（2）劳动能力：指导学生掌握尖嘴钳的使用方法及金属丝的加工技术，能识读简单的产品技术图样，尝试将金属丝设计制作成简易的便签夹并测试。

（3）劳动习惯和品质：使学生在制作过程中养成自觉自愿、认真负责、专心致志、有始有终的劳动品质，激发学生学习金工的积极性。

（4）劳动精神：在制作过程中，培养学生勤俭节约、不怕困难、精益求精的劳动精神。

（四）教学重难点

（1）教学重点：培养学生勤俭节约、不怕困难、精益求精的劳动精神。

（2）教学难点：正确使用尖嘴钳制作金属丝便签夹。

（五）课时安排

本主题安排了"情境导入""做好准备""梳理步骤""掌握技能""组织评价""拓展提升"六个环节，根据五年级学生的年龄特点，建议1课时完成。

（六）劳动场域

（1）劳动场所：普通教室或专用教室。

（2）劳动工具：尖嘴钳。

（3）劳动材料：金属丝每人2根、便笺纸每人2张、海绵板每组2块。

（七）安全保障

（1）学习劳动纪律和安全规范，过程中做好强调。

（2）备好医药箱，做好劳动过程中发生的刺伤等简单意外事件的紧急处理。

（八）活动过程

1.创设情境，导入主题

（1）谈话导入：教师向学生展示一个制作完成的金属丝便笺夹，和学生讨论有关便签夹的话题，引导学生亲手制作一个金属丝便签夹。

（2）揭示课题：教师直接揭示这节课的主题——金属丝便签夹。

2.出示清单，做好准备

（1）制作前，出示任务清单：学习尖嘴钳的使用方法；用尖嘴钳制作金属丝便签夹。

（2）教师出示便签夹让学生观察，并准备好制作金属丝便签夹需要用到的材料和工具。

（3）教师引导学生认识尖嘴钳和金属丝、便笺纸，重点强调尖嘴钳的安全使用规范。

①认识尖嘴钳：尖嘴钳是常用的金工工具，头部尖细，适合在狭小的空间操作。

②尖嘴钳握法：尖嘴钳有平握和立握两种握法，握把中间有弹簧，松

开手会自然弹开，不需要食指垫在中间。

③金属丝加工方式：弯折、弯圆、围方。

3.视频教学，梳理步骤

（1）教师现场示范制作金属丝便签夹，同步播放制作视频。

（2）师生梳理制作步骤：

①画草图；

②扭轮廓；

③插底座。

（3）教师提醒学生将提醒自己或他人的内容写在便签上，检查便签夹是否能夹得稳。

4.淬炼操作，掌握技能

（1）学生尝试进行制作。给学生3分钟的时间，制作一个棒棒糖金属丝便签夹。

（2）开展比赛。设计并制作一个金属丝便签夹。

①比拼内容：根据自己设计的简单成品图样独立完成一个金属丝便签夹的制作。

②比拼标准：规定时间内全部完成的小组积1分，便签夹夹得稳、设计有特色的小组积1分。

③比拼时间：7分钟。

比赛过程中教师可以到各小组巡视指导，对于操作困难的学生予以帮助，教师提醒学生将自己容易忘的事或同学、家人容易忘的事写在便签上，充分利用便签夹。

5.交流反思，组织评价

（1）组织评价。对自评和他评得星都在25颗以上的同学进行表扬，对得星在10颗以下的同学进行肯定和鼓励。对于已经完成的小组进行表扬，从"速度快""夹得稳"两个方面进行小组评价，从"有特色"一个方面进行个人作品评价，对相应小组和个人进行奖励，最终评选出最佳小组和制作小达人，颁发表扬卡和奖品。

（2）交流反思。引导学生思制作过程中遇到哪些困难；是如何解决的；你有什么感悟。启发引导学生体会劳动过程中要有"专心致志"的品质，对劳动成果要有"精益求精"的精神。

6.总结反思，拓展提升

（1）拓展延伸。感悟金属丝编织传承人的工匠精神。

（2）课后任务。制作金属丝便签夹送给亲朋好友；发挥想象，尝试用金属丝制作其他能够方便生活的用品。

（九）板书设计

金属丝　便签夹
画草图→扭轮廓→插底座
专心致志　精益求精

附：学生课堂学习单

班级：_____　姓名：_____　小组：_____　日期：___月___日

"制作金属丝便签夹"设计方案	
设计草图：	金属丝便签夹设计参考：1.速度快 2.夹得稳 3.有特色

十、五年级下册：《称人结 学本领》

（一）主题解析

《称人结 学本领》是《义务教育劳动课程标准（2022年版）》第三学段（5～6年级）任务群5"传统工艺制作"的课程内容。

（二）学情分析

绳结在日常生活和劳动生产实践中随处可见，五年级的学生在生活中会经常用到各种打结的技能，比如系鞋带、系红领巾、系衣服上的装饰带等，让学生掌握一些常用打结的方法，体会绳结的实用价值是劳动教育中的一项重要内容，对于提高学生的生存技能和自救能力有着极为重要的意义。"称人结 学本领"这一主题活动有利于激发学生探索欲望，让学生学会打基本绳结和称人结，并利用绳结技法解决生活中的实际问题。

（三）教学目标

（1）劳动观念：通过了解绳结的实用功能、学习打绳结的技法等活动，感受绳结在生活中的实用性和重要性，体会劳动的艰辛和乐趣，认同劳动创造美好生活的道理。

（2）劳动能力：能在教师的引导下，通过多种途径了解绳结，掌握打称人结的技能，并利用这些技能解决生活中的实际问题。

（3）劳动习惯和品质：能在日常生活中灵活运用打结技能，养成善于思考、勤于动手的劳动习惯，培养吃苦耐劳、持之以恒的劳动品质。

（4）劳动精神：在动手实践过程中，培养学生执着专注、乐于探究、勇于尝试、不怕困难的劳动精神和精益求精的工匠精神。

（四）教学重难点

（1）教学重点：体会劳动的艰辛和乐趣，感受劳动创造美好生活的道理。

（2）教学难点：掌握打称人结的方法。

（五）课时安排

本主题安排了"激趣导入""做好准备""梳理步骤""掌握技能""组织评价""拓展提升"六个环节，主要学习称人结的打结方法，反复练习并熟练掌握。根据五年级学生的年龄特点，建议2课时完成。

（六）劳动场域

（1）劳动场所：普通教室或专用教室。

（2）劳动工具：细尼龙绳、粗尼龙绳、矿泉水。

（七）安全保障

（1）学习劳动纪律和安全规范，过程中做好强调。

（2）备好医药箱，做好劳动过程中发生的简单意外事件的紧急处理。

（八）活动过程

1.激趣导入，明确任务

生活中处处都有美，一条小小的绳子，经过不同的打结方法可以有多种变化。教师引导学生明确本节课的任务——学习"称人结 学本领"。

2.出示清单，做好准备

（1）材料：教师为学生准备两种绳子作为本节课的材料，一种为细尼龙绳，另一种为粗尼龙绳。

（2）分类：教师引导学生根据绳结使用特点将绳结分为两类，分别为装饰性绳结和实用性绳结。

（3）清单：教师带领学生学习两种绳结的打结方法，并出示劳动任务清单。

3.视频教学，梳理步骤

（1）单结。播放打单结示意图。教师重复课前的小游戏，演示单结的打法。将绳子绕个圈，穿过来，拉一拉，一个单结就打好了。两根绳子各打一个单结，就可以把两根绳子连接在一起；将两根绳子的末端重叠，打一个单结，就可以迅速连接两条相同粗细的绳子，或是将一根绳子作为绳环使用。

（2）称人结。称人结有"绳结之王"称号，是一个可靠而又容易打的圈结，永不会滑脱和走样，优点是容易拆解，因此常用于称物称人。

（3）用称人结绑物体。学生练习打称人结绑矿泉水瓶，要求绳结绑在矿泉水的中部，要绑得稳。教师提醒学生绳子要从下面绕回。

（4）称人结如何称人。教师带领学生一起学习称人结的打法，提醒学生手腕要从绳子里面穿出。教师分步反复指导，对于学生难理解的反腕穿绕进行多加示范。

4.淬炼操作，掌握技能

（1）出示打称人结大比拼要求。

①比拼内容：打称人结。

②比拼场次：一共分2轮，第1轮为细绳绑矿泉水瓶，第2轮为粗绳绑自己身体。

③评价标准：用时最短、方法正确。

④比拼要求：每小组每一轮推荐1名代表上台进行比拼。

⑤比拼结果：获胜队员所在小组将向上进一格。

⑥比拼说明：各小组有3分钟时间进行练习和选人，组长负责组织好选人。

（2）学生进行分组自主练习，强化巩固称人结的打法，教师请打结打得好的学生担任"小老师"。

（3）开展打称人结比拼活动。

（4）表扬劳动最佳小组、劳动优秀个人，为学生树立榜样，养成劳动精神。

5.交流反思，组织评价

教师引导学生围绕绳结技巧的掌握以及劳动的收获、反思等方面进行交流，通过自评、互评这两种方式，从学生的劳动作品、劳动技能、劳动态度等方面进行评价。

6.总结反思，拓展提升

教师引导学生思考在劳动过程中遇到了哪些困难；是如何解决的；这节课最大的感悟是什么。引导学生提炼出劳动精神并板书：专心致志，勇于创新。

生活中会用到多种多样的打结方法，如野营驻扎固定绳子时用到的营钉结、用于高空降落时防滑的八字结等实用性绳结。从古至今，勤劳智慧的中国人还发明了各种美丽的双钱结、吉祥结、中国结等装饰性绳结，通过劳动创造出财富，美化了生活。

一根小小的绳子，千变万化。劳动可以创造幸福的生活，劳动可以让我们的生活变得更美好，只要我们努力，生活中处处都会充满精彩，希望同学们做一名有心人，用自己的双手去创造一个更加美好的世界。

（九）板书设计

称人结　学本领

交叉绳子→绕圈拉出→绳头绕回→抽绳拉紧

专心致志　勇于创新

十一、六年级上册：《纸浆画　有创意》

（一）主题解析

《纸浆画　有创意》是《义务教育劳动课程标准（2022年版）》第三学段（5～6年级）任务群5"传统工艺制作"的课程内容。

（二）学情分析

纸浆画是将废旧材料变废为宝的创新性劳动，六年级学生的动手能力较强，《纸浆画　有创意》这个劳动主题的学习可以让学生掌握纸浆的制作流程，根据主题调配出所需的彩色纸浆，创作出心仪的纸浆画作品装扮自己的生活空间，丰富学生的劳动体验。

（三）教学目标

（1）劳动观念：引导学生通过动手操作，体会到制作出精美的纸浆画得益于自己劳动的付出，明白诚实劳动才能创造美好生活的道理。

（2）劳动能力：教会学生纸浆画的基本制作方法和操作技巧，能够合作完成一幅纸浆画作品，提高劳动能力。

（3）劳动习惯和品质：制作纸浆画需要持之以恒、坚持不懈、一丝不苟的劳动品质。

（4）劳动精神：在学习过程中，鼓励学生勇敢尝试、不怕失败，培养学生善于观察思考、互帮互学、共同提高的团队协作精神。

（四）教学重难点

（1）教学重点：培养学生善于观察思考、互帮互学、共同提高的团队协作精神。

（2）教学难点：学会纸浆画的基本制作方法和操作技巧，能够合作完成一幅纸浆画作品。

（五）课时安排

本主题安排了"激趣导入""做好准备""梳理步骤""掌握技能""组织评价""拓展提升"六个环节，根据六年级学生的年龄特点，建议2课时完成。第1课时学习纸浆制作的相关知识，熟悉工具和材料，练习并掌握制作纸浆的基本步骤和方法，并能根据主题调配出所需要的彩色纸浆。第2课时小组合作共同完成纸浆画的制作。掌握纸浆画的制作步骤，能熟练使用制作工具，并能在实际的操作中及时解决出现的问题，与同学分享劳动的收获与反思，完成劳动评价。

（六）劳动场域

（1）劳动场所：普通教室或专用教室。

（2）劳动工具：尖头镊子、底板、记号笔。

（3）劳动材料：纸、白乳胶、水粉颜料、竹签、泡好的纸浆。

（七）安全保障

（1）学习劳动纪律和安全规范，过程中做好强调。

（2）备好医药箱，做好劳动过程中发生的简单意外事件的紧急处理。

（八）活动过程

1.激趣导入，明确任务

（1）教师展示一些精美的纸浆画作品，让学生猜猜这些画是用什么材料制作而成的。学生通过近距离地观察、触摸作品，谈谈自己的感受，从而引入主题。教师引导学生欣赏并讨论其特点和魅力，激发学生的兴趣和创作欲望。

（2）教师简要介绍纸浆画的起源、发展及艺术价值，让学生了解纸浆画的文化背景。

（3）教师明确本节课的学习任务：学习制作纸浆画的方法和技巧，发挥自己的创意和想象力，创作出一幅具有个人风格的纸浆画作品。

2.摩拳擦掌，做好准备

（1）教师展示制作纸浆画所需的材料和工具：卫生纸、白胶、水、颜料、画笔、画板、剪刀、搅拌器等，并简要介绍每种材料和工具的作用。引导学生认识材料的用途和工具的使用方法，为制作纸浆画打好基础。

（2）教师指导学生提前实验并观察不同的纸浸泡后散开的程度有何不同，如卫生纸、报纸、作业纸、卡纸等。教师引导学生选择合适的卫生纸和颜料，讲解如何调配纸浆和颜料的比例进行颜色搭配，以及如何选择卫生纸的质地和厚度。展示准备不同材料的微视频，如纸浆、彩色纸浆、纸浆的铺设过程，给学生直观、明确、清晰的方法指导。

（3）学生检查自己的材料和工具是否齐全，如有缺失，及时向老师或同学借用。学生跟随老师的指导准备好所需的纸浆和颜料，为制作纸浆画做好准备。

3.视频教学，梳理步骤

（1）教师播放一段详细的制作纸浆画的教学视频，视频中应包括制作纸浆画的完整步骤和注意事项。

（2）学生观看视频，了解制作纸浆画的基本步骤：制作纸浆、设计画面、上色、塑形、晾干等。

（3）教师引导学生对步骤进行梳理，用简短的语言概括出制作步骤，便于学生记忆。教师引导学生小结并板书制作步骤：制作纸浆—沥干加胶—构思起稿—纸浆配色—铺设色块。

（4）教师对制作纸浆画的步骤进行梳理和讲解，强调每个步骤的要点和注意事项。纸浆画制作初期可以以纯色搭配为主，后期可以调配更多的彩色纸浆创作丰富的画面。铺设色块时有些浅色纸浆会被深色纸浆渗透，可以引导学生不同色块从不同方向进行铺设，不要同时同地铺设深浅不同的色块。

（5）学生根据自己的理解复述制作纸浆画的步骤和要点，教师给予指导和纠正。

4.淬炼操作，掌握技能

学生分小组在画板上尝试制作纸浆画，按照制作纸浆、设计画面、上色、塑形、晾干的步骤进行操作。教师在学生操作的过程中巡回指导，及时纠正学生的错误操作，鼓励学生多尝试、多实践。

（1）制作纸浆。让学生自己先体验纸浸泡后被搅散变成絮状的过程，学生在搅动过程中就获得了纸浆制作的经验。教师需要在第1节课结束后给学生布置第2节劳动课前自主完成纸浆制作的任务。

（2）沥干加胶。纸浆中保留水分的多少，需要学生在实践体验中得到经验。教师引导学生通过实验得出水分保留多少合适。如果水分过多加入白乳胶后，纸浆会很稀薄，后期铺设时纸浆夹不起来；水分过少，白乳胶就不能充分与纸浆融合，达不到固定纸浆的目的。

（3）构思起稿。教师通过展示不同主题的图片，帮助学生开阔视野、确立主题。鼓励学生大胆创新、尝试，激发学生的创新意识。起稿时，教师可以指导造型基础的学生采用打印图稿、拓印等方法进行起稿。稿件构思完成后，教师可以组织学生进行创意解说，引导学生相互交流，指出各自的不足之处，并进行修改完善。

（4）纸浆配色。学生根据确定的主题内容进行配色，教师引导学生进行简单的调色或直接用买来的颜料进行配色。引导各小组根据主题内容的颜色分工合作，完成纸浆配色。

（5）铺设色块。教师通过播放视频向学生演示工具的使用方法。学生多加练习，熟练掌握操作步骤后，铺设色块的速度会加快。铺设色块时，学生需要发挥团队合作意识，小组内相互配合完成，使铺设的纸浆厚薄均匀。教师巡视观察，及时发现学生操作过程中的问题，并给予有针对性的指导。

5.交流反思，组织评价

学生展示自己的纸浆画作品，并分享自己在创作过程中获得的经验和心得。

教师引导学生围绕纸浆画制作技巧的掌握、劳动的感悟、劳动的收获以及反思等方面进行交流。其他同学和老师对纸浆画作品进行评价，可以从画面的创意性、色彩的搭配、纸浆的质地和处理等方面进行点评。

教师在班级内分小组开展"纸浆画作品秀"比赛，引导学生从主题的选择、色彩搭配、平整程度、美观度、细致度等方面进行评价。通过评选"创新小达人""制作小能手"等，树立正确的劳动观念。

6.劳动创新、拓展延伸

教师引导学生思考在劳动过程中遇到了哪些困难；是如何解决的；这节课最大的感悟是什么。引导学生提炼出劳动精神并板书：观察思考，互帮互学，共同提高。

学生掌握了纸浆画的基本知识和技法后，教师在此基础上拓展学生的创新能力。除了选择简单的主题，我们还可以选择世界级名画或者中国画作为纸浆画的创作主题，也可以将纸浆画从平面的书画形式变成半立体的浮雕形式，用堆砌与按压相结合的方法制作，让学生通过自己的劳动创设美好的生活空间。

（九）板书设计

> **纸浆画　有创意**
>
> 制作纸浆→沥干加胶→构思起稿→纸浆配色→铺设色块
>
> 观察思考　互帮互学　共同提高

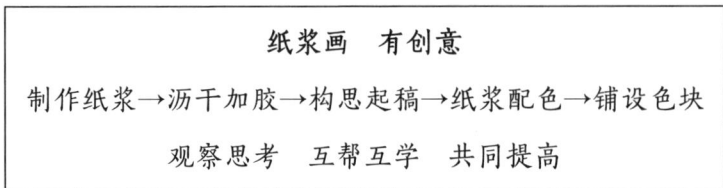

十二、六年级下册：《蜂蜡扣　五角星》

（一）主题解析

《蜂蜡扣　五角星》是《义务教育劳动课程标准（2022年版）》第三学段（5～6年级）任务群6"工业生产劳动"的课程内容。

（二）学情分析

六年级学生在日常生活中经常可以见到铸造产品，如熨斗、铁锅、水龙头、汽车轮胎等，但对于铸造这一工业生产劳动了解得较少。《蜂蜡扣　五角星》是一节以制作蜂蜡扣为主题的劳动课。蜂蜡扣作为一种独特美感和实用价值兼具的装饰品，既能锻炼学生的动手能力，又能培养学生的审美情趣。本主题的学习能够让学生了解铸造原理，初步掌握铸造工艺流程，体验劳动创造带来的喜悦与成就感，初步形成安全规范意识和精益求精的工匠精神。由于学生的安全意识较弱，操作技巧还有待提高。因此，在教学过程中，教师要重点关注学生的安全教育。

（三）教学目标

（1）劳动观念：通过实践活动做出蜂蜡磁扣五角星向党献礼，体验铸造工艺流程，感受劳动创造的喜悦与成就感。

（2）劳动能力：通过学习实践了解铸造的基本步骤和操作方法，初步掌握铸造工艺，学会制作蜂蜡扣。

（3）劳动习惯与品质：通过小组分工制作蜂蜡磁扣五角星的实践活动，初步形成工业生产劳动中的团队合作意识、安全生产意识、效率意识、产品质量意识，养成主动思考、专心致志的劳动习惯和品质。

（4）劳动精神：通过对蜂蜡磁扣五角星的精加工，体会到精益求精的工匠精神。

（四）教学重难点

1．教学重点：在实践活动中安全规范地进行生产劳动，树立安全规范的操作意识和精益求精的工匠精神。

2．教学难点：初步掌握铸造工艺，学会制作蜂蜡磁扣五角星。

（五）课时安排

本主题安排了"激趣导入""做好准备""梳理步骤""掌握技能""组织评价""拓展提升"六个环节，根据六年级学生的年龄特点，建议2课时完成。第1课时学习制作蜂蜡扣的相关知识，熟悉工具和材料，练习并掌握制作蜂蜡扣的基本步骤和方法。第2课时小组合作共同完成蜂蜡扣的制作，并与同学分享劳动的收获与反思，完成劳动评价。

（六）劳动场域

（1）劳动场所：专用教室。

（2）劳动工具：电插板、水盆、熔蜡炉、熔蜡锅、搅拌棒、五角星硅胶模具、隔热垫、扇子、塑料刀、金属托盘等。

（3）劳动材料：蜂蜡、磁扣、水等。

（七）安全保障

（1）学习劳动纪律和安全规范，过程中做好强调。

（2）备好医药箱（无疤烧烫伤膏、碘伏、棉签、创可贴），做好劳动过程中发生的简单意外事件的紧急处理。

（八）活动过程

1.激趣导入，明确任务

（1）故事导入：教师讲述蜂蜡在古代被用作书写材料和工艺品原料的故事，激发学生对蜂蜡制作的兴趣。

（2）展示五角星蜂蜡磁扣：教师向学生展示制作完成的五角星蜂蜡磁扣，让学生观察其形状、颜色和质感，激发学生动手制作的欲望。

（3）明确任务与目的：教师说明本节课的任务是学习制作蜂蜡磁扣五角星，并强调这不仅是一项有趣的手工活动，还是一种对创造力的锻炼。

2.摩拳擦掌，做好准备

（1）检查工具和材料。教师展示制作蜂蜡磁扣五角星所需的工具和材料，工具包括熔蜡炉、熔蜡锅、搅拌棒、五角星硅胶模具、隔热垫、扇子、塑料刀、金属托盘等，材料包括蜂蜡、磁扣、水等。

（2）学习安全操作规程。教师讲解使用熔蜡炉、熔蜡锅和其他设备的注意事项，强调使用加热工具时的防火、防烫措施。学生认真听讲，了解安全操作规程，树立安全意识。

（3）分组合作，互相帮助。学生根据自己的意愿分成若干小组，每组4～6人，每组选出一名组长负责协调和组织。小组成员之间互相帮助，共同准备工具和材料，为接下来的制作做好准备。

3.视频教学，梳理步骤

（1）认识铸造：教师引导学生思考为什么我们衣食住行各方面都离不开金属制品；金属那么硬，这些金属制品又是怎么做出来的。由此引导学生主动思考探究，先将金属熔化，再浇注到模具里，冷却后脱模，再精加工，这种制作方法就叫金属铸造。

（2）教师提问：教师询问学生什么是金属铸造，金属铸造有哪些工艺流程，请同学们带着问题观看金属铸造的相关教学视频。引导学生总结出金属铸造的定义：金属铸造是一种将熔炼成液体的金属或合金浇注进特定的模具中，经冷却凝固后脱模，精加工、检验后，得到有预定形状、尺寸和性能的铸件的金属材料成形方法。

（3）播放教学视频：播放一段包括制作步骤、技巧和注意事项的蜂蜡磁扣五角星制作教学视频。

（4）步骤梳理与讲解：结合视频内容，教师带领学生一起梳理制作蜂蜡磁扣五角星的步骤，确保学生明确每个步骤的操作要点和注意事项。板书：熔蜡调色—浇注模具—嵌入磁扣—冷却脱模—修整完善—测试磁性。

（5）讨论疑难问题：学生提出在观看视频和梳理步骤过程中遇到的疑问和困惑。教师和学生共同交流以解答问题、消除困惑。

4.淬炼操作，掌握技能

学生分小组开始淬炼操作，制作蜂蜡磁扣五角星。

（1）熔蜡调色：学生将蜂蜡块放入耐热容器中，置于电热炉上加热。观察蜂蜡状态，待其完全熔化后停止加热。根据需要在熔化的蜂蜡中加入适量颜料搅拌均匀，直至达到理想的颜色效果。教师在加热过程中做好安全提示，提醒学生保持安全距离，佩戴防护手套，避免烫伤。

（2）浇注模具：学生在浇注前要做好模具内部的清洁，去除灰尘和杂质。浇注时将调好色的蜂蜡从模具的一角缓慢倒入五角星形状的模具中，注意控制倾倒速度和角度，确保蜂蜡均匀覆盖模具内壁，避免产生气泡。教师提醒学生适当控制蜂蜡的温度，避免过热导致模具变形或蜂蜡颜色变化，确保浇注过程顺利进行。

（3）嵌入磁扣：学生选择与五角星大小相匹配的磁扣，确保磁性稳定。在蜂蜡处于半凝固状态时，轻轻将磁扣按入蜂蜡中，确保其位置居中且牢固，平整且与蜂蜡紧密结合，注意力度适中，避免损坏蜂蜡或磁扣。教师提醒学生注意观察蜂蜡的凝固情况，当其表面开始凝固但内部尚未凝固时，是嵌入磁扣的最佳时机。

（4）冷却脱模：蜂蜡在模具中完全冷却凝固后，教师指导学生轻轻敲打模具使蜂蜡五角星脱模。若遇脱模困难，可适当加热模具外部以帮助脱模，要避免使用尖锐物品强行撬开模具，以防损坏蜂蜡五角星。

（5）修整完善：学生对脱模后的蜂蜡五角星进行修整和完善，如修剪边缘、打磨表面等，使其更加美观。使用小刀或剪刀修剪五角星边缘的多余部分，使其形状更加规整；使用砂纸轻轻打磨五角星的表面和边缘，去除毛刺和不平整部分，使其更加光滑。注意力度适中，避免过度打磨导致变形。

（6）测试磁性：验证嵌入的磁扣磁性是否稳定可靠。学生将磁扣放到黑板上，观察其吸附情况，若磁扣能够稳定吸附磁铁或铁片，则磁性合格；若吸附不稳或无法吸附，则需重新嵌入或更换磁扣。

5.交流反思，组织评价

（1）作品展示与交流：学生将自己的作品展示给全班同学，分享制作过程中的心得和体验。教师鼓励学生之间相互分享制作经验和学习心得，分享彼此在制作过程中遇到的问题以及解决方法。

（2）评价与反馈：教师对学生的作品和制作过程进行评价和反馈，肯定学生的努力和成果，同时指出需要改进和提高的地方。评价标准可包括作品的完整性、美观度以及学生在制作过程中的团队合作、创新思维等。

（3）反思与总结：教师引导学生对本次制作进行反思和总结，分析自己在制作过程中的优点和不足，为今后的学习和实践提供改进方向。同时，鼓励学生对本次活动提出建议和意见，以便教师更好地优化教学设计。

6.总结提炼，拓展提升

（1）知识回顾与总结：教师总结本次活动中涉及的知识点和技能要点，加深学生对蜂蜡磁扣五角星制作的理解和掌握；强调制作过程中的关键步骤和注意事项，巩固学生的记忆。

（2）经验分享与启示：教师引导学生思考在劳动过程中遇到了哪些困难；是如何解决的；这节课最大的感悟是什么。引导学生提炼出劳动精神并板书：安全规范，精益求精。

（3）拓展延伸与创新挑战：介绍更多关于蜂蜡的应用和创意制作方式，如制作蜂蜡画、蜂蜡印章等，激发学生的探索欲望。此外，可以设立创新挑战任务，让学生设计并制作一款具有特殊功能的蜂蜡制品或结合其他材料进行创新设计。

（4）环保意识培养：教师强调废弃蜂蜡的回收利用和环保处理的重要性，培养学生的环保意识和可持续发展观念；鼓励学生探索如何将废弃蜂蜡变废为宝或进行环保处理。

（5）作业布置：教师要求同学们根据此次劳动课写一篇活动日志，或查阅资料了解更多有关金属铸造方面的知识。

（九）板书设计

蜂蜡扣　五角星

熔蜡调色→浇注模具→嵌入磁扣→冷却脱模→修整完善→测试磁性

安全规范　精益求精

第三节 服务性劳动实践案例

小学劳动教育中的服务性劳动实践案例，如表6-3所示。

表6-3 服务性劳动实践案例总览

劳动类型	年级	第一学期		第二学期	
		任务群	小项目名称	任务群	小项目名称
日常生活劳动	三年级	现代服务业劳动	爱集体　绘班徽	现代服务业劳动	为小树　穿棉衣
		公益劳动与志愿服务	小雷锋　我来当	公益劳动与志愿服务	小卡片　传真情
	四年级	现代服务业劳动	指示牌　动手做	现代服务业劳动	打包员　初体验
		公益劳动与志愿服务	讲解员　来体验	公益劳动与志愿服务	运动会　我服务
日常生活劳动	五年级	现代服务业劳动	农产品　我助销	现代服务业劳动	图书损　快修补
		公益劳动与志愿服务	节约水　共宣传	公益劳动与志愿服务	给小鸟　做个家
	六年级	现代服务业劳动	服务员　初体验	现代服务业劳动	纪念品　我设计
		公益劳动与志愿服务	光盘行　我宣传	公益劳动与志愿服务	校园徽　我设计

一、三年级上册：《爱集体　绘班徽》

（一）主题解析

《爱集体　绘班徽》是《义务教育劳动课程标准（2022年版）》第二学段（3～4年级）任务群7"现代服务业劳动"的课程内容。

（二）学情分析

三年级的学生正处于好奇心强、乐于探索的阶段，他们对新事物有着浓厚的兴趣。《爱集体　绘班徽》这一主题聚焦于班级凝聚力和集体荣誉感的提升，通过绘制班徽这一具体活动，引导学生热爱集体，培养学生的团队协作和创造精神。这一主题既体现了对集体主义的重视，又对学生劳动的技能和艺术创造力进行培养。

（三）教学目标

（1）劳动观念：引导学生认识到劳动的价值和意义，养成热爱劳动、尊重劳动成果的观念。

（2）劳动能力：让学生掌握基本的绘画技能，如线条勾勒、色彩搭配等，能够独立完成班徽的绘制。

（3）劳动习惯和品质：培养学生细心、耐心、认真的劳动习惯，形成珍惜集体荣誉、积极向上的良好品质。

（4）劳动精神：通过实践活动，培养学生的团队协作精神、创新精神和吃苦耐劳精神。

（四）教学重难点

（1）教学重点：培养学生的团队协作精神、创新精神和吃苦耐劳精神。

（2）教学难点：将个人创意与班级特色相结合，创作出具有班级特色的班徽。

（五）课时安排

本主题安排了"激趣导入""做好准备""梳理步骤""掌握技能""组织评价""拓展提升"六个环节，根据三年级学生的年龄特点，建议2课时完成。第1课时进行理论学习和准备工作，第2课时进行实践操作和成果展示。

（六）劳动场域

（1）劳动场所：普通教室。

（2）劳动工具：志愿者马甲、铅笔、水彩笔、磁扣等。

（3）劳动材料：橡皮、纸片等。

（七）安全保障

（1）学习劳动纪律和安全规范，过程中做好强调。

（2）备好医药箱，做好劳动过程中发生的简单意外事件的紧急处理。

（八）活动过程

1.情境导入，明确任务

（1）开场互动：教师播放一段关于班级团结、集体荣誉的视频或故事，引导学生思考班级精神的重要性。

（2）引入主题：教师展示几个设计精美的班徽范例，让学生感受班徽的美感和象征意义。同时，教师解释班徽的作用：它是班级的象征，代表着一个班级的精神面貌和特色。

（3）明确任务：教师提出本节课的任务——设计并制作属于我们班级的班徽。教师鼓励学生发挥创意，设计出能体现班级特色和精神的班徽。

2.摩拳擦掌，做好准备

（1）分组讨论：学生按小组进行讨论，思考班徽的设计理念和元素。每个小组选一名代表记录讨论结果。

（2）准备工具材料：教师指导学生准备制作班徽所需的工具和材料，如彩色纸、颜料、剪刀、胶水等。同时，教师提醒学生注意安全，避免在使用工具和材料时受伤。

（3）制订计划：每个小组根据讨论结果，制订一个初步的班徽设计方案，方案应包括设计元素、色彩搭配、制作步骤等。

3.视频教学，梳理步骤

（1）观看视频：教师播放一段关于班徽设计和制作的视频教程，让学生了解基本的设计原则和制作技巧。视频内容包括设计元素的选择、色彩的搭配、材料的运用等。

（2）梳理步骤：教师引导学生根据视频内容，梳理出班徽设计和制作的基本步骤，包括设计构思、绘制草图、动手制作、调整完善。

（3）答疑解惑：教师针对学生在观看视频过程中产生的疑问进行解答和指导。同时，教师鼓励学生在实际操作中发现问题、解决问题。

4.淬炼操作，掌握技能

学生分小组进行班徽的设计与制作，教师巡视指导，及时纠正学生的错误操作，并给予鼓励和肯定。

（1）设计构思：学生根据小组讨论的结果和视频教程，构思班徽的设计方案。考虑班级的特色、精神以及个人创意等因素。

（2）绘制草图：学生在纸上绘制班徽的草图，初步确定设计元素和布局。教师巡视指导，提出建议和意见。

（3）动手制作：学生按照草图和计划，使用准备好的材料制作班徽。学生应注意色彩的搭配、材料的运用和制作的精细度。教师在制作过程中给予及时的指导和帮助。

（4）调整完善：学生在制作过程中根据实际情况调整设计方案和制作步骤不断完善班徽的细节部分，使其精美。

5.交流反思，组织评价

（1）作品展示：每个小组完成班徽制作后，将作品展示在黑板上或指定区域内。所有学生和教师共同欣赏和评价作品。

（2）交流分享：每个小组选一名代表上台介绍自己小组的班徽设计理

念和制作过程。分享创作过程中的趣事和感受。其他同学可以提问或发表意见。

（3）反思总结：教师引导学生对本次活动进行反思和总结，包括设计理念的创新性、制作技能的熟练程度、团队合作的默契度等方面。同时，教师也要对自己的教学进行反思和总结，以便更好地指导学生。

（4）评价激励：教师对每个小组的班徽作品进行评价和激励，肯定学生的创意和努力，鼓励学生继续发挥想象力和创造力，设计出更多优秀的作品。同时，教师还要评选出本次活动的优秀作品和优秀小组，并给予一定的奖励和表彰。

6.总结提炼，拓展提升

（1）知识回顾：教师对本节课的知识点进行回顾和总结，强调班徽设计的原则和方法以及制作过程中的注意事项等，帮助学生巩固所学知识和技能。

（2）经验分享：教师引导学生思考在劳动过程中遇到了哪些困难；是如何解决的；这节课最大的感悟是什么。引导学生提炼出劳动精神并板书：团结协作，勇于创新。

（3）拓展延伸：教师引导学生思考如何将所学的设计理念和制作技能应用到其他领域和场景中，比如为学校设计校徽、为班级设计文化墙等。同时，教师也要鼓励学生尝试使用不同的材料和工具进行创作和设计，拓宽自己的视野和技能范围。

（4）情感升华：教师通过一段感人至深的话语或故事来激发学生的情感共鸣和集体荣誉感。让学生明白班级团结的重要性以及自己作为班级一分子的责任和使命。

（九）板书设计

> **爱集体　绘班徽**
>
> 构思→起稿→填色
>
> 团结协作　勇于创新

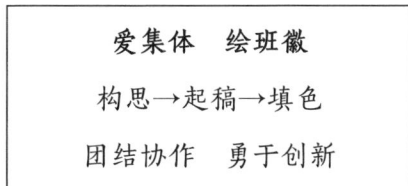

二、三年级下册：《为小树　穿棉衣》

（一）主题解析

《为小树　穿棉衣》是《义务教育劳动课程标准（2022年版）》第二学段（3～4年级）任务群7"现代服务业劳动"的课程内容。

（二）学情分析

三年级的学生已经初步形成服务意识，并掌握了一定的服务技能。通过《为小树　穿棉衣》校园服务性劳动，引导学生给校园内的树木测量树干周长，对小树棉衣的形状进行设计与裁剪。通过劳动实践为小树穿上合身的棉衣，以此增强学生的服务意识，提高服务技能。

（三）教学目标

（1）劳动观念：引导学生进行"为小树穿棉衣"体验，让学生通过开展校园服务活动，为小树提供保暖措施，避免小树受到冻害，感受自己劳动的成果，获得劳动幸福感。

（2）劳动能力：引导学生对小树树干进行测量，根据小树"身材"进行棉衣的设计与裁剪，并为小树穿上"棉衣"，提高动手操作能力。

（3）劳动习惯和品质：引导学生优化服务质量，持续开展服务活动，在服务过程中养成不怕苦、不怕累的良好习惯。

（4）劳动精神：启发学生在劳动服务过程中积极，守纪，负责的劳动精神，培养学生爱护植物、尊重生命的情感。

（四）教学重难点

（1）教学重点：培养学生爱护植物、尊重生命的情感。

（2）教学难点：对小树树干进行测量，根据小树"身材"进行棉衣的设计与裁剪。

（五）课时安排

本主题安排了"激趣导入""做好准备""梳理步骤""掌握技能""组织评价""拓展提升"六个环节，根据三年级学生的年龄特点，建议2课时完成。第1课时学习为小树穿棉衣的相关知识，练习并掌握测量、裁剪、捆绑等相关技能。第2课时以小组为单位，为校园中的小树穿上棉衣。在此基础上分享劳动收获与反思，完成劳动评价。

（六）劳动场域

（1）劳动场所：普通教室或专用教室。

（2）劳动工具：剪刀、皮尺、针等。

（3）劳动材料：破旧衣服、线、绳子等。

（七）安全保障

（1）学习劳动纪律和安全规范，过程中做好强调。

（2）备好医药箱，做好劳动过程中发生的简单意外事件的紧急处理。

（八）活动过程

1.激趣导入，明确任务

（1）情境设置：教室通过多媒体展示冬天在寒风中摇曳的小树，引发学生的同情心和保护欲。从自然界中的生物都会怕冷开始，逐渐引导到校园中的小树也会怕冷，入冬之后应该采取保暖措施，避免树木受到冻害，号召学生为校园中那些怕冷的小树穿棉衣。

（2）提出问题：教师提出怎样帮助小树度过寒冷的冬天这一问题，引导学生思考保护树木的重要性。教师展示秋去冬来，校园中落完树叶后光秃秃的小树的样子，激发学生的同情。同时搜集相关材料，为学生展示小树因耐不住冬季的严寒而被冻死冻伤的实景图片，配以说明，以提高学生劳动热情。

（3）明确任务：介绍本节课的任务——为小树穿"棉衣"，即制作并安装树木保护罩。通过为小树穿上"棉衣"帮助学生理解保护自然环境的意义，并培养他们的责任心和环保意识。

2.摩拳擦掌，做好准备

（1）材料准备：教师提前准备好制作树木保护罩所需的材料，如麻绳、旧布料、塑料薄膜、剪刀、胶水等。确保每个学生或小组都有足够的材料。

（2）知识铺垫：教师简要介绍树木在冬天可能遇到的问题，如冻害、干裂等，并讲解保护罩的作用和制作原理。

（3）分组与合作：教师将学生分成若干小组，每组4～5人，鼓励他们共同讨论和设计保护罩的制作方案。

3.讲解说明，梳理步骤

（1）观看视频：播放一段关于如何制作和安装树木保护罩的教学视频，视频内容应包括材料选择、设计思路、制作步骤和安装方法等。

（2）教师小结步骤：实地测量—选择材料—制作棉衣—穿棉衣。

（3）关键步骤讲解：结合视频内容，教师详细讲解制作过程中的关键步骤和注意事项，如怎样量取树木的周长、如何裁剪和缝合布料等。

（4）答疑解惑：针对学生在观看视频过程中产生的疑问，教师进行解答和指导，确保每个学生都能理解并掌握制作要领。

4.淬炼操作，掌握技能

"为小树 穿棉衣"劳动体验过程中涉及很多领域的知识与技能，教师在引领学生学习时要注重细节把握。只有把握好细节，学生才能在劳动过程中能够获得更多的满足感与成就感。

（1）实地测量。首先要明确校园内需要保暖的小树。教师可出示几张小树穿上"棉衣"后的照片，引导学生思考需保暖的小树类型，指导学生认真阅读相关知识后，带领学生在校园里寻找符合条件的小树，并进行实地测量。在测量过程中，教师要提醒学生边测量边记录，并利用测量结果进行所需布料边长的计算。

（2）选择材料。棉衣应该以"保暖"为主，因此要选择厚实的、保暖效果好的布料（不要选择羽绒服），同时也要兼顾观赏性，可以选择色彩明艳的布料。同时要注意根据实际情况在家里的破旧衣物中寻找合适的目标，如果衣物放置时间过长，使用之前可以将布料进行清洗、晾晒。

（3）制作棉衣。由于衣服并不是方方正正的，因此裁剪过程会比较复杂。首先要将衣领、衣袖剪掉，然后剪掉纽扣和拉链。套头的衣服应从上到下剪开，然后将衣物平铺在桌面上，找到满足所需大小的区域进行裁剪。

裁剪后，教师指导学生将"棉衣"边缘进行修剪，剪下的碎布料应清理干净，投入垃圾箱。纽扣和拉链可收集起来，等小树穿好棉衣之后将其缝上，作为装饰。

（4）为小树穿棉衣。教师带领学生将做好的棉衣慢慢"穿"到小树身上，提醒学生边缠绕边整理，尽量不要出现褶皱，以免影响美观。捆绑时要强调应该注意的问题，比如头尾两个双半结的打法略有区别，捆绑时要按照从上往下或从下往上的顺序等。

5.交流反思，组织评价

教师引导学生围绕为小树穿棉衣的技巧掌握以及自我表现、团队协作、习惯养成、劳动收获、内心感悟等方面进行交流。教师可以组织学生开展一次评比活动，看谁为小树穿的棉衣既保暖又漂亮，让学生发现身边的小榜样，发挥榜样激励作用，激发学生的劳动热情，逐渐培养学生自觉劳动的思想观念。

6.精益求精，服务提升

在服务活动中发现问题、总结经验、不断改进，才能提升服务质量。比如有的小树树干是弯曲的，用本次活动所学的做棉衣方法就不合适了。针对这种情况，为了帮这些小树穿上更合身的棉衣，我们可以把衣物剪成长布条，用缠绕的方式为小树穿棉衣。

教师引导学生思考在劳动过程中遇到了哪些困难；是如何解决的；这节课最大的感悟是什么。引导学生提炼出劳动精神并板书：爱护植物，尊重生命。

本次活动主要学习了为小树穿棉衣的基本方法。小树穿上棉衣后就不会被冻伤了，教师可以借此来引导学生体会劳动的幸福。同时让学生意识到，校园外还有更多的小树没有穿上棉衣。鼓励学生成立志愿团队，把服务的范围扩大，用勤劳的双手，让更多的小树穿上棉衣，激发学生的服务热情。

（九）板书设计

为小树　穿棉衣

实地测量→选择材料→制作棉衣→穿棉衣

爱护植物　尊重生命

三、四年级上册：《指示牌　动手做》

（一）主题解析

《指示牌　动手做》是《义务教育劳动课程标准（2022年版）》第二学段（3～4年级）任务群7"现代服务业劳动"的课程内容。

（二）学情分析

伴随着学校教育的发展，校园内的功能室越来越多，它们分布在不同的方位和楼层，校园指示牌可以帮助同学和校外参观人员快速地找到相对应的功能室。《指示牌　动手做》主题的学习可以让四年级学生熟知制作校园指示牌的基本流程，掌握基本木工技能，提高学生解决问题的意识和能力，丰富学生的劳动经验，明白劳动创造美好生活的道理。学生初次接触木工工具，对于工具的使用及技法需要教师进行指导和帮助，为后续劳动内容的学习奠定基础。

（三）教学目标

（1）劳动观念：通过制作校园指示牌，解决校园实际问题，引导学生感受劳动创造价值、劳动创造美好生活的道理。

（2）劳动能力：在校园指示牌设计制作过程中，帮助学生掌握常见木工工具的使用方法和技巧，培养学生的设计能力和动手操作能力。

（3）劳动习惯和品质：在校园指示牌制作过程中，培养学生认真负责、仔细操作、吃苦耐劳的良好劳动习惯和品质。

（4）劳动精神：在校园指示牌制作过程中，指导学生认真研究榫卯结构，辛勤劳动，培养学生肯钻研、能创新的劳动精神。

（四）教学重难点

（1）教学重点：让学生明白劳动创造价值、劳动创造美好生活的道理，培养学生肯钻研、能创新的劳动精神。

（2）教学难点：掌握常见木工工具的使用方法和技巧。

（五）课时安排

本主题安排了"激趣导入""做好准备""梳理步骤""掌握技能""组织评价""拓展提升"六个环节，根据四年级学生的年龄特点，建议2课时完成。第1课时明确制作校园指示牌的基本流程，掌握制作过程中简单工具的使用方法，了解制作过程中应掌握的基本技能。第2课时小组合作设计并制作校园指示牌，共同整理制作心得、积累操作经验、完成劳动评价表。

（六）劳动场域

（1）劳动场所：专用劳动教室。

（2）劳动工具：防护用品、手工锯、手工凿、铅笔、钢尺、记号笔等。

（3）劳动材料：板材、砂纸、桐油等。

（七）安全保障

（1）学习劳动纪律和安全规范，过程中做好强调。

（2）备好医药箱，做好劳动过程中发生的简单意外事件的紧急处理。

（八）活动过程

1.激趣导入，明确任务

教师需要创设贴合生活的情境，激发学生学习及劳动的兴趣。教师出示其他校园的情境图并提出问题，如何才能快速地找到这所学校的图书室。引发学生思考，学生在思考和交流的过程中，感受制作校园指示牌的意义。

教师出示街角巷口的道路指示牌，引导学生阐述指示牌的作用和价值，进而过渡到在校园设立校园指示牌的作用，激发学生劳动兴趣。

需求是设计制作的源泉，学生借助教师的引导，感知校园指示牌设立的必要性，明确需求。

2.摩拳擦掌，做好准备

本环节引导学生设计校园指示牌，明确制作流程，教师指导学生准备防护用品、木工工具、制作材料。

教师讲解防护用品的佩戴及使用方法，保证学生在制作过程中的安全。教师在介绍木工工具时，需简要介绍常用杠工具的使用方法。

手工锯的使用方法：右手持锯，保持左脚向前，膝盖略弯曲，左手抓住板材，使用接近手柄的锯刃末端开始锯切，来回用力拉锯，逐渐使用全部锯齿，轻压慢推，即可顺利完成锯切。

手工凿的使用方法：一只手握住凿柄，另一只手用锤子轻敲凿子尾部并控制凿子的方向，为了避免木块撕裂，凿子的切割方向应与木纹垂直。

教师在介绍制作材料时，引导学生结合校园指示牌大小思考材料的尺寸问题，并了解防腐木的加工过程。

3.视频教学，梳理步骤

教师播放制作视频，学生观看。学生通过小组活动将制作校园指示牌的基本流程及制作过程中需要注意的问题进行梳理，并在小组交流的基础上相互补充，不断完善小组设计方案，为顺利完成制作任务奠定基础。

教师小结制作步骤：设计—制作—测试—组装—安放。

4.淬炼操作，掌握技能

学生分小组合作，分步骤完成指示牌的设计与制作。

（1）设计。教师出示校园指示牌图片，引导学生明确校园指示牌的组成部分——立柱及指示牌。学生在讨论过程中明确校园指示牌各部分的功能，即立柱能够将指示牌按指示方向进行固定，指示牌能够指示功能室的位置。

学生通过对教师出示的校园指示牌设计方案进行填写，明确校园指示牌的设计细节、制作步骤、可能遇到的困难以及解决困难的办法。

（2）制作。教师引导学生按照前期设计的校园指示牌示意图，在板材上进行测量和标记。学生在测量和标记时，教师可以指导学生合理利用板材的平整边，减少切割的次数，提高制作效率和质量，形成勤俭、节约的劳动精神。

在切割校园指示牌板材前，教师借助语言、图片或视频的形式为学生展示木工锯的正确使用方法，并提醒学生注意安全。在开始切割时，要关注双手的位置及腿部的姿势，使用接近手柄的锯刃末端开始锯切，来回用力拉锯，逐渐使用全部锯齿，轻压慢推，在木板将要被锯断时，要缓慢用力，避免压力过大使锯口处突然断开，导致身体前冲造成事故。

板材切割完成后，采用同样的标记和切割方法，完成指示牌的形状切割。教师可以引导学生在切割的过程中交流切割的技巧，展开小组评比，鼓励学生在学习和借鉴他人的基础上，开展自己的劳动实践。

（3）测试、组装。教师组织学生将制作好的指示牌安装在立柱上进行测试，测试过程中应关注指示牌是否能够正确地指明功能室的位置和方向、指示牌的尺寸及外观是否合理等相关问题。测试后，教师鼓励学生用砂纸对校园指示牌进行打磨并涂上耐候桐油，待耐候桐油晾干后，将功能室名称写于指示牌上。名称干燥后进行组装，再次将桐油涂到指示牌及立柱上。在此过程中，磨炼学生意志，培养学生良好的劳动品质。

（4）安放。教师指导学生将校园指示牌摆放到校园中合适的位置，并让学生尝试按照指示牌指引找到指定功能室，体会劳动创造价值的道理，形成尊重劳动、爱惜劳动成果的思想观念。

校园指示牌安装完毕后，教师引导学生回顾劳动过程，并将制作过程中遇到的问题进行梳理，从而达到总结和提升的效果。

5.交流反思，组织评价

教师鼓励学生从木工工具的使用方法、校园指示牌的制作过程、校园指示牌的作用价值及团队合作的乐趣等方面进行交流，在交流过程中明确"我的反思""我的收获"，体验分工合作，感受劳动实践的意义和价值。同时，教师可以借助评价手段，评选出"巧手小木匠"为同学们树立榜样。

6.精益求精，拓展延伸

教师引导学生思考在劳动过程中遇到了哪些困难；是如何解决的；这节课最大的感悟是什么。引导学生提炼出劳动精神并板书：肯钻研，能创新，劳动创造美好生活。

学生在掌握了校园指示牌的制作流程和制作方法后，教师引导学生明确校园指示牌和场所标识牌配合使用才能发挥更大作用的道理，激发学生设计和制作配套壁挂式标识牌的兴趣。学生在先前设计和制作校园指示牌经验的基础上，有目的、有计划、有准备、有创新地进行制作，体验劳动快乐，领悟劳动价值。

（九）板书设计

> **指示牌　动手做**
>
> 设计→制作→测试→组装→安放
>
> 肯钻研　能创新　劳动创造美好生活

四、四年级下册：《打包员　初体验》

（一）主题解析

《打包员　初体验》是《义务教育劳动课程标准（2022年版）》第二学段（3~4年级）任务群7"现代服务业劳动"的课程内容。

（二）学情分析

四年级的学生已经具备了一定的动手能力和观察能力，对新鲜事物充满好奇。他们乐于参与实践活动，但注意力容易分散，需要教师的引导和组织。《打包员　初体验》这一主题旨在让学生通过实践操作了解打包的基本知识，体验劳动的乐趣，培养自身的责任感和独立解决问题的能力。

（三）教学目标

（1）劳动观念：引导学生进行打包员的服务体验，让学生通过一系列的劳动服务活动，体会劳动创造美的道理，树立劳动光荣的观念。

（2）劳动能力：通过了解、体验快递打包流程，学会如何使用劳动工具，掌握快递打包工作的操作流程及技能，能够独立完成简单的打包任务。

（3）劳动习惯和品质：培养学生积极参与社会活动和自觉服务的劳动习惯，使学生具备尽心尽力为他人服务的劳动品质。

（4）劳动精神：鼓励学生大胆尝试，开拓创新，培养学生耐心细致、精益求精、勇于担当的劳动精神。

（四）教学重难点

（1）教学重点：树立劳动光荣的观念，培养学生耐心细致、精益求精、勇于担当的劳动精神。

（2）教学难点：掌握打包的基本知识和技能，能够独立完成简单的打包任务。

（五）课时安排

本主题安排了"导入主题""做好准备""梳理步骤""完成设计""组织评价""拓展提升"六个环节来进行，根据四年级学生的年龄特点和经验基础，建议2课时完成。

（六）劳动场域

（1）劳动场所：普通教室。

（2）劳动工具：剪刀、打包绳、胶带、标签等。

（3）劳动材料：快递箱、打包袋、信封袋、快递单、纸张、填充物等。

（七）安全保障

（1）强调好劳动纪律和安全要求，规范操作。

（2）准备好医药箱，做好劳动过程中简单事故的应急处理。

（八）活动流程

1.情境导入，明确任务

（1）教师引导学生回忆上节课所了解的快递行业的发展历史以及打包、运输和派送三个工作流程。

（2）教师展示需要打包的物品，让学生了解打包的目的和意义。教师引导学生思考如何将物品打包得整齐、牢固、美观。

（3）教师明确任务：学生需要分组完成打包任务，各小组使用教师提供的材料和工具进行打包操作。

2.摩拳擦掌，做好准备

教师明确打包快递所需工具和材料的用法以及不同材料的用途。学生准备材料和工具，包括纸张、胶带、剪刀等。教师强调注意事项，确保学生了解并遵守操作规程。

3.视频教学，梳理步骤

（1）教师播放打包教学视频，让学生直观地了解打包的基本方法和步骤。学生观看视频后分组讨论如何完成打包任务，制订具体的分工计划。教师引导学生总结打包过程中的注意事项和打包技巧。

（2）通过观看教师示范视频总结打包普通物品的5个步骤：检查物品—包裹物品—折叠纸箱—胶带封口—贴快递单。

4.淬炼操作，掌握技能

（1）打包练习：小组在2分钟内合作打包普通物品。教师巡视指导，及时纠正学生的错误。

（2）分享经验：学生互相交流学习，分享经验和技巧，共同提高打包技能。通过练习活动，教师引导学生结合生活经验，明确生鲜食品和绿植等特殊物品与普通物品打包方法的区别。

（3）小组竞赛：根据物品选择合适的打包材料，在3分钟内又快又好地完成2件特殊物品的打包。

（4）小组交流：小组内部相互分享经验并让学生感受打包快递需要耐心、细致以及责任感强等美好品质。

教师对表现优秀的小组进行表扬和鼓励，激励学生继续努力。

5.交流反思，组织评价

教师引导学生通过自评和他评的方式推选出"打包小能手"。学生互相评价对方的劳动表现和成果，分享劳动的快乐和收获。

教师对本次活动进行总结评价，肯定学生的成绩和进步，提出改进意见和建议。教师引导学生思考如何将本次活动的经验和收获应用到今后的学习和生活中。学生反思自己操作过程中的不足之处，提出改进措施并分享经验教训。教师鼓励学生积极参与后续的实践活动。

6.总结提炼，拓展提升

（1）教师引导学生了解我国是世界快递第一大国的现状以及专业打包员的速度，引导学生学会尊重劳动者。

（2）教师引导学生思考在劳动过程中遇到了哪些困难；是如何解决的；这节课最大的感悟是什么。引导学生提炼出劳动精神并板书：耐心细致，精益求精，勇于担当。

（3）教师鼓励学生回家后尝试独立完成日常生活中的简单打包任务；鼓励学生尝试使用不同的材料和方法进行打包创新实践并分享给同学和家长。

（九）板书设计

打包员　初体验

检查物品→包裹物品→折叠纸箱→胶带封口→贴快递单

耐心细致　精益求精　勇于担当

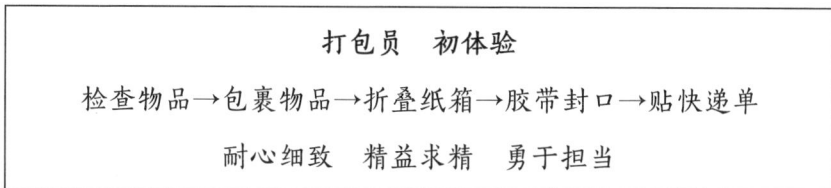

五、五年级上册：《节约水　共宣传》

（一）主题解析

《节约水　共宣传》是《义务教育劳动课程标准（2022年版）》第三学段（5～6年级）任务群9"公益劳动与志愿服务"的课程内容。

（二）学情分析

五年级的学生在其他学科的学习中，已经深刻地感受到了水资源在我们日常生活中的重要作用。但在校园里，仍会看见学生洗完手后水龙头关不紧的现象；在家中，浪费水的现象也时有发生。《节约水 共宣传》这一劳动主题的学习有助于进一步引领学生明白节约用水的重要性以及节水宣传的必要性，指导学生学习节水宣传的方法和技能，强化认知、领悟劳动的价值，丰富学生的劳动体验。

（三）教学目标

（1）劳动观念：通过节水宣传劳动过程，引领学生体会节水宣传的必要性，增强学生勤俭节约、服务公众的意识。

（2）劳动能力：指导学生学会制作形式多样的节水宣传品，掌握节水宣传技巧，提高学生的审美能力和动手能力。

（3）劳动习惯和品质：鼓励学生在日常生活中从自身做起，节约用水，培养学生积极保护环境的良好品质和习惯。

（4）劳动精神：在节水宣传的过程中，鼓励学生勇敢尝试、不怕失败，培育学生勤俭节约、敬业奉献的劳动精神。

（四）教学重难点

（1）教学重点：体会节水宣传的必要性，增强学生勤俭节约、服务公众的意识，培育学生敬业奉献的劳动精神。

（2）教学难点：学会制作形式多样的节水宣传品，掌握节水宣传技巧。

（五）课时安排

本主题安排了"激趣导入""做好准备""梳理步骤""掌握技能""组

织评价""拓展提升"六个环节，根据五年级学生的年龄特点，建议2课时完成。第1课时学习宣传方法，指导学生以小组为单位制订宣传方案，制作相关宣传材料。第2课时组织学生进行节水模拟宣传，条件允许的话可以到适当地点进行实地宣传。在此基础上分享劳动收获与反思，完成劳动评价。

（六）劳动场域

（1）劳动场所：普通教室或专用教室。

（2）劳动工具：彩笔等。

（3）劳动材料：纸张等。

（七）安全保障

（1）学习劳动纪律和安全规范，过程中做好强调。

（2）备好医药箱，做好劳动过程中发生的简单意外事件的紧急处理。

（八）活动过程

1.激趣导入，明确任务

教师可以通过课件展示水资源枯竭、地球干涸的图片，引发学生思考，讨论浪费水资源会给我们的生活带来哪些危害，明白节约用水的必要性；也可以通过描述生活中浪费水的现象，明确宣传节约用水的重要意义，引入活动主题；或者出示校园内浪费水的图片，引导学生讨论，发生在身边的现象更能代入学生的情感，促进学生责任心的建立。

2.摩拳擦掌，做好准备

该环节主要引导学生事先了解一些节约用水的相关知识，为后期的宣传服务打好基础。教师可以让学生回家收集整理节约用水的方法，比如：洗菜后，将较干净的洗菜水用于洗碗，或者倒入节水桶用来洗拖把、冲厕所；淘米后，将淘米水用来浇花、洗碗；刷鱼缸后，把养鱼的水用来浇花；手洗衣服后，将较干净的水用来洗车、洗拖把、冲厕所等。

3.讲解说明，梳理步骤

教师引领学生学习节水宣传的步骤和方法，掌握本次服务性劳动主题的核心技术要点。教师播放节水宣传活动流程视频，引导学生掌握节水宣传方法，梳理步骤。这一部分的教学，教师要提醒学生关注细节，派发宣传单时要双手递送，这样更有礼貌。鼓励学生要有耐心、有信心将节水知识宣传出去，使更多的人参与节水行动，学会节水的方法。

教师小结活动步骤：制订宣传方案—制作节水宣传品—节水宣传演练—实地宣传。

4.淬炼操作，掌握技能

教师组织学生分组分步骤进行实践操作。

（1）制订宣传方案。教师组织学生分组合作完成节水宣传方案，方案可以以表格的形式呈现，主要内容包括小组名称、宣传时间、宣传地点、宣传方式、宣传准备、成员分工、宣传步骤、可能遇到的问题及解决办法、预期效果等。对于这一环节的教学，教师可以提前指导学生设计宣传方案，也可以给学生展示成熟的方案，引导他们总结宣传方案都包括哪些项目。方案制订好后，教师还要注意组织各小组进行汇报交流，及时发现方案中的问题及不足，指导学生进行修改完善。

（2）制作节水宣传品。节水宣传品的种类很多，比如节水宣传单、节水宣传画、节水宣传海报等，不同宣传品的内容、布局及侧重点不同，教师可以先出示这几种宣传品的图片，介绍节水宣传的主要呈现形式，再引导学生根据自己的特长选择宣传方式，制作节水宣传品。

教师提醒学生制作节水宣传单时字体字号要稍大一些，方便大家阅读学习；节水宣传画的主体内容要突出、颜色醒目，起到提醒的效果；而宣传海报则要紧扣主题，力求图文并茂、布局美观。学生制作宣传用品的过程中，教师要及时发现各小组制作过程中存在的问题及亮点，有针对性地给予指导，启发他们的创作思维。

（3）节水宣传演练。进行节水宣传前要进行模拟演练，教师引导学生分组开展发放节水宣传单、利用节水宣传画进行主题宣讲等模拟演练活动。主要宣传方式或者有一定难度的宣传方式可以在班级进行模拟演练，教师也可以参与其中，与学生互动。在演练的基础上要组织学生进行互评，纠正学生宣传礼仪及宣传方法中的问题，强化宣传效果，为实地宣传做好准备。

（4）实地宣传。实地宣传既可以在校园内，也可以组织学生走出校园到社区或者公共场所进行宣传。教师要做好实地宣传预案，提醒学生注意安全。教师也可以与家委会沟通，邀请一部分家长作为志愿者，加入宣传活动中。在活动过程中，教师与家长要提醒学生熟记宣传内容，要举止大方、条理清晰。在公共场所可以通过悬挂横幅、张贴海报、增加扩音设备等方式，扩大宣传影响力，吸引更多的人参与节水行动。

5.交流反思，组织评价

教师引导学生围绕节水宣传的技巧掌握、方案制订、宣传品的制作、宣传效果等方面进行交流，从宣传服务方式、宣传服务态度、宣传服务效果等方面进行劳动评价，评选"宣传服务小能手""宣传服务小模范"，激发学生的劳动热情，强化学生的劳动观念，提高学生的服务性劳动能力。

6.劳动创新，精益求精

教师引导学生思考在劳动过程中遇到了哪些困难；是如何解决的；这节课最大的感悟是什么。引导学生提炼出劳动精神并板书：勤俭节约，公共服务。

"节约用水，人人有责"，节约用水需要更多的人参与进来。教师可以在班级组织开展"小手拉大手"活动，鼓励学生自己在生活中注意节约用水，并向父母宣传，争做节水家庭；还可以引导学生回想在日常生活中发现哪些地方有浪费水资源的现象，学生对此有什么想法，能不能设计制作一个节水装置，解决这种浪费现象，并将自己的小发明推广应用，从而号召更多的人参与节约用水的行动，鼓励学生通过发明创造熟练劳动技能，激发学生的创造性，养成良好的劳动习惯。

（九）板书设计

节约水　共宣传
制订宣传方案→制作节水宣传品→节水宣传演练→实地宣传
勤俭节约　公共服务

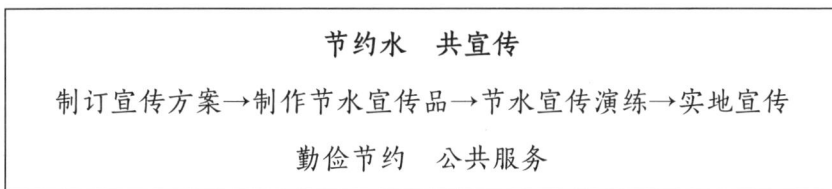

六、五年级下册：《图书损　快修补》

（一）主题解析

《图书损　快修补》是《义务教育劳动课程标准（2022 年版）》第三学段（5～6 年级）任务群 8 "现代服务业劳动"的课程内容。

（二）学情分析

五年级的学生已经具备了一定的动手能力和观察能力，他们对新鲜事物充满好奇，乐于参与实践活动。但是他们的注意力容易分散，需要教师的引导和组织。通过本次劳动课，学生将学习如何修补图书，掌握相关技能，提高他们的责任感和独立解决问题的能力。《图书损　快修补》这一主题旨在引导学生通过实践操作，了解图书修补的基本知识和技能，培养他们细心、耐心的劳动态度和勤俭节约的劳动精神以及对书籍的热爱和尊重。

（三）教学目标

（1）劳动观念：帮助学生认识到劳动的价值和意义，懂得珍惜图书，树立劳动创造美好生活的观念。

（2）劳动能力：通过实践操作，使学生掌握图书修补的基本知识和技能，能够独立完成简单的图书修补任务。

（3）劳动习惯和品质：培养学生良好的劳动品质，如细心、耐心、勤俭节约等。

（4）劳动精神：通过小组合作和互相评价，培养学生团队合作和勤俭节约的精神。

（四）教学重难点

（1）教学重点：树立劳动创造美好生活的观念，培养学生团队合作和勤俭节约的精神。

（2）教学难点：掌握图书修补的基本方法和技巧。

（五）课时安排

本主题安排了"激趣导入""做好准备""梳理步骤""掌握技能""组织评价""拓展提升"六个环节，根据五年级学生的年龄特点，建议2课时完成。第1课时学习图书修补的相关知识，熟悉工具和材料，练习并掌握图书修补的基本步骤和方法。第2课时小组合作共同完成图书修补工作，能熟练使用修补工具和材料，并能在实际的操作中及时解决出现的问题，与同学分享劳动的收获与反思，完成劳动评价。

（六）劳动场域

（1）劳动场所：普通教室或专用教室。

（2）劳动工具：剪刀、存书筐等。

（3）劳动材料：破损图书、胶水、胶带、纸张等。

（七）安全保障

（1）学习劳动纪律和安全规范，过程中做好强调。

（2）备好医药箱，做好劳动过程中发生的简单意外事件的紧急处理。

（八）活动过程

1.情境导入，明确任务

（1）教师向学生展示一些破损的图书，引导学生观察并思考这些图书为什么会破损，以及如何修复它们。

（2）教师进一步引导学生明白保护图书的重要性，并明确本次劳动课的任务：学习并掌握图书修补的基本知识和技能，以修复破损的图书。

（3）学生通过小组讨论，明确各自的修补任务，以及所需的工具和材料。

2.摩拳擦掌，做好准备

（1）学生分组准备修补所需的工具和材料，如剪刀、胶水、纸张等。

（2）学生互相交流，讨论图书修补的步骤和方法，为接下来的实践操作做好准备。

（3）教师提醒学生注意安全，避免在使用工具和材料时受伤。

3.视频教学，梳理步骤

（1）教师播放图书修补的教学视频，让学生直观地了解图书修补的基本方法和步骤。学生观看视频后，分组讨论并梳理图书修补的步骤和方法。

（2）教师明确图书修补步骤：清洁图书—修复书页—修复书脊—修复封面。

（3）教师引导学生总结出图书修补的要点和注意事项，为接下来的实践操作提供指导。

4.淬炼操作，掌握技能

（1）学生按照梳理的步骤和方法进行实际操作练习。教师巡视指导，及时纠正学生的错误，并给予鼓励和肯定。

（2）学生互相交流学习，分享经验和技巧，共同提高修补技能。教师组织学生进行小组间的比赛，激发学生的竞争意识和团队合作意识。教师对表现优秀的小组或个人进行表扬和鼓励，激励学生继续努力。

（3）在实践操作过程中，教师提醒学生注意保持整洁和卫生，养成良好的劳动习惯。

（4）教师引导学生反思在操作过程中遇到的问题和困难，并讨论解决方法。

（5）学生整理工具和材料，保持教室整洁有序。

5.交流反思，组织评价

实践活动结束后，学生分组进行交流反思，分享各自的修补经验和收获。教师组织学生进行互评和自评，评价各自的修补成果和劳动表现。教师对本次活动进行总结评价，肯定学生的成绩和进步，提出改进意见和建议。同时引导学生思考如何将本次活动的经验和收获应用到今后的学习和生活中。学生反思自己操作过程中的不足之处，提出改进措施并分享经验教训。教师鼓励学生在今后的学习和生活中继续保持热爱劳动的品质并积极参与后续的实践活动。

6.总结提炼，拓展提升

（1）教师引导学生思考在劳动过程中遇到了哪些困难；是如何解决的；这节课最大的感悟是什么。引导学生提炼出劳动精神并板书：团队合作，勤俭节约。

（2）教师鼓励学生回家后尝试独立完成日常生活中简单的图书修补任务。同时教师还可以鼓励学生尝试使用不同的材料和方法进行图书修补创新实践并分享给同学和家长。

（3）学生可以在家中寻找一些破损的图书进行修补练习，巩固所学的修补知识和技能。学生也可以将修补好的图书捐赠给学校或社区图书馆等公共机构以供他人使用。

（4）教师组织学生参加一些与图书修补相关的实践活动或比赛活动以拓宽学生的视野和锻炼学生的实践能力。同时可以邀请一些专业的图书管理员或修复师来学校举办讲座或培训活动以加深学生对图书修补工作的认识和理解。

（九）板书设计

> **图书损　快修补**
>
> 清洁图书→修复书页→修复书脊→修复封面
>
> 团队合作　勤俭节约

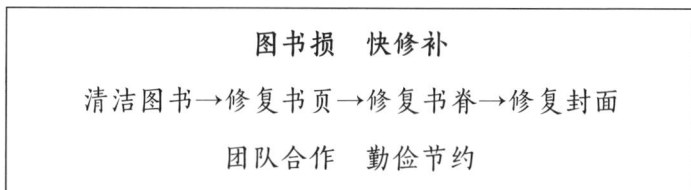

七、六年级上册：《光盘行　我宣传》

（一）主题解析

《光盘行　我宣传》是《义务教育劳动课程标准（2022 年版）》第三学段（5～6 年级）任务群9 "公益劳动与志愿服务" 的课程内容。

（二）学情分析

勤俭节约是中华民族的传统美德，历来为人们所提倡，勤俭也是当代社会的内在诉求，现代文明强调珍视有限资源，提倡崇俭抑奢的价值观。《光盘行　我宣传》劳动主题的学习，旨在丰富学生的劳动体验，增强他们节约粮食的意识和社会责任感。

（三）教学目标

（1）劳动观念：引导学生通过设计与制作光盘行动的宣传标语，进行光盘行动宣传，体会劳动的快乐，树立"节约光荣、浪费可耻"的观念。

（2）劳动能力：引导学生掌握节约粮食的小常识，指导学生掌握设计宣传标语、制作宣传条幅的基本方法和操作要点，鼓励学生学习更多的宣传方式。

（3）劳动习惯和品质：鼓励学生采用不同的宣传方式开展活动，培养学生尊重他人劳动成果的优良品质。

（4）劳动精神：在光盘行动宣传的过程中，鼓励学生勇敢尝试、不怕失败，培养学生锲而不舍、严谨专注的劳动精神。

（四）教学重难点

（1）教学重点：树立"节约光荣、浪费可耻"的观念，培养学生锲而不舍、严谨专注的劳动精神。

（2）教学难点：掌握设计宣传标语、制作宣传海报的基本方法和操作要点。

（五）课时安排

本主题安排了"导入主题""做好准备""梳理步骤""完成设计""组织评价""拓展提升"六个环节来进行，根据六年级学生的年龄特点和经验基础，建议3课时完成。第1课时了解光盘行动的有关知识，学习设计宣传标语的基本要求。第2课时分工合作制作宣传海报，讨论光盘行动签名会的活动方案。组织光盘宣传行动签名会，会后张贴海报。第3课时总结光盘宣传行动的步骤，在此基础上分享劳动收获与劳动反思，完成劳动评价。

（六）劳动场域

（1）劳动场所：普通教室。

（2）劳动工具：志愿者帽子等。

（3）劳动材料：纸张、彩笔、胶水、磁扣等。

（七）安全保障

（1）强调好劳动纪律和安全要求，规范操作。

（2）准备好医药箱，做好劳动过程中简单事故的应急处理。

（八）活动流程

1.情景导入，明确任务

教师播放贫困地区儿童的生活视频，让学生们感受到生活的不易、粮食的珍贵，引发学生爱惜粮食的意识；也可以介绍袁隆平的生平事迹，让学生居安思危，思考"节约粮食"的意义；还可以巧妙地设置知识问答环节，以生动活泼的形式加深学生对节约粮食的理解，进而从节约粮食引申到节约资源与光盘行动，鼓励学生积极思考并学会珍惜生活中来之不易的资源；还可以呈现相关的视频和图片，引导学生感受节约的重要性，激发学生的行动兴趣。

2.摩拳擦掌，做好准备

教师可以提前让学生分工合作，从学校、家庭、社会等不同角度找出各种浪费的现象，提高学生收集、整理信息的能力，为制作光盘行动宣传标语做准备。教师要注意引导学生了解进行宣传活动的方法，如制作标语、写倡议书、办手抄报、布置橱窗、张贴海报等。其中，制作标语是最常用的宣传方式，也是本次活动运用的主要方式之一。教师可以引导学生思考：制作标语需要做哪些准备工作，包括哪些步骤，了解设计宣传标语的相关知识，为后期设计宣传标语打好基础。教师也可以在课前收集一些个性化的宣传标语，与学生一起评价分析，总结标语设计的基本方法。

3.讲解说明，梳理步骤

梳理提炼是对光盘行动宣传活动的流程回顾，教师要指导学生梳理活动的步骤和方法，鼓励学生用完整、连贯的语言表述自己对光盘行动的理解以及宣传前期的调查和准备工作。梳理时，教师需强调横幅的内容要有正确的价值观导向，围绕制止餐饮浪费的活动主题，体现时代精神。

教师小结宣传步骤：设计标语—制作海报—组织签名—张贴海报。

4.淬炼操作，掌握技能

光盘行动倡导厉行节约，反对铺张浪费。在实践操作过程中，教师要注意引导学生根据不同的宣传群体，运用掌握的光盘行动知识，设计简短、表达意准确的宣传标语。

（1）小组合作，设计标语。教师引导学生总结出宣传标语的基本特征：字数适中、表达规范、内容积极、句式整齐。教师组织学生小组合作，讨论光盘行动的宣传标语，并通过投票的方式，选出本次行动的标语。

（2）合理分工，制作海报。在学生制作海报之前，教师可以引导学生思考制作海报需要注意的问题，如：根据内容确定海报的大小，进行合理排版；粘字时先将不干胶的一端贴好，一只手拉住字的底端，慢慢拉直不干胶，从贴好的一端抚平，然后轻轻按压即可，还可以用大头针进行固定。在制作过程中，教师要引导学生合理分工，按照写、剪、贴的顺序有条不紊地进行海报制作。

（3）制订方案，组织签名。组织签名仪式之前，教师要指导学生确定好活动场地，准备好签名用笔，可以通过校园广播对活动进行宣传。签名活动进行时，要安排具体人员负责签名秩序，避免出现拥挤的情况。教师可以指导学生制订宣传方案，安排好活动的时间、地点、人员分工，并对活动会遇到的困难与问题进行预演，确保活动顺利开展。

（4）张贴海报，开展宣传。组织学生以小组为单位分工合作，将海报张贴在学校餐厅、社区、饭店附近，提醒人们遵守承诺，践行光盘行动。开展宣传活动，可以先组织模拟宣传，掌握宣传技能后，再进行实地宣传。

5.交流反思，组织评价

教师引导学生围绕宣传光盘行动的知识掌握以及宣传海报的内容、美观度、宣传的效果等方面进行交流。教师鼓励学生采用喜欢的方式，展示自己参与活动的过程，表达内心感受，并撰写活动日记或活动体会，与同学们交流。教师要注意关注每一个学生，使所有的学生都有收获。学校层面，可以每月评比"光盘行动小达人"；班级层面，可以根据学生的表现，评选班级"惜粮小少年"；还可以拓展到家庭层面，开展"节约之家"评选活动。通过光盘行动宣传，培养学生节约粮食、爱惜粮食的良好习惯，同时也号召学生去影响一个家庭，感染身边每一个人。

6.总结提炼，拓展提升

教师引导学生思考在劳动过程中遇到了哪些困难；是如何解决的；这节课最大的感悟是什么。引导学生提炼出劳动精神并板书：节约光荣，浪费可耻。

随着媒体的发展，宣传光盘行动的方式也逐渐多样化，如：利用学校的滚动电子屏，对光盘行动的相关知识进行宣传；或者利用学校的食堂进行"光盘行动"的现场教育，要求学生能按需索取，勤拿少取，对于不浪费、节俭的孩子进行表扬。以班级为单位向家长发放"光盘行动"倡议书，请家长签名并参与活动；还可以组织"小手拉大手"活动，学生牵手家长共同争做光盘行动的践行者。

（九）板书设计：

```
                  光盘行    我宣传
    设计标语→制作海报→组织签名→张贴海报
              节约光荣    浪费可耻
```

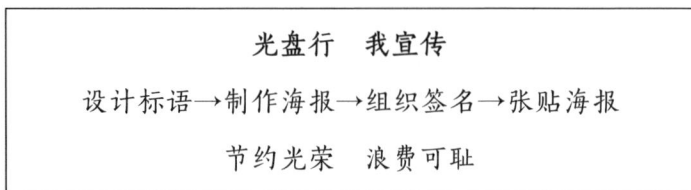

八、六年级下册：《校园徽 我设计》

（一）主题解析

《校园徽 我设计》是《义务教育劳动课程标准（2022年版）》第三学段（5～6年级）任务群9 "公益劳动与志愿服务" 的课程内容。

（二）学情分析

六年级学生对于服务性劳动有过一定的了解，具有相应的设计能力和基本的合作能力，但对于志愿服务的内容和范围不够明晰，对志愿服务的意义体会不深。本主题的学习可以帮助学生增强公共服务意识，初步形成社会责任感。

（三）教学目标

（1）劳动观念：通过志愿服务帮助学生树立校园主人翁意识，体会劳动创造美好生活的道理，感受劳动成果带来的幸福。

（2）劳动能力：在节徽设计过程中，培养学生的公共服务意识和团队合作能力，增强创造力。

（3）劳动习惯与品质：培养学生主动思考、专心致志的劳动习惯和品质。

（4）劳动精神：学生通过参加校园节徽设计志愿者活动，形成积极主动参与学校公共事务的劳动态度，增强公共服务意识，初步形成社会责任感。

（四）教学重难点

（1）教学重点：形成积极主动参与学校公共事务的劳动态度。

（2）教学难点：引导学生掌握校园节徽标识的设计方法。

（五）课时安排

本主题安排了"导入主题""做好准备""梳理步骤""完成设计""组织评价""拓展提升"六个环节，根据六年级学生的年龄特点和经验基础，建议2课时完成。

（六）劳动场域

（1）劳动场所：普通教室。

（2）劳动工具：志愿者马甲、水彩笔、铅笔、磁扣等。

（3）劳动材料：橡皮、纸片等。

（七）安全保障

（1）强调好劳动纪律和安全要求，规范操作。

（2）准备好医药箱，做好劳动过程中简单事故的应急处理。

（八）活动流程

1.激趣导入，明确任务

（1）教师带领学生观看视频，激发学生创作欲望和兴趣。

（2）教师给每一位同学准备一件志愿者小马甲，并布置任务：当一次校园志愿者，给学校第四届悦读节设计一枚节徽。

2.摩拳擦掌，做好准备

教师展示上一届学校体育节的节徽，引导学生观察，总结出节徽一般都包含哪些元素。

3.讲解说明，梳理步骤

教师讲解节徽相关知识：在节徽中，元素有着不同的组合方式，称为排版，排版一般有上下式、穿插式、包围式三种，可以综合排版，也可以个性化排版，重点是凸显活动主题。将各个元素个性化地组合在一起，就叫做构思，这是设计节徽的第一步。构思后再用铅笔起稿，起稿的内容包括图案和文字，最后进行填色。

教师小结设计节徽的步骤并板书：构思—起稿—填色。

4.淬炼操作，掌握技能

（1教师请各小组讨论确定好本小组的设计构思，并请2个小组分别汇报设计构思。

（2）教师请小组长根据各自的构思进行合理分工，主要包括起稿和填色，并请2个小组说一说分工情况。

（3）出示节徽设计活动要求。

①活动内容：设计"学校第四届悦读节"节徽。

②活动要求：小组合作完成一幅作品，推选一名代表展示并汇报劳动成果。

③评价标准：主题突出、构图精美、富有创意。

④活动时间：15分钟内完成，时间到后立即停止。

5.总结反思，组织评价

教师请各小组代表按顺序到讲台前面向同学们站好，汇报自己小组作品设计意图，教师随机提问。小组代表介绍的同时，教师对各小组进行评价。

6.劳动交流，拓展提升

（1）教师播放视频并介绍志愿服务：志愿服务不仅仅在校园内，也覆盖了生活的方方面面，在抗震救灾时，在疫情防控中，在冬奥赛场上，志愿者们用实际行动书写新时代的中国精神，让我们的生活更美好。

（2）教师引导学生思考在劳动过程中遇到了哪些困难；是如何解决的；这节课最大的感悟是什么。引导学生提炼出劳动精神并板书：志愿服务，让生活更美好。

（3）课后任务：教师要求学生在未来要举行的第四届悦读节中，除了帮助学校做节徽设计的志愿服务劳动外，还可以用教师准备的材料在课下去制作一些小书签、金属丝便签夹等。教师引导学生把自己当成学校的小主人，为悦读节等各种校园活动做更多更好的志愿服务，使校园变得更加美丽。

（九）板书设计

```
        校园徽  我设计
      构思→起稿→填色
    志愿服务，让生活更美好
```

第七章　小学简约劳动教育实施效果与改进策略

在前面的章节中，我们已经深入探讨了小学简约劳动教育的理念、课程内容、实施方式以及具体实践案例等。本章将重点关注简约劳动教育实践所带来的成效，并针对实践中存在的问题提出改进策略。同时，我们反思实践中的不足，并提出切实可行的改进建议，以期为未来小学劳动教育的持续优化提供有益参考。

第一节　小学简约劳动教育的实践效果与问题

一、简约劳动的实践效果

随着教育改革的深入推进，小学劳动教育在培养学生综合素质方面的重要性日益凸显。简约劳动作为一种创新性的劳动教育理念和实施方式，旨在通过简单、节约的劳动技能和实践活动，促进学生的全面发展。下面重点探讨简约劳动的实施效果，分析其在提高学生的技能与知识、促进学生态度与价值观的转变、增强理论与实践的结合以及激发学生的创新精神等方面的作用。

（一）提高学生的技能与知识水平

简约劳动强调通过实际操作来提高学生的技能与知识水平。在实践中，学生亲自动手进行劳动，掌握各种简单、实用的技能，如手工制作、种植、烹饪等。这些技能有助于培养学生的动手能力和实践能力，还为他们未来的生活和工作提供了宝贵经验。同时，在劳动过程中，学生还可以学习到相关的劳动知识，如科学、技术、工程等方面的知识，拓宽了学生的知识面，提高了学生的综合素质。

（二）促进学生态度与价值观的转变

简约劳动注重培养学生的劳动态度和价值观。通过参与劳动实践，学生能够亲身感受到劳动的艰辛和成就感，逐渐形成热爱劳动、尊重劳动成果的良好品质。同时，简约劳动强调团队合作、尊重他人、节约资源等价值观，有助于培养学生的集体意识、团队合作精神和环保意识。这些价值观的树立对学生未来的成长和发展具有积极的影响。例如，在烹饪项目中，学生可以学习食品的选材、烹饪技巧以及营养搭配等方面的知识。通过亲手制作食品，学生能够掌握基本的烹饪技能和食品安全知识，了解食材的选择和处理方法。这样的实践有助于培养学生的生活技能和健康饮食习惯。

（三）增强理论与实践的结合

简约劳动注重理论与实践的结合，让学生在实践中学习和体验理论知识。通过实际操作，学生可以将理论知识转化为实践技能，加深对知识的理解和记忆。同时，实践操作能够激发学生的学习兴趣和积极性，培养他们主动探索和解决问题的能力。这种教育方式有利于提高学生的综合素质和实践能力，使他们更好地适应未来社会的发展需求。

（四）激发学生的创新精神

简约劳动注重培养学生的自主思考和动手能力，鼓励学生在劳动过程中发现问题、分析问题和解决问题。这种教育方式有利于培养学生的创新思维和创新能力。在实践中，学生需要开动脑筋、尝试新的方法和技术，解决实际问题和困难。这种探索和创新的过程不仅锻炼了学生的思维能力，还激发了他们的创造力和想象力。通过参与简约劳动项目，学生的创新精神得到了激发和培养，为未来的职业发展奠定了坚实的基础。

简约劳动的实施效果是显著的，它在提高学生的技能与知识水平、促进态度与价值观的转变、增强理论与实践的结合以及激发学生的创新精神等方面发挥了积极的作用。简约劳动为小学劳动教育改革提供了有益的思路和实践经验，值得进一步推广和应用。然而，我们也应该认识到简约劳动所面临的挑战，如教学资源有限、教师能力要求高、学生安全问题等。为了更好地推进简约劳动的实施，学校需要采取相应的措施，如加大资源投入、加强教师培训、完善安全保障措施等。同时，还需要不断探索和完善简约劳动的理论与实践体系，为小学劳动教育的改革与创新提供有力支撑。

二、小学简约劳动教育面临的问题

简约劳动作为一种创新性的劳动教育理念和实施方式，虽然具有显著的优势和效果，但在实际推行过程中仍然面临一些问题。下面重点探讨简约劳动所面临的问题，以期为完善和推广简约劳动提供参考。

（一）资源与设施的问题

实施简约劳动需要一定的资源和设施支持，如场地、工具、材料等。然而在实际操作中，学校往往面临资源不足、设施不完善等问题。这就会导致一些劳动项目的开展受限，无法满足所有学生的需求。此外，由于资源有限，学校在选择劳动项目时也会面临一定的局限性，难以实现全面而多样化的劳动教育。

（二）教师能力与教师培训的问题

简约劳动的实施需要教师具备相应的技能和知识，能够有效地指导学生进行劳动实践。然而，有些教师可能缺乏相关的经验和技能，需要经过一定的培训和指导。此外，由于简约劳动强调实践操作和动手能力，教师就需要具备一定的实际操作经验，才能更好地指导学生。因此，如何提高教师的技能和能力，加强教师的培训和指导，是实施简约劳动面临的重要问题。

（三）学生安全的问题

在简约劳动中，学生需要亲自动手操作，涉及一定的安全风险。学校和教师在组织实施劳动项目时，需要充分考虑学生的安全问题，采取必要的安全措施，确保学生在劳动过程中的安全。然而，由于学生人数众多，操作复杂度不一，安全监管难度较大。如何有效地保障学生的安全，是实施简约劳动必须面对的挑战。

（四）学生参与度与积极性的问题

提高学生参与度与积极性是简约劳动实施的重要目标之一。然而，在实际操作中，一些学生对劳动项目缺乏兴趣，参与度不高，这就会导致教育效果不佳，甚至产生负面效果。因此，如何设计具有吸引力的劳动项目，如何激发学生的兴趣和积极性，是简约劳动教育需要关注的重要问题。为了解决这个问题，学校可以采取一些措施。例如，增加劳动项目的趣味性和挑战性、设置奖励和鼓励机制、让学生参与决策和规划等。这些措施有助于提高学生的参与度和积极性，促进简约劳动教育的实施效果。

（五）评价与反馈机制的问题

建立科学有效的评价与反馈机制是简约劳动实施中的重要环节。通过评价与反馈，学校可以了解学生的表现和进步情况，及时调整和完善劳动教育方案。然而在实际操作中，一些学校可能缺乏有效的评价与反馈机制，导致自身无法准确评估简约劳动的实施效果。因此，如何建立科学合理的评价与反馈机制是实施简约劳动需要解决的重要问题。为了解决这个问题，学校可以采取一些措施。例如，制订明确的评价标准和指标体系、建立学生档案和跟踪评价体系、加强与家长的沟通和合作等。这些措施有助于提高评价与反馈机制的科学性和有效性，促进简约劳动的实施效果。

（六）课程整合与教学安排的问题

简约劳动的实施需要与学校课程进行有效的整合以符合教学安排。然而，在实际操作中，一些学校可能面临课程整合不顺畅、教学安排不合理等问题。这可能导致简约劳动的实施效果不佳，甚至产生负面影响。因此，如何将简约劳动与学校课程进行有效的整合与教学安排，是实施简约劳动需要解决的重要问题。为了解决这个问题，学校可以采取一些措施。例如，加强课程设计和教学计划的制订和审查工作、合理安排课时和教学资源、加强与学科教师的沟通和合作等。这些措施有助于提高课程整合与教学安排的科学性和有效性，促进简约劳动的实施效果。

简约劳动作为一种创新性的劳动教育理念和实施方式，虽然具有显著的优势和特点，但在实际推行过程中仍然面临以上问题。为了更好地推进简约劳动的实施，我们需要正视这些问题。

第二节　小学简约劳动教育的改进策略与发展

简约劳动作为一种创新性的劳动教育理念和实施方式，虽然取得了一定的效果，但在实践中仍面临诸多问题。为了更好地推进简约劳动的实施，提高其效果，我们需要提出相应的改进策略，并展望其发展趋势。下面重点探讨简约劳动的改进策略与未来发展，以期为小学劳动教育的发展提供参考。

一、小学简约劳动教育的改进策略

（一）资源整合与设施完善

针对资源与设施的限制问题，学校应积极争取政府、企业和社会各界的支持，增加对劳动教育的投入。同时，应合理整合现有资源，实现资源共享，提高资源利用效率。此外，学校还应加强设施的完善工作，根据劳动教育的需要，逐步配备齐全的劳动工具和材料，为简约劳动的实施提供必要的物质保障。

（二）教师培训与指导

学校应加强对教师的培训和指导。通过定期组织教师参加简约劳动相关的培训课程、研讨会等活动，提高教师的理论水平和实践能力。同时，鼓励教师积极探索创新教学方法，将简约劳动理念融入日常教学中，以便更好地指导学生进行劳动实践。此外，学校还可以邀请劳动教育领域的专家学者到校进行指导交流，为教师提供更广阔的学习和发展平台。

（三）学生安全管理与教育

在简约劳动中，学生安全问题至关重要。学校应建立健全的安全管理制度，明确安全责任分工，确保各项安全措施落到实处。同时，学校要加强对学生的安全教育，提高他们的安全意识和自我保护能力。在劳动实践中，教师应时刻关注学生的安全状况，及时发现和处理安全隐患，确保学生在劳动过程中的安全。

（四）激发学生的兴趣与积极性

学校应注重激发学生的兴趣和积极性。通过设计富有挑战性和趣味性的劳动项目，吸引学生的注意力。同时，采用多样化的教学方式和手段，如小组合作、竞赛等，激发学生的竞争意识和团队合作精神。此外，建立奖励和鼓励机制，对学生的劳动成果给予肯定和表扬，增强他们的自信心和成就感。这些措施可以有效地提高学生的参与度和积极性，促进简约劳动的实施效果。

（五）建立科学合理的评价与反馈机制

为了更好地推进简约劳动的实施，学校应建立科学合理的评价与反馈机制，制订明确的评价标准和方法，客观、公正地评价学生的劳动成果。同时，建立有效的反馈机制，及时收集和分析教师、学生的意见和建议，以便对简约劳动教育方案进行改进和优化。通过评价与反馈机制的建立，学校可以更好地监督和指导简约劳动的实施过程，提高其实施效果。

二、小学简约劳动教育发展趋势

（一）个性化与多元化

随着教育理念的变革和学生个体差异的日益凸显，未来的简约劳动将更加注重个性化与多元化。学校将根据学生的兴趣、特长和需求，设计多样化的劳动项目，以满足不同学生的发展需求。同时，尊重学生的个性特点，鼓励他们在劳动实践中发挥自己的特长和创造力。通过个性化与多元化的劳动教育，培养学生的综合素质和创新能力。

（二）科技化与智能化

随着科技的不断发展，未来的简约劳动将更加注重科技化与智能化。学校将利用先进的技术手段和智能设备优化劳动教育过程。例如，利用虚拟现实技术（VR）模拟真实的劳动场景，让学生在虚拟环境中进行实践操作；利用大数据和人工智能技术（AI）对学生的劳动成果进行分析和评估，为教师提供更加精准的教学指导。通过科技化与智能化的手段，提高简约劳动的效率和效果，为学生提供更加优质的劳动教育体验。

（三）社会化与协同化

未来的简约劳动将更加注重社会化与协同化发展。学校将加强与社会各界的合作与交流，充分利用社会资源为劳动教育提供支持，与企业、社区等建立合作关系，共同开发劳动项目；邀请社会各界人士参与学校的劳动教育活动，为学生提供更加广阔的学习和发展平台。同时，鼓励学生在劳动实践中发挥团队协作精神，合作完成项目任务。通过社会化与协同化的方式发展简约劳动有助于培养学生的社会责任感和团队协作能力，促进他们全面发展，成为社会所需的人才。

参考文献

［1］中华人民共和国教育部.义务教育劳动课程标准(2022年版)[M].北京:北京师范大学出版社,2022.

［2］李珂,蔡元帅.陶行知劳动教育思想对新时代加强大学生劳动教育的启示[J].思想教育研究,2019(1):107-110.

［3］刘威."最近生活化":小学劳动教育的新样态[J].知识文库,2023(10):64-66.

［4］赵红."双减"政策下城区小学劳动教育的优化路径[J].智力,2023(28):5-8.

［5］彭正,蒋小娟,张云.小学劳动教育课程实施策略[J].安徽教育科研,2022(22):1-3,7.

［6］史智慧.新中国成立以来小学劳动教育发展研究[D].长春:东北师范大学,2021.

［7］彭正.基于"三生教育"理念的小学劳动教育课程体系构建[J].现代中小学教育,2023(6):24-29.

［8］段宗平.把握目标与内容,有效实施劳动教育[J].湖北教育(政务宣传),2022(6):72-75.

后　记

　　当今社会，随着科技的飞速发展，许多传统的劳动技能逐渐被机器所替代，孩子们的生活也变得越来越舒适和便捷。然而，这种生活方式的变化是否真的有益于他们的成长和发展呢？本书提供了一个全新的视角，引领读者重新审视小学劳动教育的重要性。

　　简约劳动的理念并非凭空而来，而是在对当今教育现状进行深入思考后提出的。我们生活在一个物质充裕、科技发达的时代，许多孩子从小就在家长的精心呵护下成长，缺乏基本的劳动技能和自主生活的能力。这样的孩子在未来的生活中，很可能会面临各种问题，如人际关系紧张、心理压力大、生活难以自理等。简约劳动正是为了解决这些问题而提出的。

　　简约劳动是一种以实践为基础的教育形式，提倡通过开展简单、节约的项目来落实好劳动课程，其核心理念就是"简约"。本书通过大量的实际案例，详细阐述了简约劳动的理念和实践方法。这些实践案例来自不同的学校和地区，具有广泛的代表性和可操作性。通过这些实践案例，我们可以看到简约劳动是如何在实践中发挥作用的。

　　当然，简约劳动的实施并非一帆风顺。正如本书所述，简约劳动面临着诸多问题，如资源有限、教师能力不足、安全等。但是，这并不意味着我们应该放弃简约劳动这一理念。相反，它更加强调了实施简约劳动的必要性和紧迫性。只有通过不断地实践和改进，我们才能克服这些困难，让简约劳动真正成为小学劳动教育的重要组成部分。

本书的意义远不止于此。它不仅为小学劳动教育提供了一种新的思路和方法，更是对整个教育体系的反思和挑战。当今社会，教育的目的究竟是什么？是培养只会考试的学生，还是培养全面发展的人？本书提供了明确的答案：教育应该培养孩子们的综合素质和全面发展能力，让他们不仅能够掌握知识，更能够适应社会、服务社会。

最后，我们希望每一个读过这部作品的人，都能够从中受益，并将其中的理念和方法应用到自己的教育实践中去。我们相信随着简约劳动理念的深入人心和实践的广泛开展，我们的劳动教育将更加美好和充实。

愿每一个孩子都能在简约劳动中找到自己的价值和方向，愿每一位教育工作者都能从本书中获得启示和动力。